分県登山ガイドセレクション

東海周辺の山 ベストコース80

山と溪谷社

分県登山ガイドセレクション

東海周辺の山 ベストコース80

目次

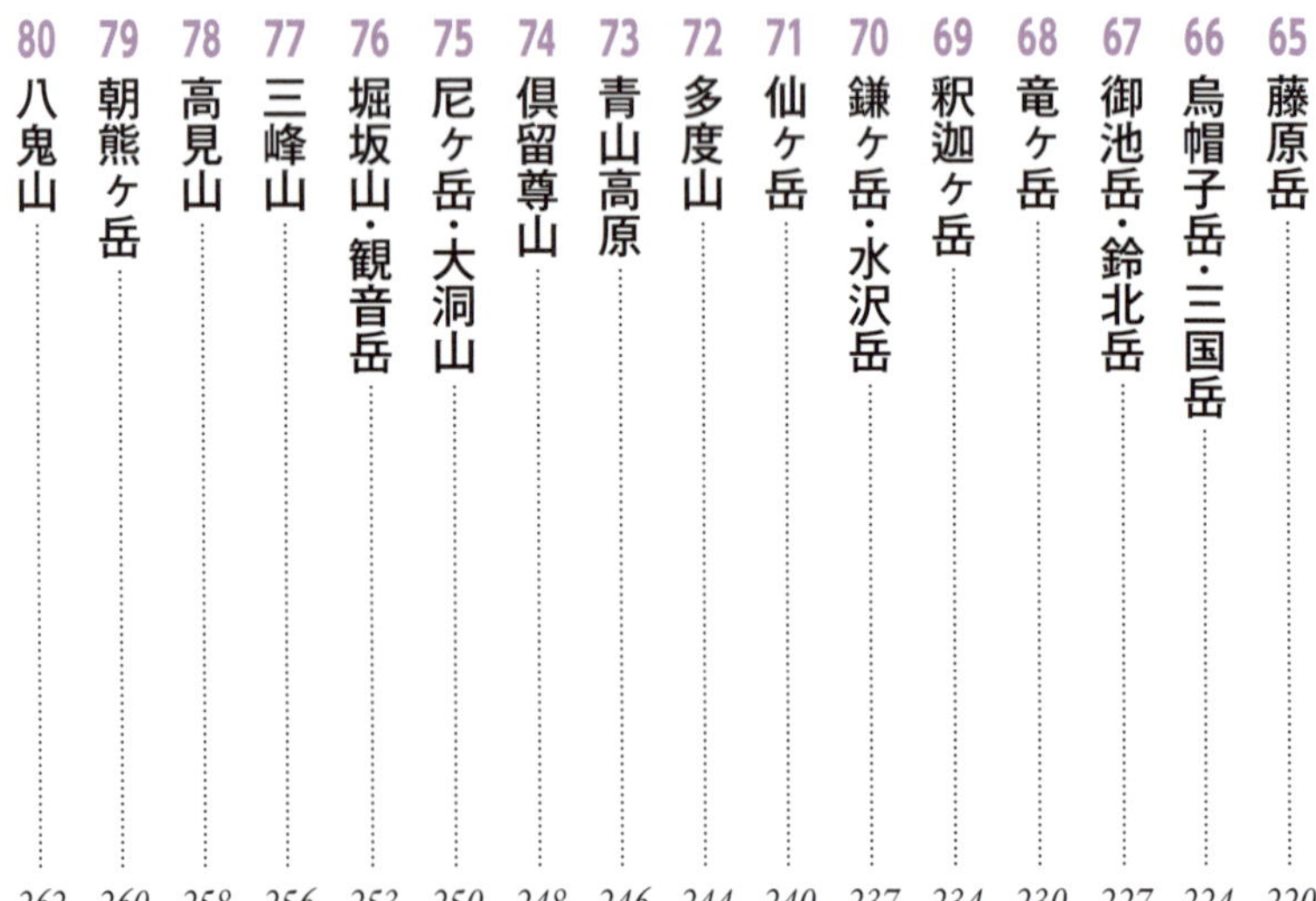

●本文地図主要凡例●

紹介するメインコース。

本文か脚注で紹介しているサブコース。一部、地図内でのみ紹介するコースもあります。

Start Goal Start Goal 225m 出発点／終着点／出発点および終着点の標高数値

管理人在中の山小屋もしくは宿泊施設

紹介するコースのコースタイムのポイントとなる山頂。

コースタイムのポイント。

管理人不在の山小屋もしくは避難小屋

本書の使い方

本書は、東海4県の分県登山ガイド「静岡県の山」「愛知県の山」「岐阜県の山」「三重県の山」の中から、人気のある山や特徴のある山、著者おすすめの山などを各県20山ずつ、計80山をピックアップした1冊です（内容は、「静岡県の山」が2024年5月現在、「岐阜県の山」が2022年6月、「愛知県の山」「三重県の山」が2023年9月現在のものです。本書の出版時には変更されている場合があるので、注意してください）。

■日程　各県の県庁所在地および各県の主要都市を起点に、アクセスを含めて、初・中級クラスの登山者が無理なく歩ける日程としています。

■歩行時間　登山の初心者が無理なく歩ける時間を想定しています。ただし休憩時間は含みません。

■歩行距離　2万5000分ノ1地形図から算出したおおよその距離を紹介しています。

■累積標高差　2万5000分ノ1地形図から算出したおおよその数値を紹介しています。は登りの総和、は下りの総和です。

■技術度　5段階で技術度・危険度を示しています。は登山の初心者向きのコースで、比較的安全に歩けるコース。

は中級以上の登山経験が必要で、一部に岩場やすべりやすい場所があるものの、滑落や落石、転落の危険度は低いコース。

は読図力があり、岩場を登る基本技術を身につけた中～上級者向きで、ハシゴやクサリ場など困難な岩場の通過があり、転落や滑落、落石の危険度があるコース。

は登山に充分な経験があり、岩場や雪渓を安定して通過できる能力がある熟達者向き、危険度の高いクサリ場や道の不明瞭なやぶがあるコース。

は登山全般に高い技術と経験が必要で、岩場や急な雪渓など、緊張を強いられる危険箇所が長く続き、滑落や転落の危険が極めて高いコースを示します。

■体力度　登山の消費エネルギー量を数値化することによって安全登山を提起する鹿屋体育大学・山本正嘉教授の研究成果をもとにランク付けしています。

ランクは、①歩行時間、②歩行距離、③登りの累積標高差、④下りの累積標高差に一定の数値をかけ、その総和を求める「コース定数」に基づいて、10段階で示しています。が1、が2となります。通常、日帰りコースは「コース定数」が40以内で、～（1～3ランク）。激しい急坂や危険度の高いハシゴ場やクサリ場などがあるコースは、これに～（1～2ランク）をプラスしています。また、山中泊するコースの場合は、「コース定数」が40以上となり、泊数に応じて～もしくはそれ以上がプラスされます。

紹介した「コース定数」は登山に必要なエネルギー量や水分補給量を算出することができるので、疲労の防止や熱中症予防に役立てることもできます。体力の消耗を防ぐには、下記の計算式で算出したエネルギー消費量（脱水量）の70～80%程度を補給するとよいでしょう。なお、夏など、暑い時期には脱水量はもう少し大きくなります。

	時間の要素		距離の要素		重さの要素
行動中のエネルギー消費量（kcal） ＝	1.8×行動時間（h）	＋	0.3×歩行距離（km）＋10.0×上りの累積標高差（km）＋0.6×下りの累積標高差（km）	×	体重（kg）＋ザック重量（kg）
＊kcalをmlに読み替えるとおおよその脱水量がわかります	山側の情報 ―「コース定数」				登山者側の情報

ヤマタイムでルートを確認しよう！

本書内、各コースガイドのタイトル（山名）下や地図内にあるQRコードをスマートフォンで読み取ると「ヤマタイム」の地図が表示されます。青い線が本書の紹介コースです。会員登録（無料）すると「登山計画書」の作成や、「GPXデータ」をダウンロードして、各種地図アプリにコースのログデータを取り込むことができます。

※本書とヤマタイムではコース（地図）の内容が一部異なる場合があります。

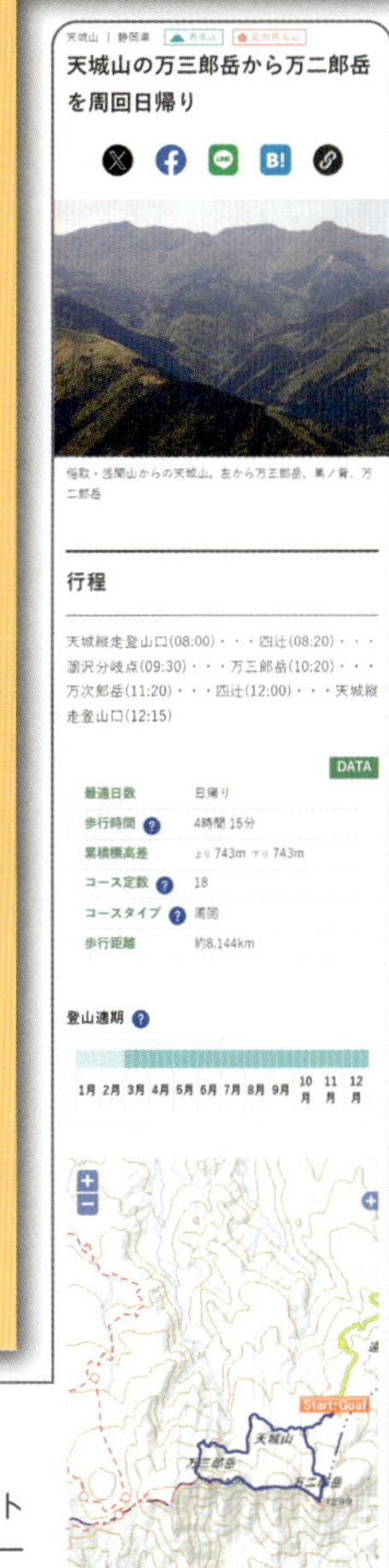

画像レイアウトは変更する場合があります

概説 静岡県の山

加田勝利

静岡県は東西に長く、南は遠州灘、駿河湾、相模灘に沿って穏やかな海岸線が続き、北側は富士山や南アルプスの3000㍍級の山々に囲まれている。この対照的な地形と温暖な気候に恵まれ、日本一の富士登山やアルプス縦走など、体力を要する山歩きや、やぶ山歩き、海岸沿いや茶畑を行く里山歩きまで、さまざまな登山が楽しめる。標高の高い山は富士山や南アルプスなど、県中部の北側に集中しているが、富士山周辺や伊豆半島、県中・西部地域にもハイキングに適した山は多い。

●山域の特徴

●富士山周辺　静岡県の東側には、富士山（本書では宝永山を紹介）を取り囲むように、毛無山塊、愛鷹山塊、箱根の山々がある。山頂やコース途中からの展望がよい山が多く、いずれも富士山の絶好の展望台だ。東の金時山、西の毛無山塊からは年に2回、ダイヤモンド富士（富士山山頂からの日の出や日没）を見ることができる。

明神峠をはさんで、東西に羽を広げるように連なる稜線の東側には、湯船山と不老山がある。湯船山では5月下旬〜6月上旬のサンショウバラが必見。

愛鷹山塊は小さい山塊ではあるが、アシタカツツジで知られる山塊最高峰の越前岳をはじめとする峰が集中している。

●伊豆・沼津周辺　伊豆半島は広く、山の数も多い。また、海に近い標高200㍍ほどの山から、1406㍍の天城山最高点・万三郎岳と、標高の差も顕著である。本書では、万三郎岳と万二郎岳の周回、天城峠と八丁池の周回、沼津の海岸沿いの山として人気が高い香貫山から鷲頭山、大平山（別名「沼津アルプス」）の縦走など、変化に富んだコースを紹介した。

●南アルプス南部　静岡県の山の核心部は、やはり大井川上流にあり、静岡、山梨、長野の3県にまたがる大山脈・南アルプスだろう。北岳、荒川三山、赤石岳など標高3000㍍以上の名峰が連なる、日本を代表する山岳地帯だ。このうち静岡県に位置するのは間ノ岳以南となるが、アクセスのよい特種東海フォレストの送迎バス（乗車できるのは同社が管理する山小屋への宿泊者のみ）が運行される二軒小屋（2024年現在送迎バスは入らない）や椹島、畑薙第一ダムを起点に、2泊もしくは3泊程度で行ける山を紹介した。悪沢岳、赤石岳、聖岳、上河内岳、茶臼岳と南下して、光岳までの登山コースを収録した。

入山するのは、山小屋がオープンする7月中旬からがよい。山小屋が営業する期間は、北アルプスと異なりたいへん短く、7月中旬からの約2カ月。この間に、全国からの登山者が集中する。

●南アルプス深南部　南アルプスから続くこの山域にはササや針葉

光岳から見る茶臼岳（右）と上河内岳（左）

薩埵峠付近からの駿河湾越しに見る冬富士（右奥は愛鷹連峰）

樹が密生し、山慣れた人でないと歩けない山もある。特に中ノ尾根山～合地山間と、黒沢山、不動岳の道はササで覆われ不明瞭だ。

中ノ尾根山から続く尾根は、黒法師岳で3方向に分かれる。東は前黒法師岳を経て寸又峡温泉へ、西は前黒法師岳を経て水窪ダムにいたる。あとひとつは南の蕎麦粒山に続く。険しい山もこのあたりまで来ると穏やかになり、紅葉がすばらしい高塚山やアカヤシオで知られる岩岳山など、ハイキングに適した山が集中している。

これらの深南部の山々の中で、本書では深南部の重鎮である中ノ尾根山と、日本三百名山の黒法師岳・丸盆岳の2山を紹介する。

●安倍東山稜　山伏、八紘嶺あたりから安倍川沿いに南下する長大な尾根で、末端は静岡市街地の浅間神社である。山頂周辺は穏やかで、ササが広がる山が多く、ほとんどの山から富士山を望むことができる。本書では、北から山伏、大光山、竜爪山を紹介した。

●中・西部の山　その他の地域の山を中部・西部の山として、駿河湾の眺めがすばらしい浜石岳、富士山展望の山である八高山を紹介した。

このエリアには、他にもキスミレと大パノラマの高草山と満願峰、カタカナ名がユニークなビク石やダイダラボウなど、標高に勝る魅力をもつ山がいくつもある。

●四季の魅力と心構え

温暖な静岡県では、通年ハイキングが楽しめる山が多い。元日は金時山などの山頂で初日の出を迎える登山者もいる。町で桜が咲くころ、寸又峡温泉の外森山（未掲載）でアカヤシオがいち早く花を開く。このころから本格的なハイキングシーズンを迎え、山の緑が濃くなるにつれ、登山者も増える。

5月になると天城山（万三郎岳・万次郎岳）や長九郎山のアマギシャクナゲ、越前岳のアシタカツツジと、あちらこちらの山で花の見ごろとなる。

7月は富士山の山開きが行われ、下旬には山伏のヤナギランが満開となる。夏山シーズンとなり、南アルプスの山小屋はどこも宿泊者でいっぱいだ。盛夏は南アルプス南部の高山帯で、可憐な山の花たちを鑑賞するのもよい。天候に恵まれれば、南アルプス北部や中央アルプスの大展望が楽しめる。

秋は、稜線の草木から紅葉がはじまり、金時山から眺める初雪の富士山がすばらしい。

晩秋は湯船山、天城峠など雑木の山歩きがよく、空気の澄む冬は沼津アルプスや浜石岳など、好展望の低山からの景色を楽しみたい。

近年よくある時例だが、定年を迎えて第二の人生をこれから楽しもうとしている人が山で遭難するのは、たいへん悲しいことだ。山でのちょっとした不注意によるものが多い。お互いに注意し、楽しい山歩きを続けてもらいたい。

長九郎山の山頂付近に咲き競うアマギシャクナゲ

甲府市
甲斐市
笛吹市
南アルプス市
山梨県
上野原市
大月市
相模原市
都留市
道志村
増穂町
鰍沢町
市川三郷町
富士河口湖町
富士吉田市
忍野村
身延町
早川町
山中湖村
神奈川県
小山町
山北町
松田町
秦野市
御殿場市
南足柄市
南部町
富士宮市
芝川町
箱根町
小田原市
富士市
裾野市
長泉町
三島市
真鶴町
湯河原町
清水町
函南町
熱海市
沼津市
伊豆の国市
静岡市
伊豆市
伊東市
焼津市
大井川町
西伊豆町
東伊豆町
河津町
松崎町
南伊豆町
下田市
中央自動車道
東名高速道路
東海道本線
東海道新幹線
駿河湾
❶金時山
❷湯船山
❷不老山
❸宝永山
❹雨ヶ岳
❹毛無山
黒岳❺
越前岳❺
❻万三郎岳
❻万二郎岳
❼八丁池
❼天城峠
❽長九郎山
沼津アルプス❾
⑯山伏
⑰大光山
竜爪山⑱
浜石岳⑲
櫛形山
三ツ峠山
丹沢山
竜ヶ岳
三国山
富士山
矢倉岳
身延山
七面山
長者ヶ岳
天子ヶ岳
八紘嶺
安倍峠
白水山
下十枚山
青笹山
高適経
平治ノ段
真富士山
欅立山
大岳
位牌岳
池ノ平
愛鷹山
香貫山
徳倉山
大平山
発端丈山
葛城山
城山
金冠山
達磨山
矢筈山
皮子平
猫越岳
三蓋山
登り尾
高根山
寝姿山
満観峰
高草山
石廊崎
しもべおんせん
下部温泉
朝霧高原温泉
道の駅「朝霧高原」
道の駅「すばしり」
道の駅「ふじおやま」
新稲子川温泉
ヘルシーパーク裾野
天母の湯
あしがら温泉
御殿場温泉会館
梅ヶ島温泉
黄金温泉
コンヤ温泉
金山温泉
八幡温泉
やませみの湯
興津川温泉
伏木荘
平山温泉
竜泉荘
美肌湯
道の駅「富士川楽座」
道の駅「富士」
ふじの湯
道の駅「伊豆ゲートウェイ函南」
伊豆長岡温泉
道の駅「伊豆のへそ」
大仁温泉
修善寺温泉
道の駅「伊東マリンタウン」
伊東温泉
道の駅「くるら戸田」
嵯峨沢温泉
湯ヶ島温泉
土肥温泉
宇久須温泉
道の駅「天城越え」
河津七滝温泉
赤沢温泉
北川温泉
熱川温泉
片瀬温泉
堂ヶ島温泉
かじかの湯
道の駅「花の三聖苑伊豆松崎」
大沢温泉
いずいなとり
稲取温泉
今井浜温泉
雲見温泉
河内温泉金谷旅館
蓮台寺温泉
白浜温泉
道の駅「開国下田みなと」
下賀茂温泉
道の駅「下賀茂温泉湯の花」
道の駅「宇津ノ谷峠」

静岡県の山
全図
1金時山 本書で紹介する山名とコース番号
市役所・町村役場
国道と国道ナンバー
高速道路・自動車専用道路
JR線
JR新幹線
私鉄線
1:600,000
0
15km
長野県
愛知県
静岡県
悪沢岳10
11赤石岳
聖岳12
上河内岳12
茶臼岳13
13光岳
14中ノ尾根山
黒法師岳15
15丸盆岳
八高山20
飯田市
豊田市
豊川市
新城市
豊橋市
湖西市
浜松市
磐田市
袋井市
掛川市
菊川市
島田市
藤枝市
牧之原市
御前崎市
森町
川根本町
遠州灘
浜名湖
御前崎

01

昭和25年11月18日に上皇陛下が登られた山

金時山

きんときやま 1212m

日帰り

歩行時間＝4時間25分
歩行距離＝13・8km

技術度

体力度

コース定数＝23

標高差＝472m

累積標高差 ↗1054m ↘1054m

静岡県東部に位置する金時山は、箱根外輪山の最高峰で、4月と8月の20日前後の数日、富士山頂に太陽が沈む光景が見られる。

足柄万葉公園駐車場に車を置いて足柄関所跡から金時山山頂へ。下山は猪鼻砦跡から夕日の滝を見て地蔵堂に下り、足柄万葉公園に戻るコースで歩いてみよう。足柄関所跡はその昔、盗賊が出没したため関所を設け、手形により通行させていたと伝えられている。

足柄万葉公園の駐車場を出発。足柄関所跡から車止めまでは緩やかな車道である。両側は林で夏でも涼しい。**車止め**は専用車のみがその先を通行できるゲートがあり、山頂往復のみのプランなら、ここまで車で登ってきてもよい。

ここからも緩やかな道で**猪鼻砦跡**ではじめて富士山が見える。少し下ると林道終点で金時茶屋の資材置場がある。ここから金時山の登り坂だ。アルミ製の階段が12箇所あり、2つ目の階段から山頂にかけ、5月中旬にはシロヤシオの花が咲く。

登り着いた金時茶屋の目の前に2010年に静岡県がつくった大きな有料公衆トイレがある。平地がここにしかなく、やむを得ないと思うが、金時茶屋にとっては目の上のコブかもしれない。

■**鉄道・バス**
往路・復路＝小田原駅から伊豆箱根鉄道大雄山線に乗り、終点の大雄山駅下車。駅前の関本バス停から地蔵堂行きの箱根登山バスで地蔵堂へ。地蔵堂からはタクシー（要予約）で足柄峠へ。関本へは小田急線新松田駅から箱根登山バスも利用できる。

■**マイカー**
東名高速道路御殿場ICから県道78号などで約13㌔。足柄万葉公園駐車場は狭いが、いっぱいの時は関所跡付近にもスペースがある。

■**登山適期**
一年中ハイカーが絶えない人気の山で、いつでもよく、特に元旦は初日の出でにぎわう。5月中旬のシロヤシオが咲くころ、11月の紅葉もすばらしい。

■**アドバイス**
▽小山町町民いこいの家あしがら温

金時山山頂から見る雪を冠した初春の富士山

泉は富士山を浴室から一望できる。泉質はアルカリ性単純温泉、神経痛、筋肉痛、関節痛、冷え性、疲労回復に効能があるといわれる。火曜休み（祝日の場合は営業）。

▽御殿場にある天野醤油は、85年を経ている古い店で、富士山麓に湧く清水でつくられている。主な品種は3つで、甘露醤油は塩分少なめ色濃い艶。刺身によい。本丸亭はどんな料理にもよいとのこと。富士泉は煮物や鍋物向き。

■問合せ先

小山町観光協会☎0550・76・5000、南足柄市観光協会☎0465・74・2111、箱根登山バス☎0465・35・1271、松田合同自動車☎0120・40・1714、天野醤油☎0550・82・0518

■2万5000分ノ1地形図

関本

聖天堂から御殿場方面に少し下ったところにある小さな六地蔵

金時山山頂からは、富士山、南アルプス、愛鷹（あしたか）連峰がほしいままだ。金時茶屋に入ると早朝に毎日登っている人たちが一服中で、顔見知りが多い。

ひと休みしたら下山にかかる。急坂を下りきり、ひと登りすると**猪鼻砦跡**に着く。**地蔵堂**への道はここからはじまる。はじめは雑木林だが、その後、桧林となって、夕日の滝まで続く。ところどころ不明瞭な下り道をたどり、沢を渡り返すと**あずまや**がある。道はここから広い道に変わり、夕日の滝入口にはキャンプ場がある。指導標にしたがい、5、6分で**夕日の滝**に着く。高くはないが幅がある。写真に収めたら**地蔵堂**に下る。

マイカーの場合は、ここから県道を1時間ほど歩いて**足柄万葉公園**の駐車地に戻る。（加田勝利）

夕日の滝入口から５分ほど歩くと目の前に現れる夕日の滝

CHECK POINT

1

登山口の足柄峠にある弘法大師開基とされる足柄山聖天堂。足柄関所跡も隣接している

2

戦国時代、北条氏によって築かれた砦があったとされる猪鼻砦跡からは富士山がすばらしい

3

山頂直下、２つ目の階段下に咲くシロヤシオ。見ごろは５月連休前後

4

金時山山頂直下にあるアルミ製の階段を登りきれば山頂はすぐそばだ

5

金時山山頂に建つ金時茶屋。通年営業で、簡単な食事や飲み物が置かれ、登山者に人気の場所だ

6

猪鼻砦跡から道標に導かれて夕日の滝への道に入る

矢倉岳へ
足柄万葉公園
740m
Start Goal
足柄峠バス停
足柄山聖天堂
足柄峠
足柄関所跡
736
694
六地蔵
古道が通る
足柄駅へ
JR御殿場線
足柄駅～足柄峠間
小山町デマンドバス運行
地蔵堂～足柄万葉公園間の
箱根登山バスは24年3月に廃止
569
500
600
483
417
地蔵堂
地蔵堂バス停
大雄山駅へ
金太郎の遊び石
sotosotodays
CAMPGROUNDS
夕日の滝
静岡県
小山町
742
833
700
あずまや
577
ルート注意
698
駐車スペースあり
車止め
847
800
神奈川県
南足柄市
795
ルート注意
猪鼻砦跡
962
763
571
架線場
900
1000
1100
アルミ製のハシゴあり
北面にシロヤシオが数十本
金時茶屋
金太郎茶屋
1212
832
782
金時山
富士山の展望がすばらしい
乙女峠へ
箱根町
公時神社分岐
公時神社、金時公園へ
仙石原、矢倉沢峠、明神ヶ岳へ
500m
1:25,000

02

固有種のサンショウバラを訪ねて

湯船山・不老山

ゆぶねやま　1041m
ふろうやま　928m

日帰り

歩行時間＝5時間5分
歩行距離＝13・5km

技術度　体力度

コース定数＝22

標高差＝141m

累積標高差　829m　1474m

静岡県内には特定の花が咲くことで登山者に人気の山が2つある。7月下旬から8月中旬にかけ、頂上周辺でピンク色のヤナギランが咲く安倍東山稜の山伏、また、稜線で固有種のサンショウバラが咲く静岡県東部小山町の湯船山だ。サンショウバラは2㍍前後の大きさで、開花は5月下旬から6月中旬である。この時期は駿河小山駅から明神峠行きのバスが運行され、多数のハイカーが訪れる。明神峠、湯船山、不老山を歩いて駿河小山駅まで下ってみよう。

サンショウバラの丘から見る不老山（写真＝三宅 岳）

人気の高いサンショウバラ（写真＝三宅 岳）

明神峠は小山町と山梨県の山中湖を結ぶ車道が通過しており、標高は約900㍍なので、いちばん高い湯船山が1041㍍だから、標高差は少ない。周囲は雑木類が多く、道は広く歩きやすい。

明神峠から緩やかな登り下りを繰り返していくと、尾根の北側がガレているところに着く。ほどなく**湯船山**だ。太いブナの木が点在している。

山頂からは緩やかに下っていくと白クラノ頭に立つ。さらに下っていくと目的地のサンショウバラの丘に着く。広い丘状の地形でサンショウバラの木があちこちに点在している。

しばらく休んだら、目の前に広がる不老山へ向かおう。小さなコブを2つ越せば、林道が横切っている**世附峠**に着く。続いて200㍍ほどで、不老山南峰。続いて約5分でベンチとテーブルがある明るい**不老山北峰**山頂だ。ここにも2本のサンショウバラの木がある。

休憩が終わったら生土を目指して尾根通しに下る。**生土分岐**から右下に見える林道に下り、神縄断層を見て帰りたい。曲りくねった林道だが下り坂ではかどる。神縄断層の看板を見ると、「小笠原諸島あたりにあった島が、今からおよそ1500万年前に衝突し、現在の伊豆半島になった」と書かれている。

5分ほど下にゲートがあり、まっすぐ下っていくと**駿河小山駅**に着く。

（加田勝利）

■鉄道・バス

往路＝JR御殿場線駿河小山駅から明神峠行きの富士急モビリティバスが、シーズン中の土・日曜・祝日に運行。駿河小山駅発8時50分の1便のみだが、5月中旬～6月上旬は8時10分発が増便される。バスの運行期間外はタクシーで明神峠へ。

復路＝JR駿河小山駅から御殿場線

日本最大の野生バラといわれるサンショウバラの大樹。背後は湯船山と残雪の富士山（写真＝三宅 岳）

CHECK POINT

1 サンショウバラの丘の手前付近を行く。前方は不老山(写真＝三宅 岳)

2 サンショウバラの丘付近で。背後は湯船山(写真＝三宅 岳)

3 かつては神奈川県側の浅瀬と結ばれていた世附峠(写真＝三宅 岳)

4 不老山南峰。下山路からはずれて不老山北峰方向へ

5 不老山北峰。広い山頂でしばらく休んでいこう

6 終着は駿河小山駅で御殿場線を利用する(写真＝三宅 岳)

を利用する。

■マイカー
車2台を入山、下山口に用意する必要があり、マイカー登山には不向き。

■登山適期
サンショウバラの時期は5月下旬～6月中旬で、1年で最もにぎわう。尾根上は雑木類が多く、低山でも10月下旬から色づきがはじまる。

■アドバイス
▽小山町のあしがら温泉（火曜休、祝日の場合は翌日休）は、泉質アルカリ性単純温泉、源泉26度C。

各所でコースを案内をしてくれるユニークな案内板。小山町の故・岩田潤泉さんが手造りして、独力で立てたものだ

■問合せ先
小山町観光協会☎0550・76・5000、富士急モビリティバス☎0550・82・1333、御殿場タクシー☎0550・82・1234、あしがら温泉☎0550・76・7000

■2万5000分ノ1地形図
駿河小山・山北

写真協力＝三宅 岳

神奈川県
山北町
静岡県
小山町
明神峠
900m
Start
明神山
湯船山
1041
白クラノ頭
978
峰坂峠
サンショウバラの丘
悪沢峠
樹下の二人
世附峠
745
林道が横断している
不老山
不老山北峰
不老山南峰
928
天神山
生土分岐
谷ヶ山
526
神縄断層
ゲート
富士グリーンヒルゴルフコース
富士スピードウェイ
明神峠入口
上野
中日向
湯船
湯船原
柳島
中島
金時神社
滝ノ前
音淵
生土
大久保
藤曲
落合
奈良橋
茅沼
坂下
250m
Goal
駿河小山駅
川前
小山
高尾トンネル
桜平トンネル
東名高速道路
下谷
鮎沢PA
JR御殿場線
透間
浅瀬
世附
世附沢
塩沢
三国山・籠坂峠へ
山中湖へ
御殿場駅へ
1:50,000
1km

03

宝永山

富士山の右側にアクセントをつける山

一泊二日

ほうえいざん
2693m

第1日　歩行時間＝20分　歩行距離＝0・6km
第2日　歩行時間＝4時間40分　歩行距離＝11・0km

技術度
体力度

コース定数＝19

標高差＝313m

累積標高差　598m　1533m

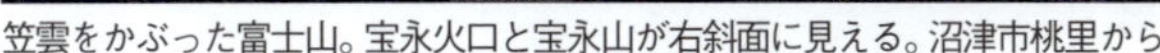
笠雲をかぶった富士山。宝永火口と宝永山が右斜面に見える。沼津市桃里から

新六合目に建つ宝永山荘に前泊して宝永山を目指す

江戸中期の1707（宝永4）年12月16日、富士山南東の山腹にて大きな噴火が生じた。これが宝永大噴火で、その際に生じたのが宝永山だ。その宝永山の下部にはいくつものハイキングコースが設けられている。

宝永山への登山口となる富士宮口五合目は、7月10日ごろから9月10日ごろまで、連続65日間マイカーの乗り入れができない。マイカーの場合、規制期間中は水ヶ塚駐車場からシャトルバスで富士宮口五合目まで行けるが、規制期間外はシャトルバスの運行がないため、富士宮口五合目から宝永山を往復するか、車2台を使って1台は水ヶ塚駐車場に配車しておくなどの工夫が必要となる。

第1日　富士宮口五合目から20分ほど登ると六合目で、宿泊する**宝永山荘**がある。以前は6月下旬から10月までの営業だったが、近年は9月までのため、営業期間外は日帰りで登ることになる。

第2日　出発はゆっくりで気が楽だ。10分ほどで**宝永第一火口縁**に着く。天気がよいと富士山頂まで見える。**宝永第一火口**まで下って宝永山を往復しよう。緩やかな砂礫の道を登って稜線の**宝永山馬の背**に出たら、右に進めば**宝永山**山

■**鉄道・バス**
往路・復路＝JR東海道新幹線三島駅、新富士駅、JR身延線富士宮駅から水ヶ塚公園経由の富士宮口五合目行き富士急バス（季節運行）を利用。バスの運行期間外はタクシーを利用。

■**マイカー**
東名高速裾野ICから南富士エバーグリーンラインなどで水ヶ塚駐車場へ（約870台、マイカー規制中は有料）。マイカー規制中は水ヶ塚駐車場～富士宮口五合目を運行するシャトルバスを利用する。富士宮口五合目の駐車場は約350台・無料。

■**登山適期**
富士山は例年9月10日ころから入山禁止となるが、宝永山は富士山スカイラインが通行止めとなる11月上旬ごろまで登山可能。ゴールデンウィークの新緑から紅葉まで、さまざまな富士山の姿が楽しめる。

■**アドバイス**

頂だ。すばらしい展望が広がる。

宝永第一火口に戻り、次の目的地である幕岩を目指す。**火口**から**宝永第一火口縁**に登り返し、支稜通しに宝永第二火口を見て、**御殿庭中**から、**御殿庭上**に渡り返し、**三辻**でひと休みしてから幕岩に下る。要所に指導標があり、整備の行きとどいたコースである。かつて山伏の修行場であった**幕岩**は、絶壁が連なる絶景で、幅100メートル、高さ30メートルの溶岩の壁だという。しかし、噴火からかなりの年月が経って周辺も変わり、今ではほんの少しの幕岩を見ることができるのみだ。

幕岩からは原生林の緩やかなコースを**水ヶ塚公園**へ下る。ここからも美しい富士山が見えるが、この先、富士山スカイラインを10分ほど西に走ると西臼塚駐車場がある。ここでもきれいな写真が撮れる。（加田勝利）

宝永第一火口から１時間弱で登れる宝永山

CHECK POINT

1 出発地の六合目・宝永山荘。ここに泊って、2日目に宝永山をめぐる

2 宝永山荘周辺に咲いている火山地形に多いオンタデの花

3 宝永第一火口縁で往路と分かれ、宝永第二火口縁を通って下っていく

4 下山後、須山集落から振り返る富士山

▽宝永山や静岡県側から富士山に登る際はWEBシステムへの登山計画の登録と、登山のルール・マナーの事前学習を行なう。保全協力金（1000円）もお願いしている。詳細は「富士登山オフィシャルサイト」へ。

▽富士宮口五合目から富士山頂を目指す場合は、第1日に新六合目の山小屋に宿をとり、第2日、新七合、元祖七合、八合目を経て、山頂の剣ヶ峰に立つ。八合目まで約2時間30分、さらに剣ヶ峰までは約2時間30分はみておこう。剣ヶ峰からは御鉢めぐりコースを御殿場口下降点に向かい、宝永山を目指して下降路に入る。比較的登山者が少ない道で、お中道入口の標識から馬の背を通り、宝永山を往復。再び馬の背から本文のコースをたどり、火口、火口縁を経て六合目、富士宮口五合目へ。

■問合せ先

富士宮市役所☎0544・22・1155、御殿場市役所☎0550・83・1212、富士急静岡バス☎0545・71・2495、富士急シティバス☎055・921・5367、富士急静岡タクシー（三島駅）☎0120・249・001、富士宮交通（タクシー・富士宮駅）☎0544・27・1234、宝永山荘☎090・7607・2232

■2万5000分ノ1地形図

富士山・須走・印野

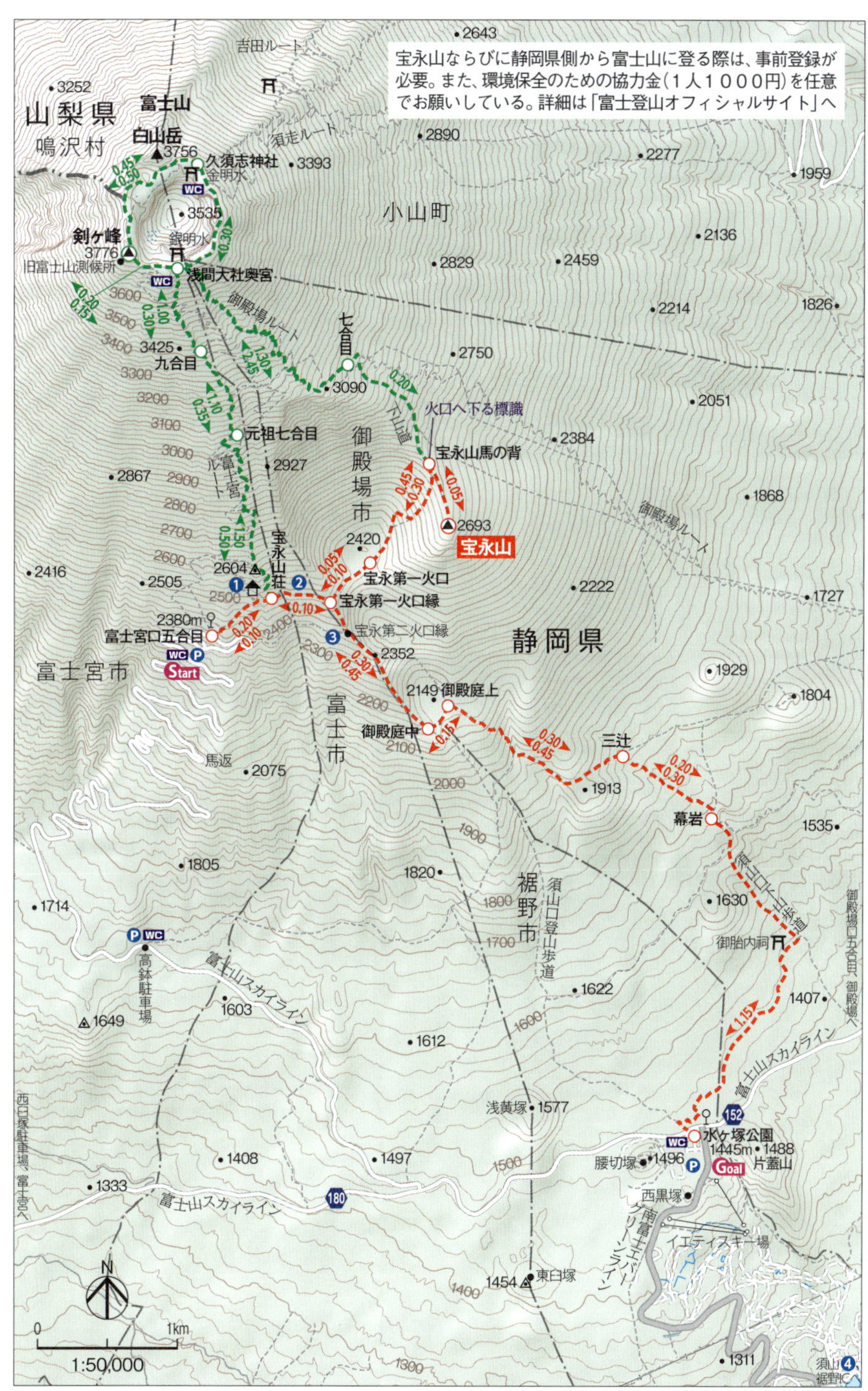
宝永山ならびに静岡県側から富士山に登る際は、事前登録が必要。また、環境保全のための協力金（1人1000円）を任意でお願いしている。詳細は「富士登山オフィシャルサイト」へ
山梨県
鳴沢村
富士山
白山岳
久須志神社
金明水
剣ヶ峰
銀明水
旧富士山測候所
浅間大社奥宮
御殿場ルート
九合目
七合目
元祖七合目
富士宮ルート
小山町
火口へ下る標識
宝永山馬の背
宝永山
御殿場市
宝永山荘
宝永第一火口
宝永第一火口縁
宝永第二火口縁
富士宮口五合目
富士宮市
Start
静岡県
御殿庭上
御殿庭中
三辻
幕岩
富士市
裾野市
須山口登山歩道
御胎内祠
富士山スカイライン
高鉢駐車場
水ヶ塚公園
Goal
片蓋山
腰切塚
西黒塚
南富士エバーグリーンライン
イエティスキー場
東臼塚
浅黄塚
馬返
吉田ルート
須走ルート
1:50,000

04

雨ヶ岳・毛無山

大見岳と毛無山の間は富士山の好展望台

日帰り

歩行時間＝7時間5分
歩行距離＝10・5km

あまがだけ　1772m
けなしやま　1964m（最高点）

技術度 ▲▲
体力度 ♥♥

コース定数＝30

標高差＝1009m

累積標高差 ↗1156m ↘1251m

富士山をとりまく山のひとつである毛無山は1等三角点を有する山で、ハイカーに人気がある。北側にある毛無山より14m高い山は大見岳で、地形図には「大見岳」の記載はない。いろいろ調べて山頂までやってくるマニアがいると聞いている。山梨県との県境近くの根原集落から雨ヶ岳を経て、毛無山まで南下してみよう。

根原へはバス便は少なく、マイカー使用の山行となる。下山地の麓集落の駐車場は約20台停めることができ、1台デポして根原へ向かうとよい。

朝霧高原から見上げる毛無山の稜線。左に毛無山、中央高点が大見岳、一度下がって右端は雨ヶ岳

毛無山山頂からの富士山

ゲート付近の駐車場に車を停め、杉林を抜けると、大きな**A沢貯水池**を左手に見ながら進み、山道に入る。貯水池は約50年前に完成し、朝霧高原で生活する人々のたいせつな水瓶である。

涸れ沢を渡ると雑木林で、明るい。端足峠入口の標識が出てくるとジグザグ道となり、モミの植林地となると峠は近い。**端足峠**でひと息入れてから雨ヶ岳へ向かう。中間地点が平地となっているので、そこまでがんばってひと休みしたい。クマザサが刈り払われ、道は歩きやすく、太いダケカンバや、ヤマザクラが目立つようになれば、雨ヶ岳は近い。

雨ヶ岳山頂で富士山をカメラに収めたら毛無山を目指す。以前は毛無山まで、クマザサやバラの木

■**鉄道・バス**
往路＝JR新富士駅またはJR富士宮駅から富士急静岡バスで根原へ。復路＝麓集落からタクシーでJR富士宮駅またはJR新富士駅へ。バス利用の場合は麓集落から徒歩約30分で朝霧グリーンパークバス停へ。富士急静岡バスに乗車し、JR富士宮駅またはJR新富士駅へ。バスは往路、復路とも1日3便。

■**マイカー**
2台が必要で、下山口の麓集落の有料駐車場に1台デポし、もう1台は入山口の根原駐車場（有料）に停める。

■**登山適期**
真夏より富士山に新雪をまとう秋から晩秋と早春が写真を撮るにはよい。2000mクラスの山であり、1～3月ごろまで積雪がある。

■**アドバイス**
▽下山後の温泉は富士宮道路左どなりの道路を南下すると、あさぎり温泉風の湯（☎0544・54・2331）がある。玄武岩層の多い富士山の地底を流れる伏流水で、バナジウムの化合物が多く存在している。

■**問合せ先**
富士宮市役所☎0544・22・1155、富士急静岡バス☎0545・71・2495、富士宮交通（タクシー）☎0544・27・1234

■**2万5000分ノ1地形図**
精進・人穴

に覆われていた尾根筋が幅数メートルほどに刈り払われ、簡単に歩くことができる。**大見岳**、**毛無山**にかけては、富士山や朝霧高原の展望がすばらしい。10年ほど前の毛無山山頂にはオタカラコウにアサギマダラがたくさん連なっていたものだが、ここ数年まったくなくなった。

ひと休みしたら下山にかかる。下部の分岐からいっきに下りになる。**富士山展望台**を経て中間地点の**ヘリポート**まで下り、不動の滝を見て**麓集落**に出れば、駐車場へはわずかだ。

（加田勝利）

CHECK POINT

1 A沢貯水池。朝霧高原で生活する人たちの生活水

2 端足峠から雨ヶ岳への中間地点。小広い平坦地で休憩によい

3 雨ヶ岳への登り。振り返ると本栖湖が垣間見える

4 雨ヶ岳山頂から富士山を見る

5 1等三角点のある毛無山山頂

6 下山地点の麓集落の紅葉

05 黒岳・越前岳

一年中ハイカーがあふれる人気抜群の山

日帰り

くろだけ 1086m
えちぜんだけ 1504m

歩行時間＝5時間15分
歩行距離＝7・6㎞

技術度
体力度

コース定数＝23
標高差＝761m
累積標高差 ↗999m ↘872m

富士山の南側にある愛鷹(あしたか)山魂は、小さいながらもいくつものピークをもっており、人気がある山塊である。中でも富士山寄りに位置する越前岳はいちばん高く、一年中ハイカーの姿が絶えない。

須山(すやま)の山神社駐車場に車を置いて愛鷹山荘を経て越前岳山頂へ。休憩を楽しんだら眼下の十里木(じゅうりぎ)駐車場に下り、バスで愛鷹登山口まで戻る一周コースを歩いてみよう。

山神社駐車場は平成14年に完成したもので、路肩に停めるハイカーが増えたことにより、裾野市がつくったものだ。よく歩かれた道を、まずは愛鷹山荘を目指す。杉林の山林を行くと大きな岩が出てくる。ルートは左に曲がり、巻道となる。まもなく愛鷹山荘だ。小さい山荘だが、須山の渡辺徳逸さんがつくった山小屋で、5人ほど泊まることができる。春になれば自然湧水の絞り水が得られる。

5分ほどで越前岳に通じる尾根上の**富士見峠**に着く。右手の黒岳方面に行くと、富士山見晴台から正面に大きな富士山を眺めることができる。ほどなく**黒岳**山頂だ。

元に戻って越前岳へ向かう。杉や桧の植栽で富士山は見えないが、緩やかな登り道だ。林道跡を横切るとまもなく**鋸岳展望台**で、岩峰が一望できる。

さらにひと登りがんばると**富士見台に**着く。富士山が望める明るい台地だ。昭和13年に発行された50銭紙幣は、岡田紅陽がここで撮影した富士山だと説明する裾野市

■鉄道・バス
往路＝JR御殿場駅が起点。富士急モビリティバス愛鷹登山口バス停で下車。山神社駐車場へ徒歩20分。復路＝十里木バス停から帰途につく。富士急モビリティバスでJR御殿場駅へ。

■マイカー
登山口の山神社へは東名高速道路裾野ICから県道24号、国道469号などで約10㌔。十里木へは裾野ICから県道24号、国道469号などで約14㌔。山神社駐車場は20台ほど、十里木駐車場は30台ほどで、ともにトイレあり。

■登山適期
下山路は自然林だが、ブナの大木も多く、ヤマボウシがところどころに花を咲かせる。このコースは一年中登られている。

■アドバイス
▽山神社駐車場へは、十里木バス停から富士急モビリティバスで愛鷹登山口バス停に戻る。駐車場へは徒歩20分。
▽十里木集落の中ほどにあるソバ専門店の富士見屋は、母娘で営む創業70年の老舗。店のすぐ右手に富士急モビリティバスの十里木バス停がある。

■問合せ先
裾野市役所☎055・992・1111、富士急モビリティバス☎05

越前岳山頂付近に咲くアシタカツツジ

黒岳からの稜線道に咲くフタリシズカ

→写真家・岡田紅葉も撮ったという、富士見台からの富士山

の標識がある。

続いて登り着いた**越前岳**山頂は格好の休憩場で、いつも弁当を広げるハイカーの姿が見られる。

十里木へは下りのみである。登ってきた尾根筋を見ると、大きなブナの木が点在しているのがわかる。十里木高原展望台から眼下の駐車場へは左右に分かれるが、左側は緩やかに下る尾根で歩きやすい。ゴールの**十里木バス停**は集落の中ほどにある。（加田勝利）

CHECK POINT

黒岳への稜線直下にある無人の避難小屋、愛鷹山荘。5～6人は泊まることができる

黒岳手前の富士山見晴台からは、秀麗かつ大きな富士山を望むことができる

稜線途中の鋸岳展望台から見る顕著な鋸歯状の山稜を見せる鋸岳

越前岳山頂から下っていくと、ブナの大木が点在している

50・82・1333、富士見屋☎055・998・0339
■2万5000分ノ1地形図
愛鷹山・印野

N
0
500m
1:35,000
十里木バス停
Goal
876m
十里木高原バス停
土曜・休日のみ
十里木駐車場
870
富士見屋
十里木高原展望台
富士山こどもの国
富士サファリパーク
忠ちゃん牧場
469
馬の背
1099
ベンチあり
ヤマボウシが点在
林道富士愛鷹線
ブナの巨木が点在
アシタカツツジが群生
越前岳
1504
富士見台
岡田紅葉の富士山撮影場所
1336
鋸岳展望台
南に鋸岳がよく見える
富士見峠
愛鷹山荘
976
富士山の展望がすばらしい
富士山見晴台
天然杉が見られる
黒岳
1086
愛鷹登山口バス停
愛鷹登山口バス停～山神社駐車場間徒歩20分
山神社駐車場
愛鷹神社
743m
Start
大沢
裾野市
呼子岳
1310
鋸岳
1296
位牌岳
1458
この尾根は天然杉が多い
1004
1068
954
1042
1024
1110
1176
1308
1014
898
894
892
876
934
724
704
693
799
812
752
富士駅
御殿場駅へ
0.40
1.00
1.00
1.45
0.25
0.20
0.45
0.35
0.30
0.25

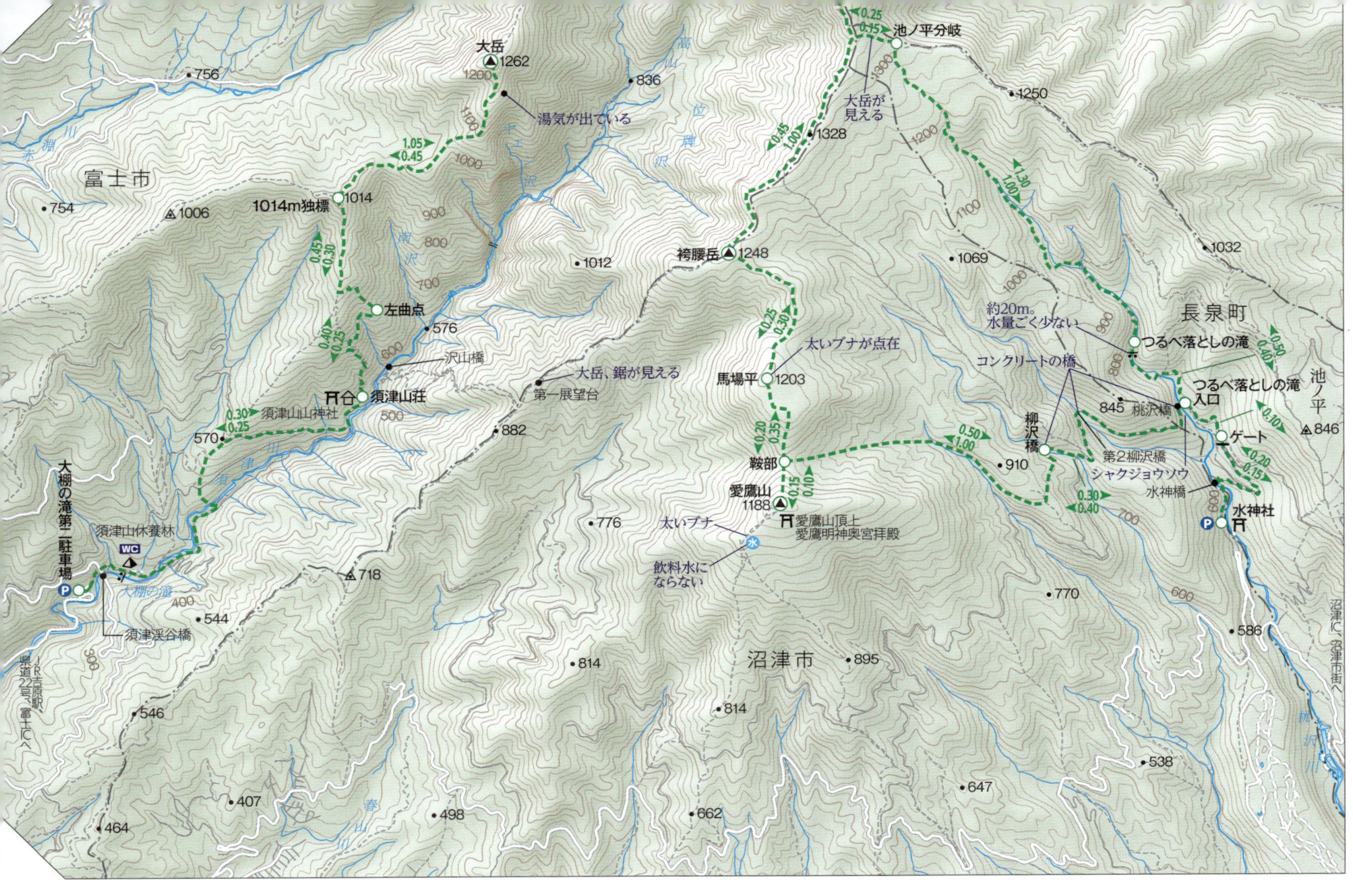

大岳
1262
湯気が出ている
池ノ平分岐
大岳が見える
富士市
1014m独標
1014
左曲点
沢山橋
須津山荘
須津山山神社
須津山休養林
大棚の滝第二駐車場
須津渓谷橋
県道22号、JR吉原駅、富士ICへ
大岳、鋸が見える
第一展望台
袴腰岳
1248
馬場平
1203
太いブナが点在
鞍部
愛鷹山
1188
愛鷹山頂上
愛鷹明神奥宮拝殿
太いブナ
飲料水にならない
沼津市
長泉町
約20m。水量ごく少ない
つるべ落としの滝
コンクリートの橋
つるべ落としの滝入口
桃沢橋
柳沢橋
第2柳沢橋
シャクジョウソウ
ゲート
水神橋
水神社
池ノ平
沼津IC、沼津市街へ

06 万三郎岳・万二郎岳

天城山の万三郎岳は伊豆半島でいちばん高い山

ばんざぶろうだけ 1406m
ばんじろうだけ 1299m

日帰り

歩行時間＝4時間15分
歩行距離＝8・3km

技術度
体力度

コース定数＝**19**

標高差＝361m

累積標高差 833m 833m

天城山の万三郎岳はアマギシャクナゲが咲く有名な山である。山頂から石楠立への下り部分と、現在植生保護のため通行止めとなっている万三郎岳北稜に群生している。花が咲く5月中旬から6月初旬は、大きな駐車場がいっぱいとなり、一年でいちばん混雑する時期だ。伊東駅からは定期バスが利用できるが、大半の登山者は、マイカーを利用している。しばらく通れなかった山腹道の通行止めも解除されたので、裏側から万三郎岳に登って、万二郎岳から四辻に戻る一周コースで歩いてみよう。

天城高原駐車場のハイキングコース入口は、バス停の横からはじまる。背の高いヒメシャラの木が点在している中を、少し登ってから下りきると、万三郎岳北側の巻道（シャクナゲ）コースと、万二郎岳へ登る分岐の**四辻**で、このあたりはアマギツツジが多い。花を見るなら6月下旬から7月初旬が

群生する石楠立のアマギシャクナゲ。撮影は5月下旬（写真＝平田謙一）

■鉄道・バス
往路・復路＝JR伊東駅から天城東急リゾートシャトル（東海バス・1日5便）で天城縦走登山口バス停へ。

■マイカー
天城高原駐車場（約100台）へは、伊豆スカイライン天城高原ICから県道111号経由約11㌔。

■登山適期
いちばん混む時期は、5月中旬～6月上旬のアマギシャクナゲが咲くころ。無料駐車場はいっぱいとなり、道路に停める車もいるが、路上駐車は厳禁。稜線には太いブナの木が点在しており、シャクナゲが終わった静かなシーズンもよい。アマギツツジは6月下旬～7月上旬が花の見ごろだが、樹木が大きいため落花を見るのも一興。

■アドバイス
▽登路のシャクナゲコースは道が荒れぎみで、北面への滑落にも注意。
▽固有種であるアマギシャクナゲとアマギツツジはどちらも丈が高い。先にシャクナゲが咲き、1ヶ月遅れでツツジが咲く。

■問合せ先
伊豆市観光協会天城支部☎0558・85・1056、東海バス伊東営業所（天城東急リゾートシャトルバス）☎0557・37・5121

■2万5000分ノ1地形図
天城山・湯ヶ島

万二郎岳直下から見る馬の背と、その奥に万三郎岳（写真＝平田謙一）

←馬の背の下りから見る万二郎岳。背後に太平洋が見える（写真＝平田謙一）

よい。

右手のシャクナゲコースは、天城山北面を巻くようにつけられている。ヒメシャラ林を抜けて右手への滑落に注意しつつ小さなアップダウンを繰り返して進むと、やがて**涸沢分岐点**に出る。なおも山腹をたどるが、途中からは左手の支稜の登りに変わる。登路には木段が設けられているが、雨などにより崩れて歩きづらくなっている。

支稜を登りつめると縦走路に出

CHECK POINT

1 駐車場から車道を横切り、天城縦走路入口から登山道に入っていく

2 山腹を横切っていく万三郎岳への道と、万二郎岳への道が分岐する四辻

3 シャクナゲコースから登り着いた万三郎岳

4 万二郎岳山頂。ここから四辻に向かって下山の途につく

写真協力＝平田謙一

て、**万三郎岳**に着く。小広い山頂で、ベンチもあるので休憩によい。シャクナゲの木の丈は3㍍ほどあり、山を下りながら花を見るにはちょうどよい。花の咲く木は数年に一度たくさん花をつけるが、こんな年にぶつかれば最高だ。

石楠立でシャクナゲは終わり、万二郎岳にかけては馬の背状の地形にアセビのトンネルが続く。**万二郎岳**山頂から**四辻**を目指せば出発点の**駐車場**に着く。（加田勝利）

5月下旬、マメザクラが美しい万二郎岳周辺（写真＝平田謙一）

1:25,000
0
500m
N
八丁池・天城峠へ
小岳
1360
片瀬峠
万三郎岳
3
1406
木に囲まれ展望はいまひとつ
0.40
0.50
1300
1200
涸沢分岐点
1100
1000
900
800
974
935
現在植生保護のため通行止め
アマギシャクナゲ
シャクナゲコース
0.30
0.40
石楠立
天城山
アセビのトンネル
馬の背
1325
1168
伊豆市
1.10
1.00
1058
1156
東伊豆町
0.30
狭い山頂
万二郎岳
4
1299
2
四辻
1.00
0.40
0.20
0.15
アマギツツジとヤマボウシ
天城高原ゴルフ場
1
天城登山口バス停
天城高原駐車場
Start Goal
天城縦走路入口
1045m
1049
111
マメザクラ 両側に
天城高原IC、伊東駅へ
1070
1187

07

天城山脈のふたつの名ポイントを訪ねる
天城峠・八丁池

あまぎとうげ　834m
はっちょういけ　1175m
（最高点＝1210m／見晴台）

日帰り

歩行時間＝5時間10分
歩行距離＝11・4km

技術度
体力度

コース定数＝25

標高差＝610m

累積標高差　1147m　1147m

↑見晴台から八丁池を望む

←天城峠から稜線に出た付近の紅葉

古い地形図の八丁池から水生地の間には「行幸歩道」と書かれていたが、伊豆市湯ヶ島の観光協会によれば、昭和5年に天皇がモリアオガエルの研究のために歩かれたコースだということだ。昭和天皇は、旧天城トンネル入口から天城峠に登り、尾根通しに八丁池にご到着、しばらく休息されてからモリアオガエルを調べ、水生地に下られたという。6月だったそうだが、日時はわからないとのこと。おおよそ90年前のいにしえのコースを歩いてみよう。

マイカーを旧道入口の**水生地下の駐車場**に停め、**新天城トンネル入口**まで歩いてから、**旧天城トンネル**へ登りつめる。ここでは例年11月1日から月末まで、天城もみじまつりが行われ、オープニングイベントは国の重要文化財の天城山隧道で提灯ウォークが行われている。

太いブナの木が点在する**天城峠**

■鉄道・バス
往路・復路＝伊豆箱根鉄道修善寺駅から河津駅行きの東海バスの便があり、天城峠バス停または水生地下バス停で下車。

■マイカー
水生地下に駐車場があるが、11月のシーズンは満車となる日が多いので、早めに到着したい。

■登山適期
花は少ないが、太いブナの木、ヒメシャラの木が多く、新緑のころから11月のもみじのころがよい。旧天城トンネルでは11月いっぱい、もみじまつりが行なわれ、人出が最も多くなる。

■アドバイス
▽天城山隧道は明治38年に完成した石造りのトンネルである。国内で最も長いといわれており、平成13年に国の重要文化財に指定されている。長さ446メートル、幅約4・1メートル、高さは約4・2メートル。
▽八丁池のみを目指すなら、昭和の森にマイカーを置いて、東海バスで向かう方法もある。運行時期、運行日、時間は東海バスのホームページを参照のこと。
▽水生地の少し奥に氷室園地がある。大正から昭和にかけて、天然の氷をつくっていた製氷池や貯蔵していた氷室の跡である。
▽太郎杉は天城最大の巨木で、静岡

に出ると、やっと山らしさが出てくる。八丁池まではずっと緩やかな道で歩きやすい。

天城峠を越え、稜線付近で出会ったりっぱなブナの木

向峠を過ぎ、標高953メートルのコブの北を巻いてさらに山腹の道を進む。眼下にワサビ田が見え、のどかな源流を渡って右手に緩やかに登っていく。原生林がさまざまな色模様を描いており、中でもリョウブの木肌がきれいだ。

登山道沿いにはいくつかのワサビ田も見られる

大見分岐点を経て、背の高いアセビの林をくぐり抜けると八丁池は近い。**公衆トイレ**の横から、見晴台に立つと、眼下に八丁池が飛びこんでくる。下っていくと御幸歩道の指導標を左に見て、「伊豆の瞳」とよばれる**八丁池**に着く。

広くて明るい湖畔でゆっくり休んでから水生地へ下る。御幸歩道を下ると、はじめはアセビだが、杉や桧の高木の緩やかな下り道となる。林の中には風による倒木が見られるが、ハイキングコースは歩きやすい。途中で**林道を横切り**、**舗装道路**に出るまでは一本道である。緩やかに下っていくと**水生地**だ。分岐を右に進み車道を行けば、**水生地下駐車場**だ。（加田勝利）

県の天然記念物に指定されている。樹高53メートル、樹齢450余年と推定されている。水生地下の駐車場から少し修善寺方面へ下ると道標がある。

■問合せ先
伊豆市役所☎0558・72・9911、伊豆市観光協会天城支部☎0558・85・1056、伊豆箱根鉄道修善寺駅☎0558・72・0667、東海バス修善寺営業所☎0558・72・1841、湯の国会館（立ち寄り入浴）☎0558・87・1192
■2万5000分ノ1地形図
湯ケ島

CHECK POINT

1 旧天城トンネルから登った稜線に立つ指導標。よく整備されているので安心

2 稜線に登ると太いブナの木が現れる。森の雰囲気を楽しみながら進もう

3 湖畔からの八丁池。モリアオガエルの産卵期には湖畔の木に白い泡がつく

4 水生池に向かう下り御幸歩道を示す道標にしたがって遊歩道を下っていく

5 ブナに囲まれた緩やかな道を水生地目指して下っていく

伊豆市
河津町
東伊豆町
Start Goal
水生地下駐車場
600m
水生地下バス停
天城峠バス停
新天城トンネル入口
旧天城トンネル
天城峠
水生地
氷室園地
舗装道路
林道出合
あずまや
下り御幸歩道
桧、杉の林
アセビの林
八丁池
公衆トイレ
見晴台
青スズ台
大見分岐点
ブナ、ヒメシャラ
八丁池口バス停～八丁池間
登り1時間5分、下り55分
ワサビ田
上り御幸歩道
向峠
伊豆山稜線歩道
新天城トンネル
八丁池口バス停
寒天林道
通年マイカー規制
天城山脈
修善寺駅へ
万三郎岳へ
河津へ
国道414号へ
1:25,000

08 長九郎山

ちょうくろうやま 996m

植林したものだが、シャクナゲの数がすごい

日帰り

歩行時間＝3時間35分
歩行距離＝7・7km

技術度 ★★
体力度 ★

コース定数＝18
標高差＝518m
累積標高差 ↗866m ↘819m

大野山道直下の展望地（コース外）から松崎の町並みと港を眺める

↑←長九郎山山頂をあとに、八瀬峠へ向かうと、本コースいちばんの見どころであるシャクナゲの植林地が現れる。例年、5月初旬ころには、稜線は赤や白、ピンクに染まる

西伊豆松崎町（にしいずまつざき）の長九郎山は5月の連休ごろに咲く植林したシャクナゲが有名で、この時期はハイカーが多く訪れる。山頂周辺にあるアマギシャクナゲは栽培種ではなく、元々から自生していたもので、

■鉄道・バス

往路＝伊豆箱根鉄道修善寺駅より松崎行きの東海バスで終点下車。タクシーに乗り換えて池代林道の車止めまで入る。

復路＝宝蔵院からタクシーで松崎バス停へ。東海バスに乗り換えて修善寺駅へ。宝蔵院から車道を1時間半強下った船田バス停から東海バスで松崎バス停に向かう方法もある。

■マイカー

修善寺道路修善寺ICが最寄りインター。持草川の池代林道車止め、宝蔵院、道の駅「花の三聖苑」へは、それぞれ、62㌔、50㌔、53・5㌔。

■登山適期

長九郎山のシャクナゲは例年5月連休ごろが開花となる。伊豆半島の南に位置しているため、天城山に比べ

野趣あふれる山の家の野天風呂

やぐらの上からちらほら見えるが、丈が3メートル前後の大木が多い。八瀬(やせ)峠からひと登りすると緩やかなコースとなり、松崎町が約30年前に京丸(きょうまる)シャクナゲやツクシシャクナゲを1000本くらい植林したが、約3分の1が盗伐されてしまったとのこと。当時は北東の諸坪(しょつぼ)峠からの林道が開放されているとハイカーは少ないが、シャクナゲの数は壮大である。

CHECK POINT

1 三方平分岐点まで上がり、長九郎歩道を登ると長九郎山山頂は近い

2 長九郎山の山頂は狭いが、ヤグラに登ると大きく展望が広がる

3 長九郎山山頂の鉄骨製の展望ヤグラ。高さは約10メートル。上に立つと標高は1000メートルを超える

4 山頂から下ったところにはみごとなシャクナゲの植林地が続く

5 宝蔵院分岐は休憩の好適地だ。大沢温泉への登山道は一部不明瞭のため安易に立ち入らない

6 多石仏が並ぶ宝蔵院。30台を超える駐車場があるので、車の場合はここから往復してもよい

明治13年竣工の重要文化財・岩科学校

■アドバイス

▽温泉は大澤温泉野天風呂山の家(☎0558・43・0217)がある。公共の宿伊豆まつざき荘(☎0558・42・0450)でも入浴可。

■問合せ先

松崎町役場企画観光課☎0558・42・3964、松崎町観光協会☎0558・42・0745、東海バス☎0558・72・1841、タクシー伊豆バス(松崎町)☎0120・026・120

■2万5000分ノ1地形図

仁科

たためで、その後閉鎖された。

宝蔵院（ほうぞういん）まで車で往復する人が多いが、池代（いけしろ）集落先の**車止め**から、長九郎山、八瀬峠、宝蔵院を歩いてみよう。この山は池代先の車止めまでと、宝蔵院から下りのアプローチが長く、車2台があるとよい。

持草（もっそ）川に沿ってルートがついており、ワサビ田もところどころに点在している。川の中の石が黄色く染まり、硫黄の臭いが漂よう。60年ほど前まで硫黄を掘っていた跡が左手にある。

しばらく行くと**硫黄橋**に着く。さらに登っていくと三方平分岐点だ。左に曲がって長九郎学術保護林の看板から坂を登りきると**長九郎山**に着く。鉄骨の展望ヤグラに登って、眼下のアマギシャクナゲをカメラに収めよう。

休憩後は宝蔵院までは下り勾配の山道で、登り坂はもうない。**八瀬峠**で林道を渡り、急な下りを経て山腹道を行くと指導標のある**宝蔵院分岐**だ。大沢温泉へ下るルートが分かれるが、大野山より下部が不明瞭となっている。

宝蔵院へはほぼ平らな道で歩きやすい。石仏が多数並んでいる**宝蔵院**には現在住職はいない。宝蔵院から予約しておいたタクシーで松崎に向かうが、車道をそのまま1時間40分ほど下ると松崎行きのバスがある船田バス停に出る。

（加田勝利）

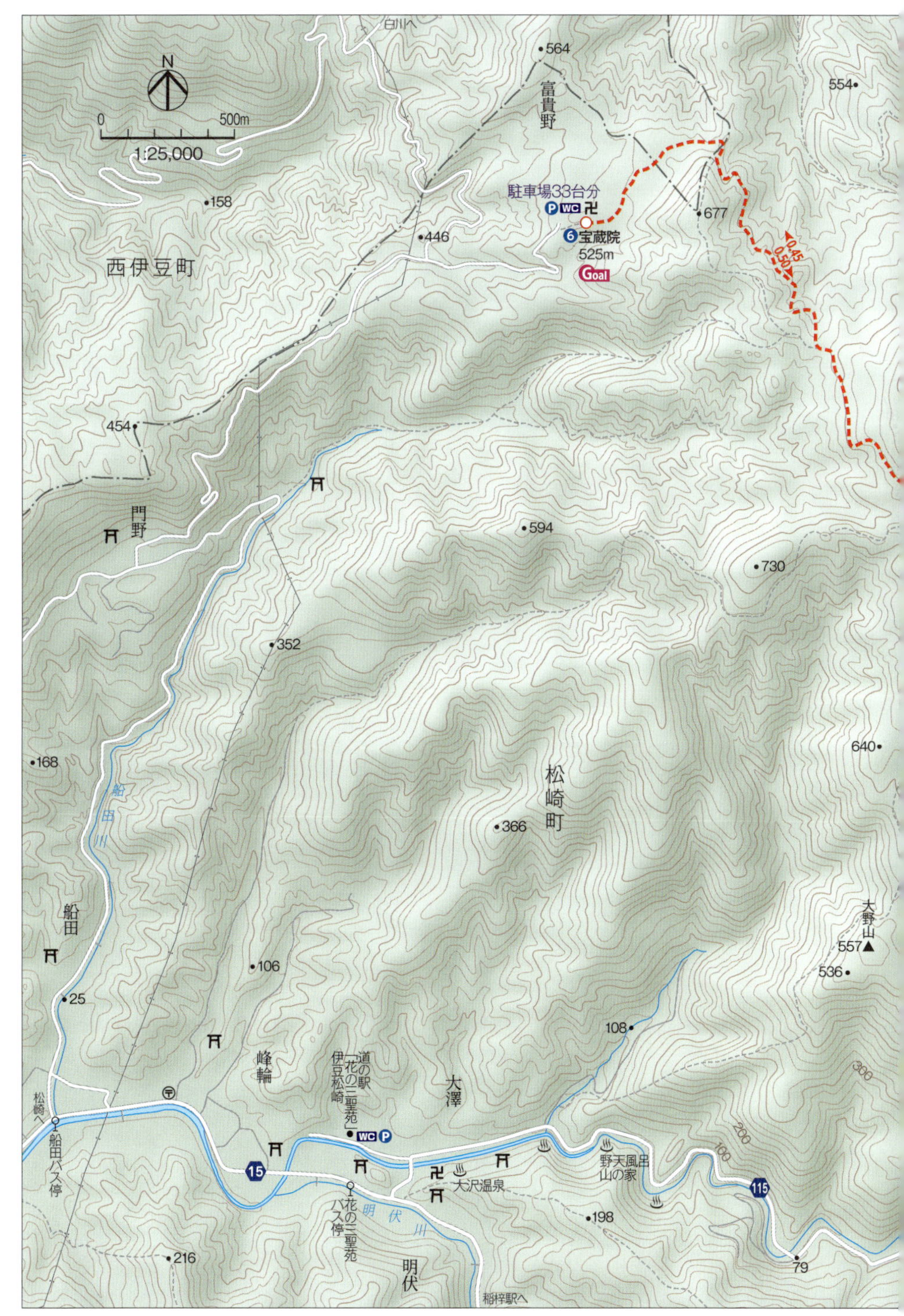
白川へ
N
0
500m
1:25,000
564
富貴野
554
駐車場33台分
P WC 卍
677
6 宝蔵院
525m
Goal
0.45
0.50
158
446
西伊豆町
454
門野
594
730
352
168
船田川
松崎町
366
640
大野山
557
536
船田
25
106
108
峰輪
道の駅「花の三聖苑伊豆松崎」
大澤
300
松崎へ
船田バス停
WC P
200
100
15
野天風呂 山の家
大沢温泉
115
花の三聖苑バス停
明伏川
198
216
明伏
79
稲梓駅へ

09

沼津アルプス

静岡県東部でいちばん人気のふるさとアルプス

日帰り

歩行時間＝6時間5分
歩行距離＝13・5km

ぬまづあるぷす
392m（鷲頭山）

技術度
体力度

コース定数＝**30**
標高差＝386m
累積標高差 ↗1410m ↘1404m

志下坂峠付近からの富士山

志下坂峠からの鷲頭山と手前のコブが小鷲頭山

静岡県東部の沼津アルプス、愛知県との県境に連なる県西部の湖西連峰は、いずれも標高400メートル前後で、老若男女が楽しめる小さな山である。沼津アルプスに位置し、寝そべった象さんに見える象山（徳倉山）は、国道414号バイパスがこの象の腹部分を貫通している（名称は「沼津アルプストンネル」）。香貫山から最高点の鷲頭山、大平山を経て伊豆箱根鉄道の原木駅まで歩いてみよう。やや長いコースである。

沼津駅前の4番線バス乗場から大平行きのバスに乗り、**黒瀬**で下車。香貫山登り口は、向かいのカニ料理甲羅から、左に180メートルほど歩いたところに指導標がある。ひと登りで香稜台無料休憩所で、ゲートがある。舗装道路でも、左手の小尾根に取り付いても時間的に大差はない。まもなく**香貫山**だが展望はない。

山頂から緩やかに尾根道を下っていくと、このコースで唯一あずまやがあるが、休憩には早すぎる。まもなくゴルフ練習場に下り着く。車道を八重坂峠まで歩くと、ここから山道になる。低い山だが、指導標が随所にあり、ひと登りで**横山**のピークに着く。さらに南下すると展望が広がる**徳倉山**だ。箱根の山々や富士山を一望できる。

この山頂が象さんの頭で、ひと休みしたら鷲頭山へ向かおう。急坂を下りきると象さんの背中にかけて、緩やかに登っていく。

下りきると**志下坂峠**で、ここからは駿河湾が見える。志下峠の標識から左に巻いて、中将岩を見ると、道がつけ変えられているのがわかる。

このルートでいちばん急な登りが小鷲頭山まで続く。**鷲頭山**は4月初旬にソメイヨシノが満開となるが、その時期、ヤマザクラはまだ早い。大平山にかけて眺めはないが、多比口峠からは夏のはじめ、トラノオの花があちこちに咲いている。

大平山をあとに、**新城への分岐**をすぎ、次のピークである日守山

■**鉄道・バス**
往路＝JR沼津駅から東海バスで黒瀬バス停へ。
復路＝伊豆箱根鉄道原木駅を利用。
■**マイカー**
登山口、下山口が離れた縦走コースなので、マイカーは不適。
■**登山適期**
低い山で、四季を通じて楽しめる。

CHECK POINT

平清盛の五男、重衡ゆかりの中将岩入口

大きな岩の下に中将岩のいわれが書いてある

小鷲頭山の山頂。この前後が沼津アルプス最大の難所

春の鷲頭山山頂の広場。4月上旬に桜が咲く

良質な炭の原料となるウバメガシの林

大平山へ登る途中に咲いていたトラノオ

へ向かう。日守山は地形図では「**大嵐山**」となっている。

日守山から無名の峠を横ぎり、やがて眼下に狩野川の流れが見えてくる。石堂橋を渡れば**原木駅**はすぐそこだ。

（加田勝利）

鷲頭山のソメイヨシノは4月初旬がよく、山野草のトラノオを見るなら8月初旬がよい。

■アドバイス

▽本コースの大平山から先はハシゴのある岩場や道がわかりづらい箇所がある。不安なら多比口峠から多比バス停に下るとよい（55分）。

▽鷲頭山ハイキングコースは、以前は志下峠から尾根通しに歩かれていたが、平重衡（清盛の五男）が隠れ住んでいたといい伝えられている洞窟をハイカーに知ってもらうため、中将岩経由につけ変えられたもので、大きな岩壁の下に重衡のいわれを書いた看板がある。小鷲頭山の片すみに終焉の地である切腹の場がある。

▽江川英敏は父英龍の跡を継いで安政4（1857）年に蓮双2基（四炉）からなる韮山反射炉を完成させた。反射炉の歴史を見ると1854年6月起工で竣工は1857年となっている。原木駅の南隣り、韮山駅の近くにある。

■問合せ先

沼津市役所☎055・934・4747、伊豆の国市役所☎055・948・1411、東海バス沼津営業所☎055・935・6611、韮山反射炉事務所☎055・949・3450

■2万5000分ノ1地形図

三島・韮山

10 悪沢岳

わるさわだけ　3141m

二軒小屋と悪沢岳の標高差約1700㍍を登る

二泊三日

第2日　歩行時間＝10時間5分　歩行距離＝10・4㎞
第3日　歩行時間＝5時間5分　歩行距離＝9・0㎞

技術度
体力度

コース定数＝**57**

標高差＝1741m

累積標高差　2216m　2516m

蝙蝠尾根から見た悪沢岳

椹島より30分ほど奥にある二軒小屋ロッヂは、ロッヂの宿泊者のみが乗車できる特種東海フォレストの送迎バスが運行している。2014年からドミトリールームができ、登山者6名まで宿泊できるようになった（素泊まりの二軒小屋登山小屋は閉鎖された）。この二軒小屋ロッヂに泊って、万斧沢ノ頭を経て悪沢岳を往復、千枚小屋から椹島へ下る2泊3日のコースを紹介しよう。

第1日　畑薙夏期臨時駐車場から送迎バスを利用して**二軒小屋ロッヂ**まで入る。この日は大井川の吊橋から対岸に渡る場所を確認して、早朝の出発に備えたい。

第2日　**二軒小屋**から万斧沢ノ頭まで、標高差は1100㍍あり、南アルプスでいちばん急な登りとして知られている。途中に大きなガレ場が2つあり、2つ目までが特に厳しい。ひとつ目のガレ場まで約500㍍の標高差がある。ひたすらジグザグを切って登っていくが、厳しい急登である。

やっと着いた**ひとつ目のガレの縁**でひと息入れてから、2つ目のガレ場に進む。樹林は針葉樹が多くなり、400㍍ほど登ることになる。地形図を見てわかるように、目がつまった登り坂が続き、やがて上千枚沢に大きく崩壊した**2つ目のガレ場**に着く。展望が開けて明るい。

ここまで登ればやれやれである。緩やかになった尾根を登っていくと、**万斧沢ノ頭**に着く。北側が開けて明るい。3等三角点が埋設されている。

ひと休みしたら千枚岳を目指す。ハイマツ、ダケカンバ混じりの道を進むと、千枚岳東直下をた

■**鉄道・バス**
往路・復路＝静岡駅からしずてつジャストラインのバスで畑薙夏期臨時駐車場へ。運行は7月中旬～8月中旬。夏期臨時駐車場からは特種東海フォレストの送迎バスを利用。椹島へは1時間。さらに30分で二軒小屋。

■**マイカー**
新東名高速道路新静岡ICから県道27、189、60号などで約70㌔。畑薙第一ダム手前の夏期臨時駐車場へ。

■**登山適期**
特種東海フォレストの送迎バスが利用できる4月下旬～11月中旬がよいが、6月ごろまでは残雪がある。7月中旬から8月中旬はバスの本数も増便されるので、一般的にはこの時期がよいだろう。千枚小屋の営業は7月中旬から10月中旬まで。

■**アドバイス**
▽千枚小屋は過去2回の火災にあっている。1回目は1993年10月、16年後の2009年6月30日が2回目である。消防防災局によると2件とも出火原因は不明。千枚岳、悪沢岳、赤石岳の人気コースで、年間3000～4000人の利用がある。
▽下山後には畑薙第一ダムの4㌔ほど下流にある白樺荘で山の汗を流していこう。宿泊もできるので、入山時や下山時に1泊して、余裕のある登山を楽しんでもよいだろう。

■**問合せ先**

どるようになり、千枚小屋との分岐を右に進む。**千枚岳**ではじめて南アルプスが一望できる。樹木はなく、岩稜の尾根道に変わる。3000メートル級の**丸山**をすぎると、まもなく**悪沢岳**山頂に着く。南アルプスで北岳、間ノ岳に次ぐ高峰だが、三角点がないのが残念である。景色を充分楽しんだら今夜の宿、**千枚小屋**へ下る。

第3日　下山の日も早朝に出発しよう。小屋周辺にはお花畑があるが、これから下にはごく少ない。**駒鳥池**を左下に見て下っていくと、林道を2回横切り、**蕨段**へ。この下の**清水平**には冷たい湧き水がある。**小石下**を下ると再び**林道**で、右に少し歩いて尾根に取り着き、下りきって橋を渡ると、まもなく**滝見橋**だ。林道を少し下ると**椹島**に着く。　（加田勝利）

丸山から悪沢岳は目の先となる

CHECK POINT

1 登山基地の二軒小屋ロッヂだが2024年現在工事で宿泊不可(テント場も不可)のため、椹島からの往復登山となる

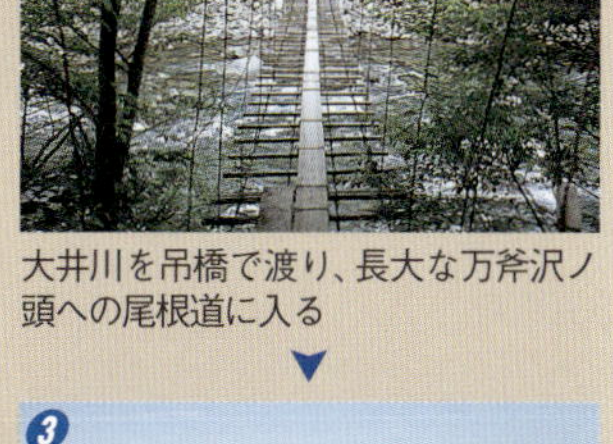
2 大井川を吊橋で渡り、長大な万斧沢ノ頭への尾根道に入る

3 千枚岳への登りの大きなガレ場からの笊ヶ岳、布引山

4 千枚岳へ直登する踏跡付近から見た富士山が大きい

5 悪沢岳は別名「東岳」で、標高は南アルプスで第3位、日本で第6位

6 明るい場所にある千枚小屋。まだ新しい雰囲気が残っている快適な山小屋だ

静岡市葵区井川支所☎054・260・2211、特種東海フォレスト（山小屋・バス）☎0547・46・4717、しずてつジャストライン☎054・252・0505、赤石温泉白樺荘☎054・260・2021

■2万5000分ノ1地形図
赤石岳

注：二軒小屋ロッヂはリニア新幹線の工事関係者の宿泊施設として利用されるため、当面の間登山者の利用はできず送迎バスも入らないので、椹島からの往復登山となる。

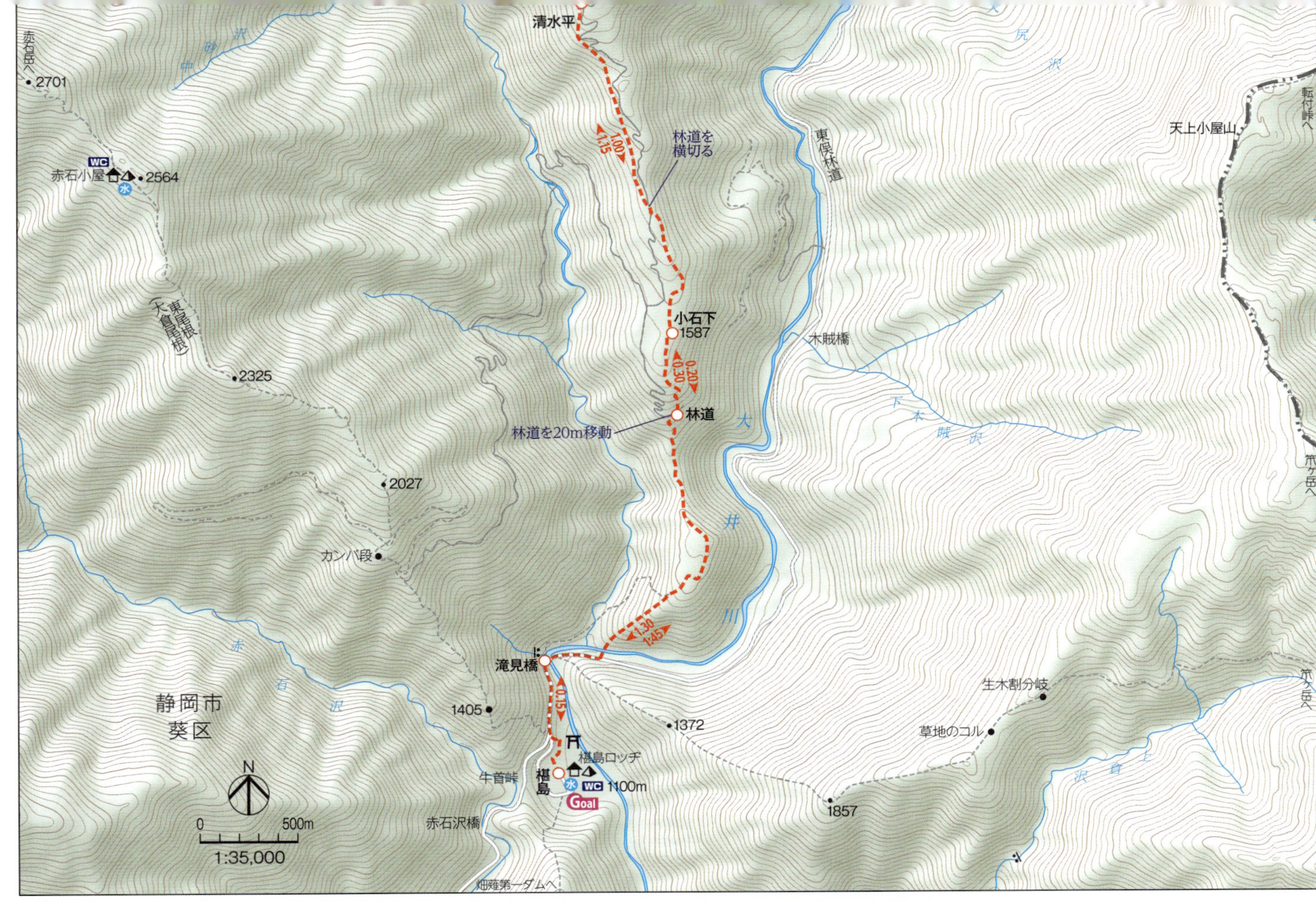

清水平
赤石岳へ
2701
赤石小屋
2564
林道を横切る
東俣林道
天上小屋山
転付峠へ
東尾根
(大倉尾根)
2325
小石下
1587
木賊橋
林道
林道を20m移動
下木賊沢
2027
荒川岳へ
カンバ段
滝見橋
生木割分岐
静岡市
葵区
1405
1372
草地のコル
椹島ロッヂ
牛首峠
椹島
1100m
Goal
1857
0
500m
1:35,000
赤石沢橋
畑薙第一ダムへ

11 赤石岳

90歳の大倉男爵が駕籠で登った山

あかいしだけ
3121m

二泊三日

第2日　歩行時間＝7時間15分　歩行距離＝9・2km
第3日　歩行時間＝4時間45分　歩行距離＝9・2km

技術度
体力度

コース定数＝72
標高差＝2021m
累積標高差　2680m　2680m

寸又峡温泉にある南アルプス山岳図書館の資料を見ると、1926年8月1日から12日にかけて、大倉財閥初代総帥・大倉喜八郎の長寿を祝う赤石岳登山が行われた。当時の男性の平均寿命は44・8歳。大倉男爵は数え年90歳、当時の庶民の2倍の人生を送っていたことになる。総勢200名の費用は4万円、現在の金額に換算すると1億5000万円に相当するという。風呂桶、布団、一斗樽40個、ビール、食糧、2名の医師、運搬した人員を入れると、動員された人数は500名を超えたそうだ。駕籠に乗って登頂したというが、登ったコースは大倉尾根と名づけられている。そのいにしえのコースを歩いてみよう。

赤石岳へ登る場合、宿泊場所は椹島ロッヂ、コース中間にある赤石小屋、山頂の赤石岳避難小屋の3箇所あるので、計画は自分の好みによって組むことができる。どこに泊まっても2泊は必要である。

今回は初日に椹島ロッヂに泊まって翌日山頂の赤石岳避難小屋泊まりで歩いてみよう。椹島と赤石岳の標高差はほぼ2000メートルである。

第1日　畑薙夏期臨時駐車場から特種東海フォレストの送迎バスで**椹島ロッヂ**に入る。食事を終えたら、明日に備えて早々に床につくようにしよう。

第2日　登山道入口は林道を左に少し戻って、鉄階段から山道に入る。太い大きな桧林の中をゆっくり歩いていくと、左手に山腹を巻くようになり、大倉尾根の末端に出る。この尾根は赤石小屋を経て富士見平まで続く。

この上で地形図に載っている林道跡が2回出てくる。カラマツや太いツガの木雑木林で明るい尾根道だが急登が続く。1本目より**2本目の林道跡**が明るく、ひと休みするにはここまでがんばりたい。

赤石小屋の間の行程は適度な傾

小赤石岳から見た赤石岳

■鉄道・バス

往路・復路＝静岡駅からしずてつジャストラインのバスで畑薙夏期臨時駐車場へ。バスは夏期運行で、1日1往復。夏期臨時駐車場からは特種東海フォレストの送迎バスで椹島へ。

■マイカー

新東名高速道路新静岡ICから県道27、189、60号などで約70キロ、畑薙第一ダム手前の夏期臨時駐車場へ。

■登山適期

特種東海フォレストの送迎バスは4月下旬～11月中旬まで1日3便の運行だが、7月中旬～8月中旬は1日4便に増え、この短い期間が最もにぎわう（送迎バスの運行ダイヤや乗車条件は特種東海フォレストHPを参照）。高山植物は北沢の源流から稜線にかけて多く見られる。

■アドバイス

▽南アルプス南部には管理人がいる避難小屋が4つある。北から小河内岳避難小屋、高山裏避難小屋、中岳避難小屋、赤石岳避難小屋だ。小河内岳と高山裏は7月中旬から8月末までの営業。中岳と赤石岳は9月末まで営業する。どの小屋も即席めん、レトルト食品、飲料の販売がある。

▽コース途中の赤石小屋は7月中旬～10月中旬の営業で、食事付きの宿泊もできる。

▽畑薙駐車場の近くに赤石温泉白樺荘があるので、帰路汗を流して帰り

斜で登る区間で、距離が長く、周囲は樹林で、景色は見えない。しばらく登ると岩混じりの尾根となり、**小さなコブ**に出ると、緩やかなルートに変わり、小屋に近づく。

赤石小屋ではじめて赤石岳を望むことができ、冷たい清涼飲料水でのどをうるおしてもよいだろう。

休憩が終わったらさらに高みを目指す。針葉樹の中を登ると**富士見平**（ふじみだいら）に着く。直下はハイマツ帯である。下り勾配の巻道は北沢（きたざわ）の源流へ続く。桟橋もあるので気をつけたい。**北沢源頭**には冷たい水が流れ、休憩をとる登山者が多い。夏場は稜線にかけてお花畑となり、写真を撮るのに忙しい。

稜線に出たら左へ30分ほどで**赤石岳**だ。息を整えながら、存分に展望を楽しもう。赤石岳避難小屋は南に少し下ったところにある。

第3日　帰路は**富士見平**で大展望を楽しんで**椹島**へ下る。

（加田勝利）

富士見平から見る赤石岳（中央）

CHECK POINT

1 椹島には南アルプス白籏史朗写真館がある

2 富士見平からは眼下に新旧の赤石小屋が見える

3 北沢源頭にかけては桟橋が数箇所ある。足もとに注意

4 北沢源頭付近は高山植物がたくさん見られる

5 南アルプス稜線からの富士山展望写真は定番。赤石岳稜線直下から

6 赤石岳直下にある人気の赤石岳避難小屋。3000㍍での一夜がすごせる

たい。硫黄の香りが強い硫黄泉。

■問合せ先
静岡市葵区井川支所☎054・260・2211、特種東海フォレスト（山小屋・バス）☎0547・46・4717、しずてつジャストライン☎054・252・0505、赤石温泉白樺荘☎054・260・2021

■2万5000分ノ1地形図
赤石岳

千枚岳へ
見晴岩
蕨段
1980
清水平
水
中
砂
沢
椹
沢
蛇
沢
二軒小屋へ
N
0
500m
1:35,000
東俣林道
WC
赤石小屋
水
2564
0.30
0.20
小さなコブ
東尾根（大倉尾根）
歩荷返し
2325
1.45
1.10
小広場
2027
上の林道跡
カンバ段
下の林道跡
1.45
1.15
1587
小石下
木賊橋
下
木
賊
沢
大
井
川
滝見橋
吊橋
鉄塔
1372
荒川岳へ
赤
石
沢
1405
静岡県
静岡市
葵区
牛首峠
椹島
椹島ロッヂ
1100m
水
WC
Start Goal
1857
赤石沢橋
倉
沢
畑薙第一ダムへ

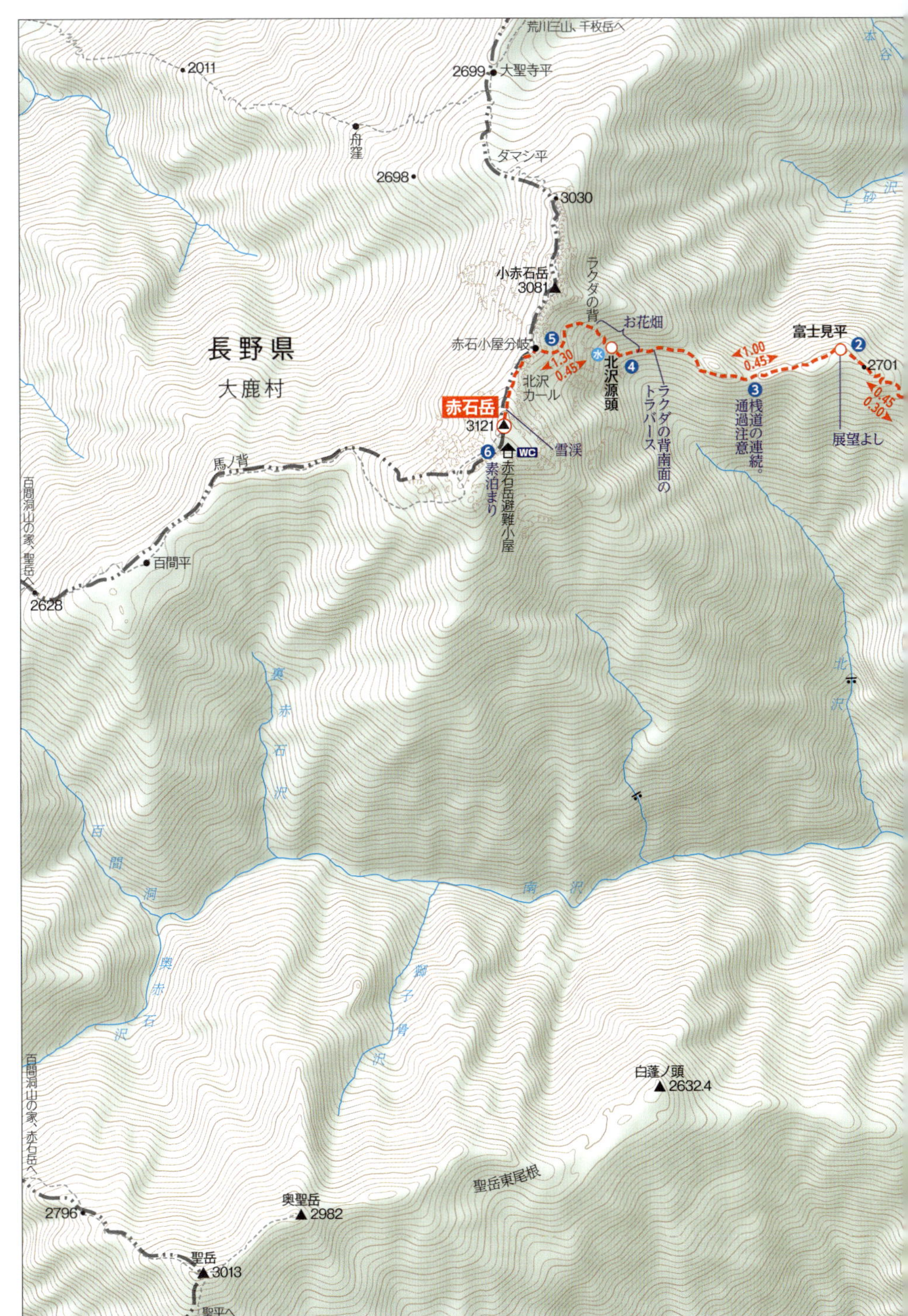
荒川三山、千枚岳へ
2011
2699
大聖寺平
舟窪
ダマシ平
2698
3030
小赤石岳
3081
ラクダの背
お花畑
富士見平
赤石小屋分岐
5
1.30
0.45
水
北沢源頭
4
1.00
0.45
2
2701
0.45
0.30
長野県
大鹿村
北沢カール
ラクダの背南面のトラバース
3
桟道の連続。通過注意
展望よし
赤石岳
3121
6
WC
雪渓
素泊まり
赤石岳避難小屋
馬ノ背
百間洞山の家、聖岳へ
百間平
2628
奥赤石沢
北沢
百間洞
南沢
奥赤石沢
獅子骨沢
白蓬ノ頭
2632.4
百間洞山の家、赤石岳へ
聖岳東尾根
2796
奥聖岳
2982
聖岳
3013
聖平へ
本谷
上砂沢

12

聖岳は尾根形の特徴ある双耳峰の山

聖岳・上河内岳

ひじりだけ 3013m
かみこうちだけ 2803m

三泊四日

第2日 歩行時間＝5時間30分 歩行距離＝7.0km
第3日 歩行時間＝6時間5分 歩行距離＝6.8km
第4日 歩行時間＝8時間40分 歩行距離＝15.1km

コース定数＝**85**

標高差＝1863m

累積標高差 3742m 3942m

聖岳は西側の前聖岳が高く、東側の奥聖岳が低い尾根形になっている双耳峰で、雪をかぶると遠方からでもはっきりわかる。

聖岳登山口へは以前は井川観光協会の送迎バスが井川方面から運行されていたが廃止されたため、畑薙夏期臨時駐車場から特種東海フォレストの送迎バス（同社管理の山小屋宿泊者のみ乗車可）を利用することになる。

乗越2011メートル地点から見る聖岳。右が三角点のある奥聖岳

第1日 **椹島**へは、42ページの「第1日」を参照のこと。

第2日 徒歩または朝いちばんの畑薙方面行きの送迎バスで**聖岳登山口**へ。植林して30余年経った桧林をジグザグを切ってしばらく登ると、山腹を左手に巻いて、小広い平地に着く。以前造林小屋があった場所で、水はこの先にある。

この平地あたりから巻道となるが、山裾を巻いて前半は歩きやすい。足もとに聖沢の沢音が聞こえてくると、平らだった巻道も鉄製のハシゴや桟橋が多くなり、**聖沢吊橋**まで続く。橋を渡りきったところは聖沢が近く、水を得ることができる。

ゆっくり休んだら、背の高い樹林の中の急登がはじまる。標高差約300メートルほどを登って、ひと汗かくころ、ようやくベンチがある架線場跡に着く。

ひと息入れたら尾根上の道を地形図の2011メートルの**乗越**まで進むと、ここではじめて目指す聖岳が見えてくる。

滝見台までの巻道で小沢を2回渡ると、展望がきく**滝見台**に着く。トラバースや高巻きのある道を進み、聖沢の源流を渡ると**聖平小屋**前の広いテント場に着く。

第3日 この日は聖岳を往復してこよう。**薊平**で縦走路に出ると、方向指示盤にしたがって右へ行く。**薊畑分岐**をすぎると森林限界

■鉄道・バス

往路・復路＝JR静岡駅から畑薙夏期臨時駐車場を経て椹島へは、38・42ページを参照のこと。井川～聖岳登山口間に運行されていた井川観光協会の送迎バスは廃止された。

■マイカー

38・42ページ参照。

■登山適期

聖平小屋と茶臼小屋の営業期間である7月中旬～9月下旬。

■アドバイス

▽コース中の聖平小屋と茶臼小屋は素泊まりだが、インスタント食品などが購入可。横窪沢小屋は以前は有人小屋だったが、24年現在は無人。

▽竹内門を下ってお花畑に行くと、天然記念物に指定されている「亀甲状土」という天然現象がある。雪解け水が地下に沈みこむ際、長い年月の間に一定の形状をつくり、直径1メートルくらいのほぼ六角形をしている。

■問合せ先

静岡市葵区井川支所☎054・260・2211、しずてつジャストライン☎054・252・0505、特種東海フォレスト（椹島ロッヂ・バス）☎0547・46・4717、井川観光協会☎080・1560・6309（聖平小屋・茶臼小屋・横窪沢小屋）

■2万5000分ノ1地形図

上河内岳・赤石岳

左が聖岳、中央が上河内岳

となり、地形図の2662メートル、**小聖岳**まで登ると展望がきく。尾根筋は岩稜に変わり、**前聖岳**が近づく。聖岳は標高の低い**奥聖岳**に三角点がある。ひと休みしたら**聖平小屋**に引き返す。

第4日　聖平小屋を出発し、**薊平**の分岐を左に、樹林帯を尾根通しに南下し、右手の大きなガレ場をすぎると**南岳**で、ここから尾根は緩やかになり、左前方に上河内岳が見える。**上河内岳の肩**に着いたら、空身で**上河内岳**山頂を往復しよう。展望はすばらしい。

ここからほぼ下りのコースとなり、尾根上に**竹内門**の大岩が門の格好で立っている。緩やかに下ると地形図上の「御花畑」だが、花は少ない。まもなく**茶臼小屋下降点**の標識が出てくる。ここから**畑薙大吊橋**の間は光岳（50ページ）を参照のこと。

（加田勝利）

CHECK POINT

1 乗越～滝見台間は山腹を横切って進む道で、冷たい水が湧く場所がある

2 山上のオアシスのような聖平小屋。ゆっくり寛いで明日の行動に備えよう

3 上河内岳へは右のコブから往復する。山頂からは広闊な展望がえられる

4 上河内岳を下っていくと尾根上に出てくる奇岩の竹内門

5 地形図上の「御花畑」にある亀甲状土。昭和6年、天然記念物に指定された

6 稜線にある茶臼小屋、畑薙ダムを示す指導標。直進すると茶臼岳

赤石岳へ
聖岳東尾根
聖岳
奥聖岳
2979
前聖岳
3013
ここから上部で展望がよくなる
小聖岳
2662
2478
薊畑分岐
2315
便ケ島へ
光岳、上河内岳の展望よし
聖平小屋
薊平
2383
沢沿いの緩やかな道
2303
崩壊地や高巻きの通過がある
2561
南岳
2702
長野県
飯田市
上河内岳の肩
上河内岳
2803
竹内門
2549
お花畑の標識。亀甲状土が見られる
二重山稜
滝見台
正面に滝が見える
2011
乗越
小広くて明るい
前聖、奥聖が見える
ドウダンツツジ多い
架線場跡
急坂
聖沢吊橋
桟道あり
山腹道をたどる
聖岳登山口
夏期のみ
1150m
Start
出会所小屋跡
新聖沢橋
赤石ダム湖
赤石ダム
赤石トンネル
椹島～聖岳登山口間
徒歩約50分
椹島へ
上千枚山
2359

静岡県
静岡市
葵区
茶臼小屋下降点
小屋周辺には
たくさんの花が咲く
茶臼小屋
樺段
茶臼岳
2604
2555
2505
仁田池
光岳へ
希望峰
仁田岳
2524
1932
横窪沢
横窪沢小屋
横窪峠
中ノ段
上河内沢
つづら折りの道
ウソッコ沢
ウソッコ沢小屋
滝の上に橋
鉄製の橋
鉄バシゴ
鳥小屋尾根
畑薙山
1836
アイマタ沢
仁田河内沢
ヤレヤレ峠
畑薙大吊橋
登山届箱
枯木戸橋
枯木戸滝
ヨモギ沢橋
東俣林道
青薙山登山口
畑薙大橋
大井川
伊谷沢
畑薙湖
ゲート
沼平
950m
Goal
畑薙夏期臨時駐車場へは徒歩1時間、
さらに白樺荘へは徒歩30分
畑薙第一ダムへ
1876
N
0
1km
1:40,000
0.10
0.15
0.30
0.45
1.00
1.30

13

光岳小屋手前のセンジヶ原は深南部の別天地

茶臼岳・光岳

ちゃうすだけ 2604m
てかりだけ 2592m

二泊三日

第1日 歩行時間＝6時間15分 歩行距離＝8・9km
第2日 歩行時間＝11時間5分 歩行距離＝17・3km
第3日 歩行時間＝4時間15分 歩行距離＝9・1km

技術度
体力度

コース定数＝92

標高差＝1654m

累積標高差 3998m 3998m

↑大無間山手前から見た光岳（中央奥）。手前は大根沢山。大無間山塊で光岳が見える場所は少ない

11月初旬の畑薙第一ダム周辺の紅葉

7月中旬の三連休が南アルプス南部の小屋開きで、山小屋は一年でいちばん混む時期をいっきに迎える。畑薙（はたなぎ）大吊橋から茶臼小屋に向かう途中に、無人のウソッコ沢小屋と横窪沢（よこくぼさわ）小屋があるがともに無人のため、管理人のいる茶臼小屋を拠点に南アルプス南部の日本百名山・光岳を往復しよう。ただし茶臼小屋も素泊まりだ（インスタント食品などの販売あり）。

第1日 畑薙第一ダムの少し先に**沼平のゲート**があり、車はここに停める。ゲートから平坦な林道を行くと、登山口の**畑薙大吊橋**に着く。15人まで渡れる大きな吊橋だ。

坂を登りきると右手に緩やかな巻道がのびており、やがて**ヤレヤレ峠**に着く。緩やかに下っていくと水量の多い上河内（かみごうち）沢に出る。吊橋を渡って対岸に渡ると左下に古い作業小屋が見える。ウソッコ沢小屋へは沢沿いの道となり、歩きやすい。短かい吊橋を2、3回渡ると、大きな岩の下から湧いている水場があるので、ひと息入れよう。まもなく**ウソッコ沢小屋**に着く。この小屋は無人のため、泊まる人は少ない。

少し下って吊橋を渡ると鉄バシゴが出てくる。落石などで壊れている箇所もあるが、5、6段続く。

この上の中ノ段までの間が急登で、ジグザグ道が続く。ひと汗か

■**鉄道・バス**
往路・復路＝畑薙夏期臨時駐車場へは38ページ参照。臨時駐車場から沼平へは徒歩で移動する（約1時間）。

■**マイカー**
沼平へは38ページの畑薙夏期臨時駐車場からさらに約3キロ進む。駐車場は約20台と少なく、満車時は畑薙夏期臨時駐車場に停めて徒歩で移動する。

■**登山適期**
7月中旬の三連休が南アルプス南部の小屋開きとなるため、どの小屋も定員いっぱいの宿泊者となる。茶臼小屋は9月中旬、光岳小屋は11月中旬（24年は～9月下旬）までの営業。

■**アドバイス**
▽2日目の歩行時間が11時間を超える長丁場のため、日程に余裕があれば光岳小屋でもう1泊するのがベスト。その際は上河内岳（46ページ）の往復を加えてもよい。

■**問合せ先**
静岡市葵区井川支所☎054・260・2211、しずてつジャストライン☎054・252・0505、井川観光協会（横窪沢小屋、茶臼小屋）☎080・1560・6309、光岳小屋☎0547・58・7077

■**2万5000分ノ1地形図**
畑薙湖・上河内岳・光岳

くころベンチのある中ノ段に着く。明るい場所なので、ひと休みしよう。

この先、尾根通しの道となり、緩やかに登ると、「小屋まで10分」の標識が出てくる。左手の巻道に入ると、まもなく横窪峠で、眼下に**横窪沢小屋**が見える。横窪沢小屋には以前管理人が入っていたが、近年は無人となっている。

小屋からしだいに高度を上げていき、目指す茶臼小屋との中間地点にある水呑場を目指す（涸れていることが多いので注意）。さらに標高を上げ、やっと巻道になると宿泊する**茶臼小屋**に到着する。

第2日　今日の行程は長い。まずは**茶臼岳**へ。**希望峰**をすぎ、易老岳まではすべて針葉樹の山で、曲りくねったルートで景色は見えない。たどり着いた**易老岳**は長野県側からのルートが合流する。

光岳へは下り勾配の道で、下りきってから沢状の道になる。このコースでいちばんの登りで、登りきると水場がある静高平に出る。広いセンジヶ原をすぎて**光岳小屋**へ。少し休んだら、小屋の裏手から**光岳**を往復して、**茶臼小屋**へ戻ることにしよう。

第3日　往路を**沼平のゲート**まで戻る。

（加田勝利）

光岳から茶臼岳と上河内岳（左）

CHECK POINT

1 茶臼岳の先で出合う仁田池。昔は小屋があった場所だ

2 樹林に囲まれた易老岳山頂。北から長野県側の易老渡からの道が出合う

3 センジヶ原からの光岳小屋。幅広い木道が小屋に続いている

4 狭い光岳山頂。北側だけがよく見える。少し先に山名由来の光岩がある

5 茶臼小屋に戻って山行最後の夜をすごす。お花畑に囲まれた心地よい小屋だ

6 茶臼小屋の食堂からの日の出。食事をすませたら往路を下って下山しよう

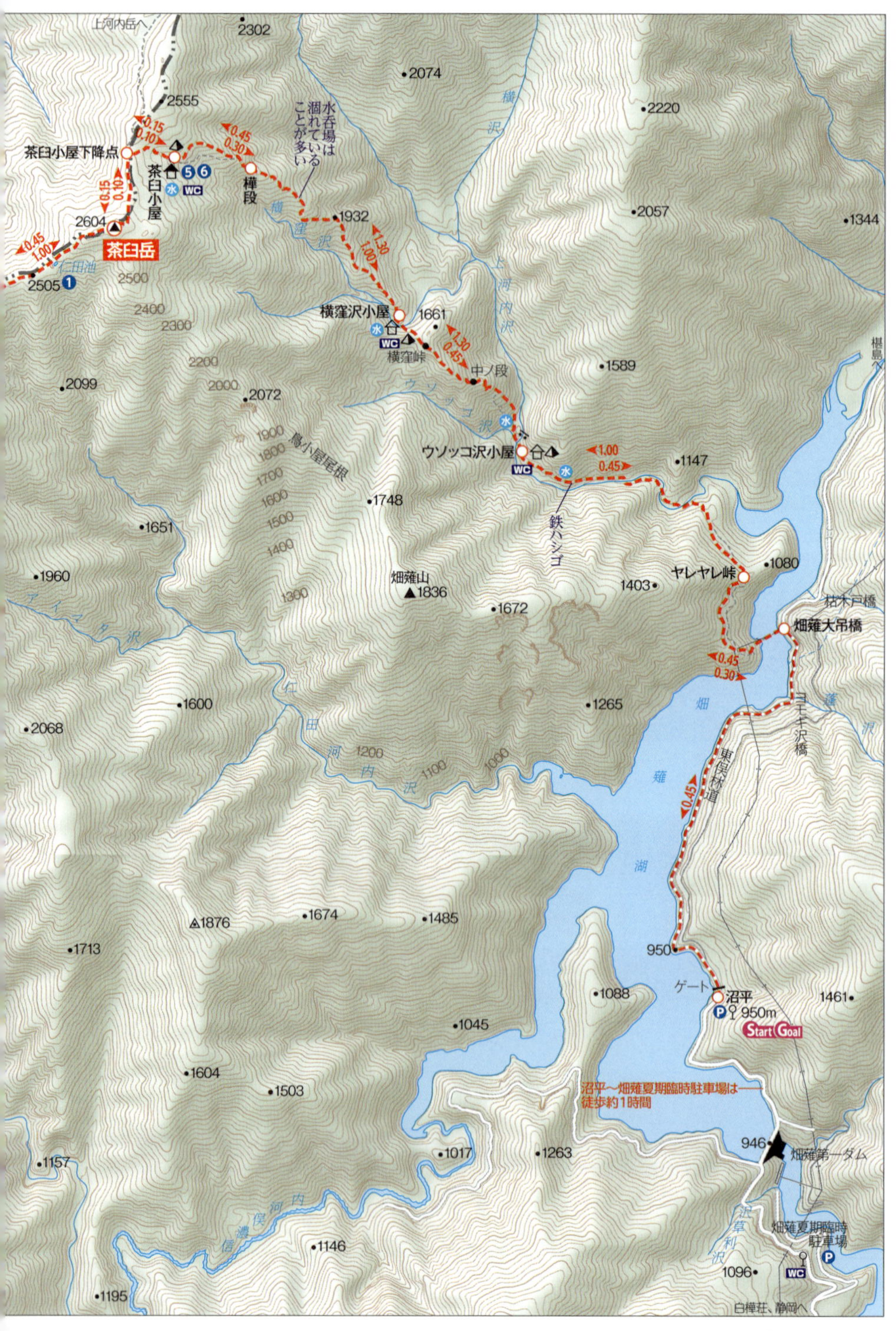
上河内岳へ
2302
2074
2555
2220
水呑場は涸れていることが多い
茶臼小屋下降点
茶臼小屋
樺段
1932
2057
1344
2604
茶臼岳
仁田池
2505
横窪沢小屋
1661
横窪峠
中ノ段
1589
2099
2072
鳥小屋尾根
ウソッコ沢小屋
1147
鉄ハシゴ
1748
1651
1960
畑薙山
1836
1672
1403
ヤレヤレ峠
1080
椹島へ
枯木戸橋
畑薙大吊橋
1600
2068
1265
ヨモギ沢橋
東俣林道
畑薙湖
1876
1674
1485
1713
950
ゲート
沼平
950m
Start Goal
1088
1461
1045
1604
1503
沼平～畑薙夏期臨時駐車場は徒歩約1時間
946
畑薙第一ダム
1017
1263
1157
信濃俣河内
1146
畑薙夏期臨時駐車場
1096
1195
白樺荘、静岡へ

便ヶ島へ
883
易老渡
飯田IC、平岡駅へ
1460
面平
1552
1842
2197
1328
1886
2167
長野県
飯田市
1817
針葉樹林帯を行く
2352
希望峰
1.30
1.45
2315
2255
1606
易老岳
2354
2524
仁田岳
1331
1988
針葉樹林帯を行く
1.15
三吉ガレ
2429
2228
西沢
1934
1758
三吉平
2266
静岡県
静岡市
葵区
携帯トイレブース
2243
2413
1.15
1.00
2286
2149
センジヶ原
静高平
イザルガ岳
2540
光岳
2592
光岳小屋
光岩
0.15
往復20分
2252
北面の展望あり
川根本町
2542
2266
2245
1907
2337
1969
2418
百俣沢の頭
1789
1239
2215
2276
N
0
1km
1:40,000
2043
1867
1579
2101
1686

14

中ノ尾根山

なかのおねやま
2297m

深南部の重鎮といっても過言でない山

日帰り

歩行時間＝11時間50分
歩行距離＝24・8km

技術度
体力度

コース定数＝63

標高差＝1437m

累積標高差 3213m 3213m

↑千頭山から合地山の4つのコブとその右に中ノ尾根山を見る

北にある三又山から中ノ尾根山を見る→

光岳(てかりだけ)から南下する尾根上には深南部を代表する名だたる山々が続く。加々森山(かがもりやま)、池口岳(いけぐちだけ)、トサカ山、不動岳(ふどうだけ)などで、浜松市の最高峰である中ノ尾根山もそのひとつ。

起点となる白倉山(しらくらやま)林道ゲートからの山頂往復は歩行時間だけでも半日を要するが、コース中に宿泊

■鉄道・バス

往路・復路＝公共交通機関の利用は難しく、マイカー利用に限る。

■マイカー

白倉権現ゲート手前の空き地（約5台）へは、水窪市街から約50分。

■登山適期

紹介コースは、ガレ場からササが出はじめるので、登山者は普通主脈に出てから中ノ尾根を目指すと思うが、ササに雪が積もると歩きづらい。雪がある時期はやめて、梅雨明けから秋が最もよいであろう。6～7月は日は長いが、雨天の時はルートがわかりづらい。

■アドバイス

▽JR飯田線水窪駅の次の駅、向市場駅近くの高根城址は、遠江最北端の山城であり、高根城が築かれたのは、発掘調査で出土した遺物から15世紀前半であることが判明している。標高400㍍強の通称三角山の山頂部を中心に築かれている。旧水窪町の中心部と北遠江と南信濃を結ぶ秋葉街道を見下ろすことができ、遠江と信濃の国境警備を固めることを主な目的として築かれた城であり、発掘調査で出土した遺物の一部は水窪民俗資料館に展示されている。

■問合せ先

水窪森林事務所☎053・987・0616、水窪民俗資料館☎053・987・1620、水窪タクシー

稜線にある巨大なカブト岩

↑背丈ほどの深いササをかきわけて、カブト岩付近の稜線を行く。

←ササが膝下ほどになれば、山頂はもうすぐだ

施設がないため、テントの用意をしておくこと。

なお、中ノ尾根山に登る際は、水窪（みさくぼ）森林管理署（☎053・987・0616）の入山許可が必要となる。

歩行時間が長いので、早朝に**白倉権現**（ごんげん）のゲートを出発する。白倉山林道を、途中**黒沢**（くろさわ）**橋**や**白倉沢橋**を経て、3時間ほどで**中ノ尾根山登山口**に着く。以前は5～6人は利用できそうな森林管理署の休憩小屋があったが、24年現在は小さな小屋に建て替えられている。

登山口から尾根に出るまでは急登が続く。尾根の道幅は広く、太いツガの木が多い。時々鳴くウグイスの鳴き声に心がなごむ。地図上の1830メートルあたりをすぎると、

☎053・987・0118
■2万5000分ノ1地形図
伊那和田・池口岳

CHECK POINT

1 ゲートから営林署建物をすぎると黒沢橋が見えてくる

2 林道終点にあった森林管理署小屋。24年現在簡素な建物に変わっている

3 小屋のそばにある中ノ尾根山登山口の指導標

4 ガレ場近くに咲くトリカブト。この先からササが現れる

5 山頂が近づくと一面がササ原で、背丈ほどもあるササをかき分けて進む

6 針葉樹の中の中ノ尾根山山頂。木立の中で、展望は得られない

南面からの風が心地よい。ガレ場が2つ続けて出てくるが、2つ目のガレ場をすぎると緩やかな登りとなり、ササが深くなる。**カブト岩**をすぎ、黒沢山（くろさわやま）に南下する主脈に出ると、尾根は広くなり、霧が濃い時はかなりてこずる。踏跡らしいところは時おりあるものの、目指す中ノ尾根山へは、地図を見るとわかるように、緩やかな登り坂で、はっきりした踏跡はなく、歩きやすいところを探して歩く感じである。

ヌタ場が多くなり、ササが薄くなってくるとようやく**中ノ尾根山**山頂に着く。広い山頂には指導板がたくさん打ち付けられている。ひと休みしよう。

下山は往路を引き返すが、**中ノ尾根山登山口**までは往路同様ルートに注意して下る。

（加田勝利）

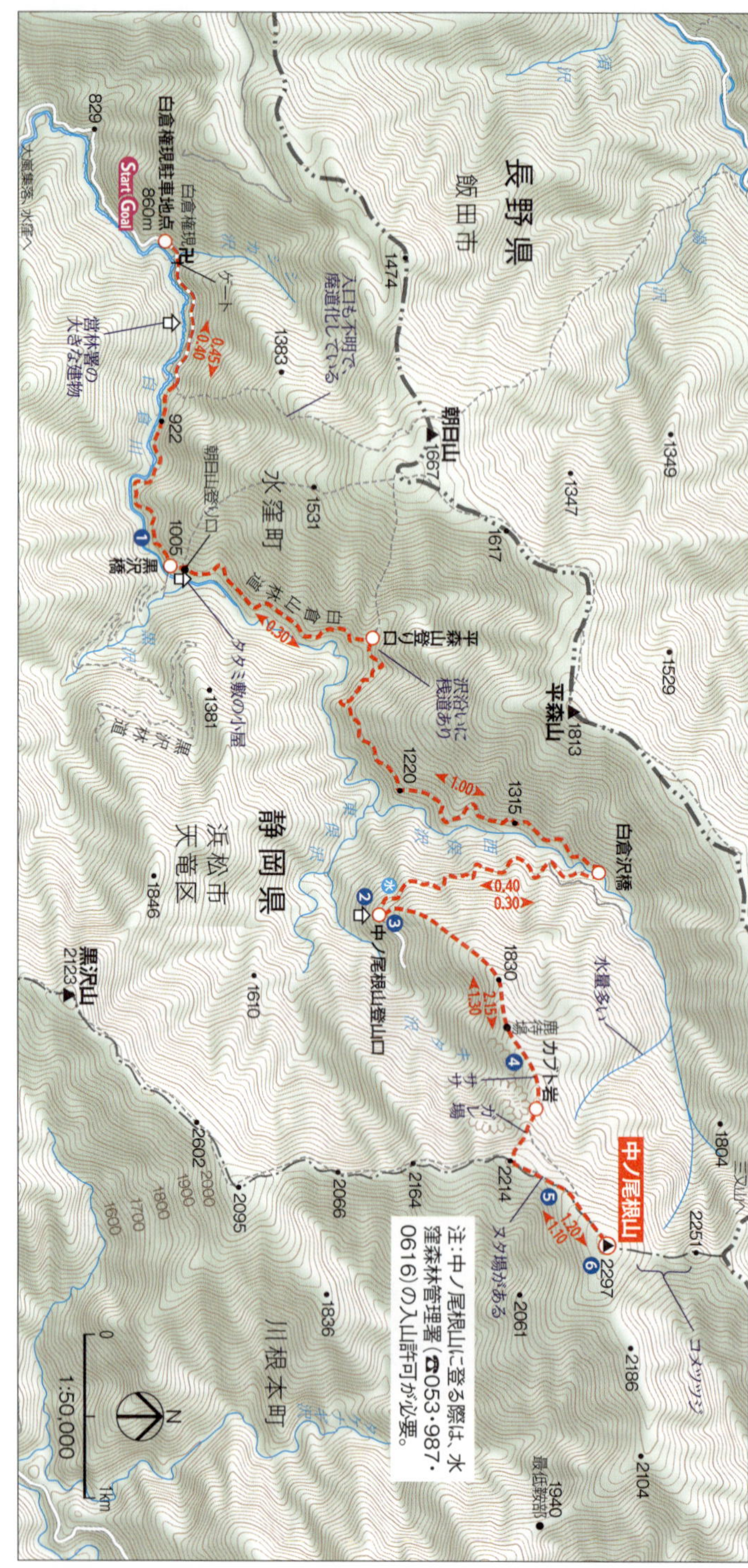

15

1等三角点の標石に「×」印が刻まれている珍しい山

黒法師岳・丸盆岳

くろぼうしだけ 2068m
まるぼんだけ 2066m

日帰り

歩行時間＝13時間55分
歩行距離＝21・5km

技術度
体力度

コース定数＝54

標高差＝1448m

累積標高差 2268m 2268m

日本三百名山の一峰・黒法師岳とその北にある丸盆岳へ、戸中川林道から往復で登る。歩行時間が極めて長いため、1日で両方の山を登る場合は設定コースタイムより早く歩ける人でなければ難しいだろう。それ以外は黒法師岳のみか、丸盆岳への登りの途中にあるカモシカ平での幕営（水はない）となる。

旧水窪町の中心部から水窪ダムを経て**戸中川林道のゲート**へ。林道を2時間半ほど歩くと**黒法師岳登山口**に着く。

登山口からしばらくの間は急坂が続くが、尾

等高尾根を登りつめたところからの黒法師岳

昭和44年5月に完成した水窪ロックフィルダム

■**鉄道・バス**
往路・復路＝公共交通機関はない。

■**マイカー**
新東名高速道路浜松浜北ICから国道152号、戸中山林道などで戸中山林道の臨時ゲートへ。24年現在は工事のため、起点の戸中山林道ゲートへは徒歩で移動する（約25分）。

■**登山適期**
5月のゴールデンウィークから11月ごろまでがベストシーズン。雨あがりの林道には時々ヤマビルがいるので、塩を持参するとよい。等高尾根を登りきり、黒法師岳へ向かう尾根上にはシロヤシオの木が多く、花を見るなら6月上旬～中旬がいいだろう。数年に一度、花を多くつける。

■**アドバイス**
▽黒法師岳山頂の三角点周辺の伐採は2009年5月下旬に、国土地理院の委託より行われ、現在はきれいになっている。三角点の設置は古く、明治28年11月27日である。130余年も前のことだ。
▽水窪ダムはロックフィルダムで、昭和44年5月24日に竣工したダムである。電源開発に問い合せしたところ、同様のロックフィルダムは静岡県内には伊東の奥野ダム、浜松の都田川ダム、富士宮の大倉川ダムなどがある。また規模の大きいのは岐阜県北部の御母衣ダムで、御母衣ダムをつくった技師たちが水窪ダムの建

根上に出れば道もよくなり、しばらく歩くと、右下にきれいな桧の林が見える。等高尾根は旧水窪営林署が切り開いたルートと聞いているが、歩きやすい。以前は尾根の両脇は深いクマザサだったが、今は枯れてほとんどなく、丸盆岳と黒法師岳の稜線に出るまでは一本道で、尾根上は明るい。

途中にあるヤレヤレ平と**市川もどり**の間は、やや平らな区間だが、稜線近くにある弁当ころがしの標識がおもしろい。弁当がころがるほどの急坂ということだろう。

稜線（**等高尾根下降点**）に出ると右に黒法師岳、左に丸盆岳が見える。標高もほとんど同じである。黒法師岳を先に往復しよう。稜線に出るころから松はだのシロヤシオの木が多い。花は6月上旬から中旬くらいが見ごろとなる。

膝くらいのササ山を登っていくと、左前方に富士山が見える。緩やかな登りになると、ガレ場の上からきれいなバラ谷の頭が顔を出す。

以前の**黒法師岳**の山頂は針葉樹に覆われていたが、木が倒され明るくなっていて、昔の面影はない。地面スレスレに埋まっている×印の1等三角点を確認しよう。ひと息入れたら丸盆岳を目指す。

等高尾根下降点まで戻ってから、少し進むと、標高差60㍍から70㍍をいっきに下って、丸盆岳にかけて緩やかに登っていく。こちらも膝くらいのササ山である。**丸盆岳**山頂でひと休みしたら、荷物をデポした**下降点**まで下り、あとは**黒法師岳登山口**めがけて下るのみだ。戸中の**ゲート**までは下り坂ではかどる。

（加田勝利）

設を引き継いだそうだ。

■問合せ先
水窪森林事務所☎053・987・0616、水窪タクシー☎053・987・0118

■2万5000分ノ1地形図
寸又峡温泉・水窪湖

↑紅葉したイバラの木の脇を通って黒法師岳へ

←黒法師岳山頂直下から丸盆岳を望む

1 黒法師岳登山口の標柱。新しい休憩小屋のすぐそばにある

2 等高尾根下降点にある、バラ谷の頭への指導標

3 黒法師岳山頂の標示板。山頂は周囲の木が伐採され、明るくなっている

4 丸盆岳へは膝丈ほどのササ原を緩やかに登っていく

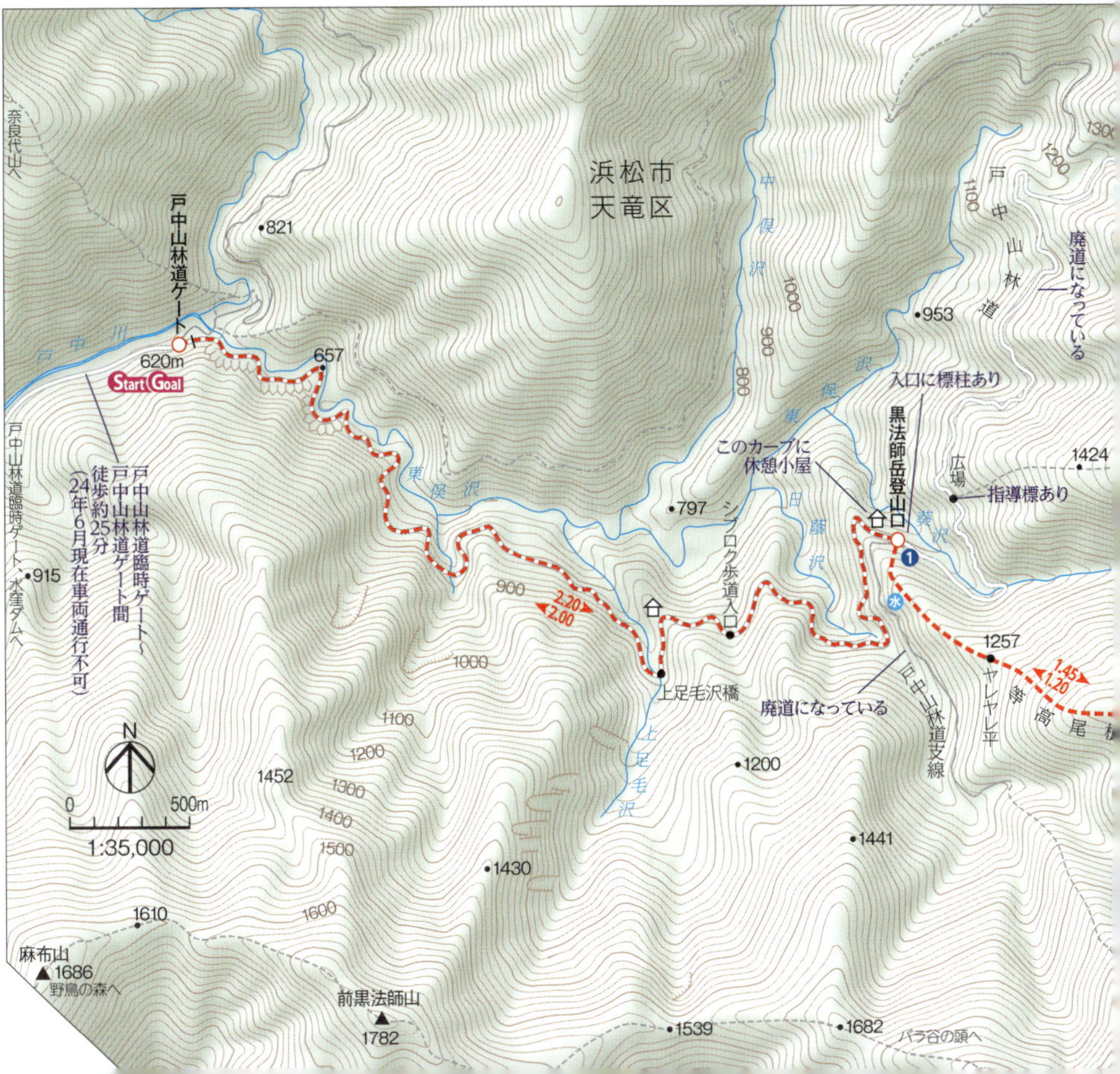

浜松市
天竜区
奈良代山へ
戸中山林道ゲート
821
戸中川
620m
Start Goal
657
戸中山林道臨時ゲート〜戸中山林道ゲート間徒歩約25分（24年6月現在車両通行不可）
戸中山林道臨時ゲート、水窪ダムへ
915
東俣沢
900
2:20
2:00
1000
1100
1200
1300
1400
1500
1600
1452
1430
1610
麻布山
1686
野鳥の森へ
前黒法師山
1782
1539
1682
バラ谷の頭へ
中俣沢
1000
900
800
797
シブロク歩道入口
上足毛沢橋
上足毛沢
1200
1441
廃道になっている
戸中山林道支線
このカーブに休憩小屋
臼藪沢
東俣沢
黒法師岳登山口
入口に標柱あり
953
戸中山林道
廃道になっている
1100
1200
1300
広場
指導標あり
1424
葵沢
1257
ヤレヤレ平
等高尾根
1:45
1:20
N
0 500m
1:35,000

16

山伏

ヤナギランの季節にこそ登りたい安倍奥の最高峰

やんぶし
2013m

日帰り

歩行時間＝8時間15分
歩行距離＝13・7km

技術度

体力度

コース定数＝35

標高差＝1153m

累積標高差 ↗1554m ↘1554m

山伏山頂南面に咲くヤナギラン。花は7月下旬がベスト

1966年9月25日の未明に、安倍川上流で土石流が発生した。本県を直撃した台風26号通過に伴う集中豪雨で、秘境の温泉街を押しつぶした山津波が発生、梅ヶ島温泉の宿泊客ら26名が犠牲になった。その梅ヶ島温泉の西方にヤナギランが咲く山伏がある。「山伏」とは山名らしくないが、地形図にもその名が載っている正式な山頂名である。黄金の湯の手前の新田から大谷階段ダム群を経て、新窪乗越から山伏、蓬峠経由で一周してみよう。

バスの始発が遅いため、マイカーで行くことにする。新田バス停を左手に入り、丸山橋を渡ると分岐があり、左下への道に入ると**西日影沢駐車場**がある。徒歩で分岐に戻り左の車道を進み、別荘地を抜ける。1時間ほど車道を歩くと終点近くにゲートと数台停めることができる駐車場があり、**記念碑公園**となっている。この車道は大谷階段ダム群をつくるためにできたもので、少し登ると大崩壊の基部に、細い流れの滝がかかっている**扇の要**がある。周辺一帯は300年ほど前に発生した宝永地震で、土砂が崩壊したものだ。ガレた急斜面を登りきると**新窪乗越**に出て、その先、ひとつ目のコブに登ると、西方にゆったりとした山容をもたげる山が最高峰の山伏である。

ササが覆う緩やかな山稜で、登りも下りも費やす時間はほぼ同じ

■**鉄道・バス**
往路・復路＝JR静岡駅から梅ヶ島温泉行きしずてつジャストラインバス（便数少ない）で新田下車。徒歩で記念碑公園へ（約2時間10分）。下山地の西日影沢駐車場から新田へは徒歩約40分。タクシーなら直接記念碑公園や西日影沢駐車場に行けるが、約1万5000円と高額だ。

■**マイカー**
新東名高速新静岡ICから県道27号、29号などを経由して約37㌔で西日影沢の登山者用駐車場（約30台）へ。

■**登山適期**
夏の盛りは山頂の南面に咲くヤナギランがみごとで、遠方からも見に来る人が多い。7月下旬から8月中旬が山はいちばんにぎわう。2000㍍級の山であり、秋の色付きを楽しみにくるハイカーも多い。年明けには積雪もある。

■**アドバイス**
▽2017年5月15日付で、梅ヶ島温泉郷が環境省から国民保養温泉地に指定された。静岡県では畑毛温泉に次いで、2例目。

■**問合せ先**
静岡市役所☎054・221・1071、しずてつジャストライン☎054・252・0505、静鉄タクシー☎054・281・5111

■**2万5000分ノ1地形図**
梅ヶ島

山頂の一画からは富士山の展望がすばらしい

CHECK POINT

1 大谷崩下部に連続して造られた大谷階段ダム群。登路はこのダム群の左岸に続いている

2 稜線に出たところが新窪乗越。左に曲がり、いくつかのコブを越えて、山伏山頂を目指す

3 山伏山頂は２等三角点の山。木々の間から南アルプスを望むことができ、南には富士山がすばらしい

4 山頂一帯は小ザサに覆われた明るい台地状で、遊歩道がめぐらされて、花や展望が楽しめる

5 下山尾根の屈曲点になる蓬峠。広々として明るく、周囲にはヤマグルミの巨木が多い

6 西日影沢からは徒渉をくり返して山伏登山口へ。あとは林道歩きで車のある西日影沢駐車場へと戻る

の稜線漫歩を楽しんでいこう。
登り着いた**山伏**山頂の展望は申し分ない。ヤナギランは南側の斜面に咲くが、遊歩道がめぐらされている。時間の許す限り写真をたくさん撮って、下山にかかろう。
少し下った**分岐**を左に入る道は目指す蓬峠へ、右は無人の山伏小屋に続く。急斜面の道を**蓬峠**まで下り、進路を大きく右に変えてなおも下ると西日影沢に出る。徒渉をくり返すと**山伏登山口**で、荒れた林道を**西日影沢駐車場**へ向かう。（加田勝利）

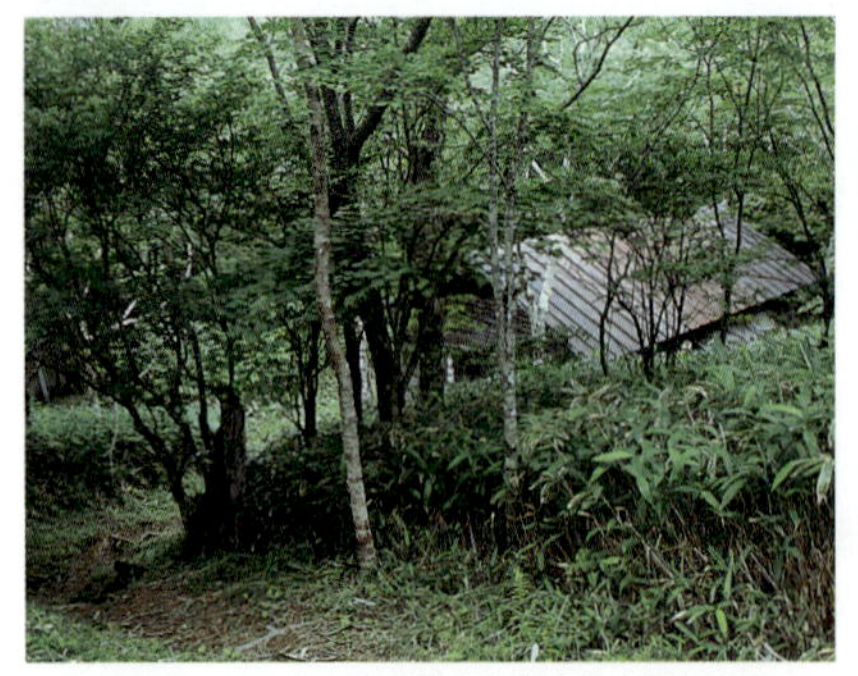

山頂から南に20分ほどで静岡市営山伏小屋がある

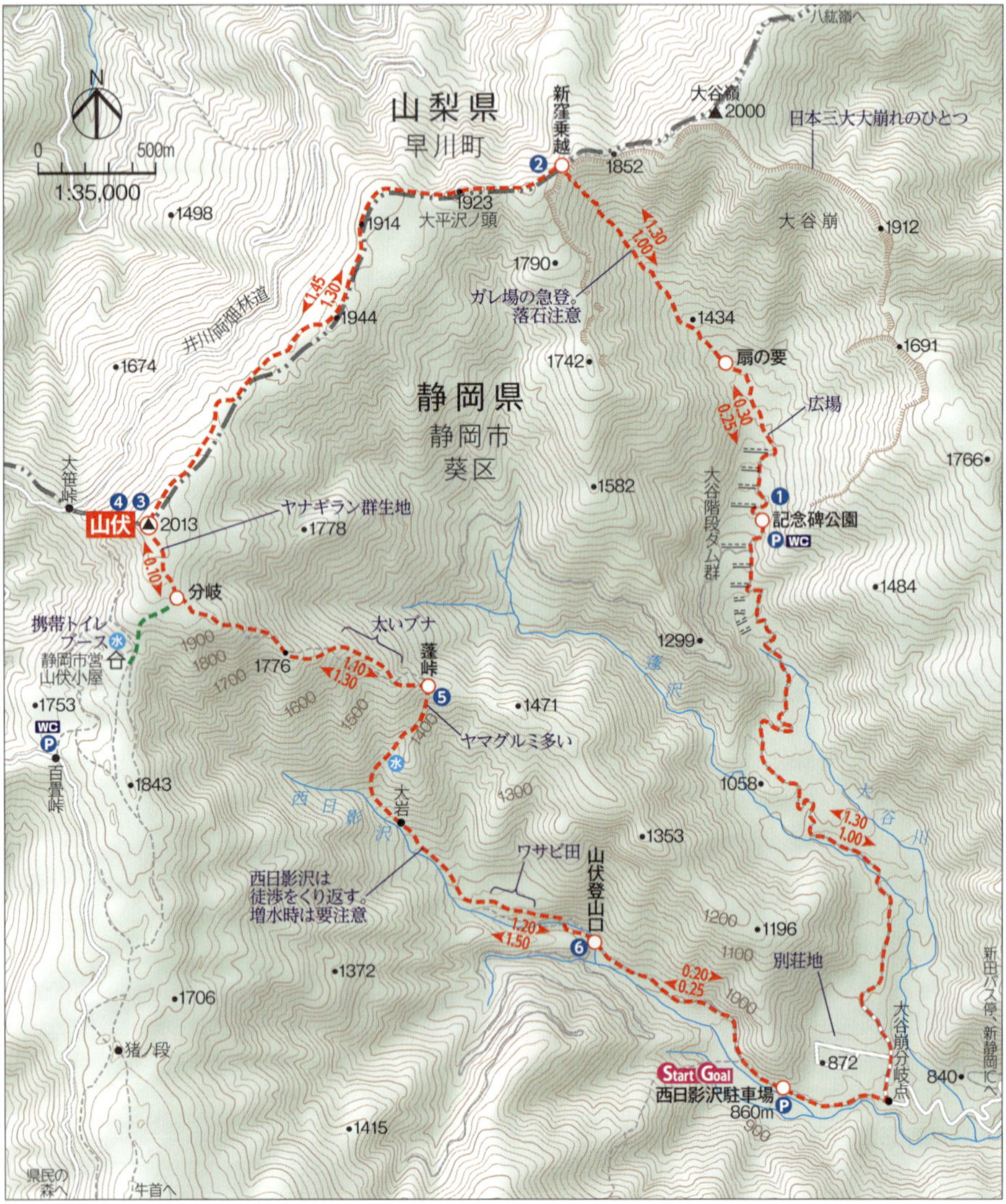

N
0
500m
1:35,000
山梨県
早川町
静岡県
静岡市
葵区
八紘嶺へ
大谷嶺
2000
日本三大大崩れのひとつ
新窪乗越
1852
1923
大平沢ノ頭
1914
1498
大谷崩
1912
1790
ガレ場の急登。落石注意
1:30
1:00
1:45
1:30
1944
井川雨畑林道
1434
1674
1742
扇の要
1691
0:30
0:25
広場
1766
大谷嶺階段ダム群
大笹峠
1582
山伏
2013
ヤナギラン群生地
1778
記念碑公園
WC
0:10
分岐
1484
携帯トイレブース
静岡市営山伏小屋
太いブナ
1776
1:10
1:30
蓬峠
1299
1753
1471
ヤマグルミ多い
百畳峠
1843
大岩
西日影沢
1058
大谷川
1:30
1:00
1353
ワサビ田
西日影沢は徒渉をくり返す。増水時は要注意
山伏登山口
1:20
1:50
1196
別荘地
0:20
0:25
1372
1706
新田バス停、新静岡ICへ
猪ノ段
872
大谷崩分岐点
840
Start Goal
西日影沢駐車場
860m
1415
県民の森へ
牛首へ

↑大光山山頂から南に、静岡市の浅間神社まで続く安倍東山稜を望む。遠景に見えるピークは、十枚山と下十枚山

17 安倍峠の南にあり、ユニークな名前が記憶に残る山

大光山

おおぴっかりやま
1661m

日帰り

歩行時間＝7時間5分
歩行距離＝9・6km

技術度

体力度

コース定数＝32
標高差＝841m
累積標高差 ↗1531m ↘1649m

←登山口付近にある安倍の大滝は必見。落差は125メートルあるりっぱな大瀑布だ

安倍峠から安倍東山稜を南下すると、尾根上に2等三角点のバラの段（1648メートル）があり、次に出てくる山が大光山である。狭い山頂には3等三角点が埋設されている。2山とも地形図に山名の記載はない。通行止めが解除された安倍遊歩道から、奥大光山、大光山、草木集落を一周してみよう。梅ヶ島地区の宿に宿泊し、翌日に行動することをおすすめする。

三河内集落の旅館の裏手に安倍大滝入口の標式があり、ここから大滝遊歩道がはじまる。サカサ川沿いにつけられた道で歩きやすい。しばらく歩くと復活した新しい橋があり、すぐ先が**安倍の大滝**だ。水量がかなり多く、霧がすごい。

5分ほど戻った**大滝分岐**からは本コースでいちばんの急登が待っているが、急がず、マイペースで

周辺の紅葉は10月下旬〜11月中旬がよい

CHECK POINT

1 旅館よしとみ荘（廃業）の裏手から案内板にしたがって安倍の大滝方向への道に入っていく

2 サカサ川にかかる桟道。よく歩かれた道なので、不安はない

3 ササ原の尾根を登って奥大光山を目指す。途中左右が切れた箇所があるので慎重に通過すること

4 安倍東山稜の主稜線に出たところが奥大光山。安倍峠と目指す大光山を示す方向指示板が立っている

5 大光山へは緩傾斜の歩きやすい道が続いている

6 大光山山頂。３等三角点があるが、木立に囲まれて展望はよくない

登れば、そんなに難しくない。がんばって**支稜**に出たら、ひと息入れよう。この支稜は奥大光山から西側に派生したもの。中間の1552メートルピークを境に前半はザレた急登、後半は左右が切れ落ちたやせ尾根や崩壊地の通過などなかなか手強いが、太いブナの木やシロヤシオが点在する道でもある。

やがて**奥大光山**の標式がある主脈尾根に出る。山上は緩やかな道で、**大光山**に達する。ウグイスのかん高い谷渡りが聞こえ、心地よい。ここからは下りのみであり、ゆっくり休息したい。

西側にしばらく下ると、造林小屋まで、桧の林の中の急なジグザグ道を下っていくが、林の中でなにも見えない。白い砂利混じりが出てくると、沢音が聞こえ、**造林小屋**は近い。ほぼ平らな道が**東峰分岐**まで続き、ここから**堰堤**まで下ると、林道で**草木集落**に出る。

（加田勝利）

のどかな山村風景の草木集落

■鉄道・バス
往路＝JR静岡駅からしずてつジャストラインバスで安倍大滝入口へ。復路＝草木からしずてつジャストラインバスでJR静岡駅へ。往路・復路ともに梅ヶ島温泉起終点のバスを利用するが便数が少なく、タクシー利用も考慮したい。

■マイカー
新静岡ICから県道27・29号で梅ヶ島温泉へ。梅ヶ島温泉北端にある梅ヶ島温泉駐車場（トイレあり）か、草木バス停から300メートル下部の赤水の滝駐車場を利用し、登山口まで徒歩で移動する。

■登山適期
山上は太いブナやオオイタヤメイゲツの黄葉する木々が点在し、10月ごろが最もよいが、春先の新緑の芽吹きもよい。

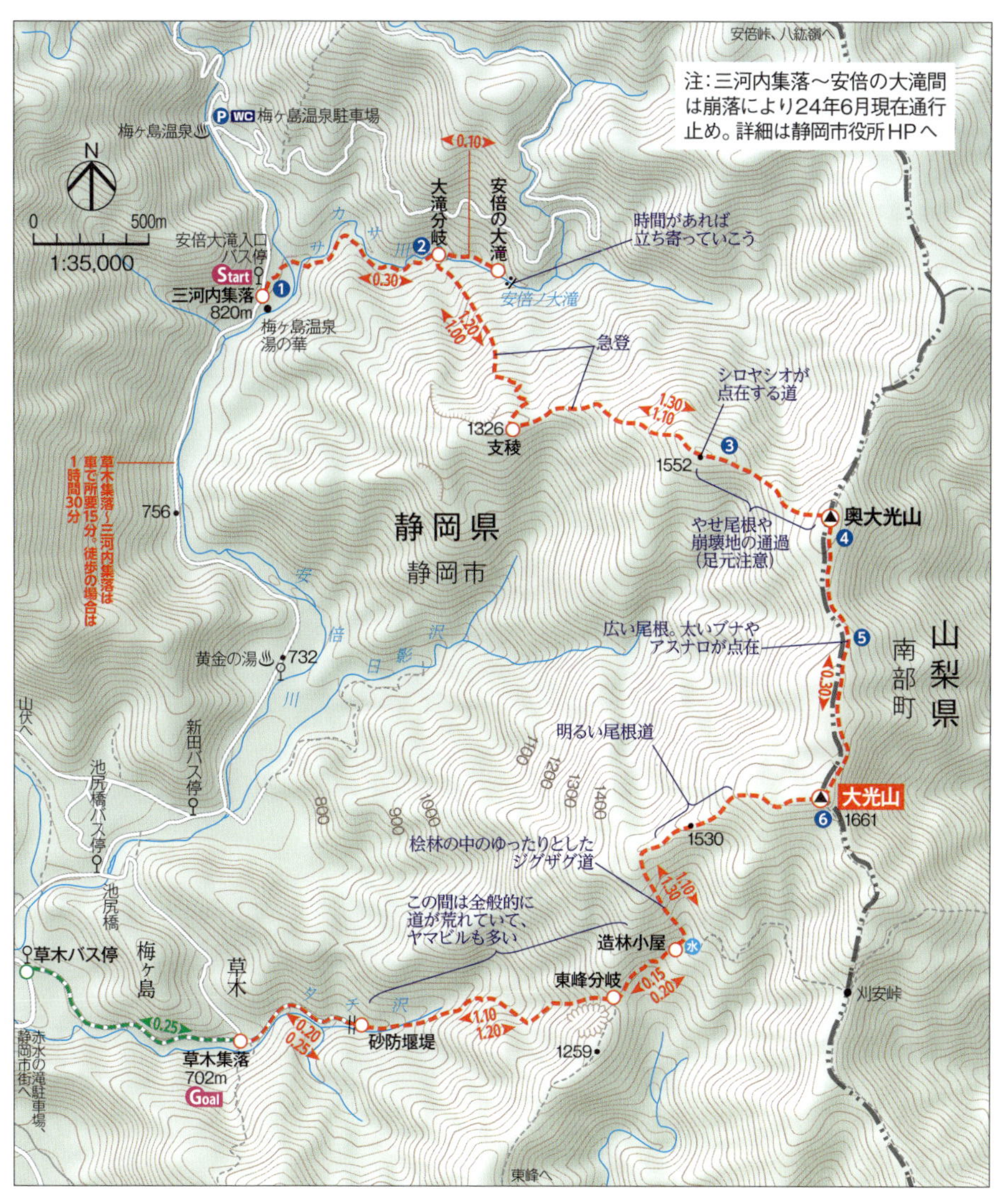

■アドバイス

▽下りの造林小屋～砂防堰堤間は、近年の豪雨により道が荒れている。また、雨天時や前日雨が降った時にはヤマビルが多い。特に小さな1センチほどのヒルは目にとまらず、やっかいである。春先から秋にかけては準備して山に入ること。対策としては塩を持参するとよい。また、ヤマビルを避けるには、三河内から奥大光山、大光山の往復がよい。この間はヤマビルはいない。

▽前泊地として、三河内に梅ヶ島温泉湯の華がある。

▽日帰り温泉は、梅ヶ島新田温泉黄金の湯がある。浴槽は大きく、泉質ナトリウム炭酸水素塩温泉。

▽大光山西面にあった日影沢金山は今川、武田、徳川の三代にわたって金山として掘られ、江戸時代慶長年間（1596～1615）には多量の砂金を産出し、慶長小判が鋳造されたという。

■問合せ先

静岡市役所☎054・221・1071、しずてつジャストライン☎054・252・0505、静鉄タクシー☎054・281・5111、梅ヶ島温泉湯の華☎054・269・2253、梅ヶ島新田温泉黄金の湯☎054・269・2615

■2万5000分ノ1地形図

梅ヶ島

18 竜爪山

キツネノカミソリを見るなら8月初旬がいい

りゅうそうざん　1041m（文殊岳）
（最高点＝1051m／薬師岳）

日帰り

歩行時間＝3時間25分
歩行距離＝6・3km

技術度
体力度

コース定数＝16
標高差＝308m
累積標高差　697m　697m

文殊岳山頂は展望がよい。静岡市市街地の向こうに駿河湾が見える

↑キツネノカミソリ

←竜爪山の文殊岳（右）と薬師岳（中央）

キツネノカミソリはヒガンバナより約1ヶ月前に咲くヒガンバナ科の植物だ。カミソリのような形の葉とキツネの体色に似た花をつける。花が咲く時に葉は出ていない。竜爪山の周辺に3ヶ所咲く場所があるが、規模がいちばん大きな場所が高野（富士見峠）の東斜面だ。ついでに文殊岳（もんじゅだけ）まで足をのばしてみよう。例年8月5日前後が満開で、この時期はキツネノカミソリ目当てのハイカーが多い。

登り口の**穂積神社**（ほづみ）へはマイカーを利用する。境内には駐車場が整備されている。神社は土・日曜に地元の人たちが当番としてやって来る。社殿の裏手に御飾りをした樹齢500余年の夫婦杉があり、高野への道はここからはじまる。少し進むと神社へ水を引いている

■**鉄道・バス**
利用できる公共交通機関はない。

■**マイカー**
新東名高速道路清水いはらICから一般道、県道196号などで約22キロ。穂積神社の駐車場が利用できる。

■**登山適期**
通年楽しめる。8月初旬のオオキツネノカミソリの花期以外、高野（富士見峠）はカットしてもよい。

■**アドバイス**
▽穂積神社へのアクセス路となる林道炭焼平山線は2024年6月現在災害により通行止め。南側の静岡市街側6・5キロ手前の平山旧登山口（東名清水ICから約16キロ・駐車場あり）から旧登山道で穂積神社に入る。また、穂積神社～高野間も24年6月現在崩壊により通行止めのため、高野へは穂積神社下降点から往復することになる。問合せ先はいずれも静岡市役所へ。

▽穂積神社から林道炭焼平山線を北に下ると、日帰り入浴施設の西里温泉やませみの湯がある。同林道を南に下った平山集落内には同じく入浴施設の龍泉荘御殿乳母の湯がある。

■**問合せ先**
静岡市役所☎054・221・1071、静鉄タクシー☎054・281・5111

■**2万5000分ノ1地形図**
和田島・清水

CHECK POINT

1 起点となる穂積神社。駐車場に車を置き、しばらくは平坦な道を行く

▼

2 社殿の裏手に、樹齢500年を超えるとされる夫婦杉がある

▼

3 穂積神社から杉の間を歩いて高野に向かう（2024年6月現在通行止め）

▼

4 高野下部に群生するキツネノカミソリだが、近年は数が減少している

▼

5 1等三角点がある文殊岳。明るい山頂で、南面の展望が広がる

小沢がある。必要な人は補充していこう。ここからは桧の成林の中で、平らな道で歩きやすい。

高野が近づくと右下に下る踏跡があるが、キツネノカミソリの写真を撮るためのルートで、まもなく**高野**（富士見峠）に着く。この時期は眼下一面に花が群落しており、みごとである。写真に収め、休息したら、南下して文殊岳を目指す。

桧林の緩やかな登り道で、桧林が跡切れるころ、**穂積神社からのコースが合流**する。天気がよいと正面に富士山が見える。

登り着いた竜爪山は文殊岳と薬師岳の2つを総称した呼び名で、文殊岳には1等三角点が埋設されており、人気の高い山といえる。最初のピークが**薬師岳**だが、周囲が樹木に覆われており、展望はない。標識がなければ山頂とは思えないほどだ。少し下って登り返すと1等三角点の**文殊岳**に着く。南面に静岡市街地が見え、展望はよく、弁当を広げるハイカーが多い。

下山は**薬師岳**に戻り、急な下りで**穂積神社**へ。（加田勝利）

19

浜石岳

標高は707メートルだが、展望は抜群

はまいしだけ
707m

日帰り

歩行時間＝6時間15分
歩行距離＝17・5km

技術度
体力度

コース定数＝30

標高差＝700m

累積標高差 ↗1304m ↘1304m

静岡県内で、標高が1000メートルに満たないのに「岳」がつく山は浜石岳だけだと思うが、この山は標高707メートルながら富士山や箱根連山、眼下に駿河湾、伊豆の山々と、展望は申し分ない。山頂は広い草原で、大休止にはもってこいである。由比駅を起点に浜石岳までは舗装された道を歩いて、山頂から薩埵峠駐車場まで尾根通しに南下し、趣が残る旧道を由比駅に戻る一周コースで歩いてみよう。

由比駅から線路を見ながら東に進み登山口を目指す。右手に**浜石岳の標識**が見えたら直角に左に曲がり、東海道の旧道を横切って、町屋原集落から新幹線を高架で渡ると、西山寺集落に出る。

ここから左右はミカン畑となり、しだいに登り道となるが、右手に白井沢集落への分岐をすぎると、**菜園**が広がってくる。小さく区切られ、野菜づくりが行われているようだ。まもなく芝の広場を通るが、よく見るとイノシシが芝生をひっくり返しているのがわかる。好物のみみずを捕った跡である。

2024年3月限りで閉所された**浜石野外センター**入口から少し下って登りきると林道終点で、電波中継所が建っている。ここで林道歩きは終わり、数分登ると**浜石岳**山頂に着く。

ゆっくり休憩を楽しんだら、薩

←浜石岳山頂からの富士山

←国道1号の蒲原付近から見た浜石岳。山頂周辺は無線中継塔が目立つ

■鉄道・バス
往路・復路＝JR東海道本線由比駅が起・終点。

■マイカー
マイカーは薩埵峠駐車場を起点とするとよい。東名高速道路清水ICから国道1号、一般道で約10・5キロ。

■登山適期
低い山であり、四季を通じて楽しめるが、毎年4月29日の祝日は「浜石岳の日」として山頂で10～13時の間サクラエビ料理の「沖上がり」が無料でふるまわれる。

■アドバイス
▽薩埵峠は永禄12（1582）年武田と北条が対峙した古戦場である。由比駅に戻る途中西倉沢集落に望嶽亭藤屋がある。明治元年西郷隆盛に会うため駿府に向かう途中、官軍に追われた幕臣・山岡鉄舟が逃げこんだ場所。鉄舟が残していった「フランス製十連発のピストル」や肖像画などが展示されている。
▽明治元年、旧東海道沿いの柏屋に明治天皇が東幸された時休憩された「御小休」の鑑札も残っている。

■問合せ先
静岡市役所☎054・221・1071

■2万5000分ノ1地形図
蒲原・興津

CHECK POINT

1 イノシシに芝生をひっくり返されている芝の広場

2 浜石野外センター。学校が休みの日は子どもたちでにぎやか（閉鎖前の写真）

3 広い芝生の浜石岳山頂は、休日には多くの人でにぎわう

4 静かな立花池。立ち寄って池周辺の風景を楽しんでいこう

5 薩埵峠からは眼下に東名高速道路、東海道本線、国道1号が走り、富士山がみごと

埵峠駐車場まで尾根通しの下りで気持ちは楽だが、富士山が見えるところは但沼分岐の先1箇所だけである。**但沼分岐**までは下りのみで、ルートはよく踏まれており、歩きやすい。立花池の標識が出てくるが、次の**立花池入口**の方が近く、短時間で往復できる。

承元寺町分岐を右に分け下っていくと、**孟宗竹の林**となり、林道は近い。1本目の林道を横切ってさらに数分下ると、2本目の林道に出合い、**薩埵峠**の駐車場が見える。**由比駅**に下る旧道は江戸情緒あふれる街道といえる。

（加田勝利）

20 八高山

はっこうさん 832m

富士山が見えるが、雪をかぶればもっと際立つ

日帰り

歩行時間＝5時間25分
歩行距離＝10・4km

技術度 体力度

コース定数＝25

標高差＝705m

累積標高差 ↗1020m ↘1020m

↑五輪の段から馬王平に通じるコースからの八高山

←1等三角点の八高山からの富士山

大井川鐵道で千頭へ向かう途中、左側にハイキング適地の粟ヶ岳や経塚山が見えてくる。金谷駅から3分の1ほど行った駅が無人の福用駅で、この駅から八高山を往復するコースが開かれている。駅には数台停めることができる無料の駐車場がある。この山で富士山が見える場所は途中の馬王平と、八高山山頂の2箇所で、さえぎるものがなく、眺めはすばらしい。

福用駅から千頭方面に少し歩くと、八高山を指す大きな指導標があり、左に曲がると突き当たりが白光神社で、神社の前から左側にルートがついている。主脈の五輪の段に出るには、この急斜面コースを歩くことになる。雑木は少なく、桧や杉の人工林で、茶畑は耕作放棄地化している。道中はなにも見えず、静かな山林の中を小鳥の声を聞きながら登っていくと、上部が明るく開け、まもなく**五輪の段**に着く。帰路はなだらかコースを下ることとし、しばしの休憩をとることにしよう。

馬王平まではほぼ平坦な道のりで、最後に林道を歩くと、広々した**馬王平**に着く。八高山にかけて、

■鉄道・バス
往路・復路＝JR金谷駅から大井川鐵道で福用駅まで30分くらい。

■マイカー
小さな福用駅には無料駐車場がある。新東名高速道路島田金谷ICから国道473号を約9キロ。

■登山適期
低い山であり、ハイキングは1年中いつでもよいが、6月から10月ころは特にススキが茂り、歩きづらい。富士山に雪がある初冬から春先がいい。11月は八高神社から下る原生林の葉が色づき趣がある。

■アドバイス
▽大井川鐵道の始発駅金谷から3つ目の日切駅から歩いて5分ほどのところに日限地蔵尊がある。明治14年に、金谷大代川の支流童子沢の自然石を7人の奉仕で運び、開山は日正上人が日限地蔵菩薩を刻み入魂開帳した。日を追い年を追って参詣者の数を増し今日にいたっている。

■問合せ先
大井川鐵道☎0547・45・4112、島田市観光協会☎0547・46・2844、日限地蔵尊☎0547・45・3572

■2万5000分ノ1地形図
八高山

カヤトの尾根通しに登っていくと、最初に出てくるのが2枚の大きな反射板で、次が建物2棟の**白光神社奥の院**だ。太い杉の木が並ぶ林を抜けると小広い**八高山**に着く。1等三角点の山で、ベンチもあり、富士山を見ながらひと休みしよう。

下山は**奥の院**から右手の道に入り、原生林の林を下る。下りきると馬王平に通じる**林道**で、途中には清水が流れている水場がある。

五輪の段から左に下る道は枝打ちされていて、みごとな林になっている。緩やかな下りのみで歩きやすい。**林道**に出れば**福用駅**は近い。

（加田勝利）

CHECK POINT

1 出発点の大井川鐵道福用駅。無人駅だが、乗車券の委託販売が行われている

4 杉に囲まれた白光神社奥の院

5 展望に恵まれた八高山山頂

2 なだらかコースと急斜面コースが合わさる五輪の段

3 明るく広々とした馬王平

6 大井川鐵道福用駅のプラットホーム

概説

愛知県の山

——西山秀夫

愛知県は日本のほぼ中央に位置する。地理的には木曽山脈の末端にあたり、高度を下げながら濃尾、岡崎、豊橋の各平野につながっている。静岡県境の山々は赤石山脈の南端にあたり、弓張山地という。総面積は5172・4平方キロ、森林面積は2189・02平方キロで、森林面積の占める割合は42・3パーセント（47都道府県中41位）。面積は少ないが、古くから植林が振興されて、林業は盛んである。山間地でも交通網が四通八達している。

●地域的概要

●奥三河の山　天竜川支流の漆島川、大千瀬川、矢作川支流の名倉川、豊川の源流部に位置。愛知県最高峰の茶臼山、萩太郎山、白鳥山、岩古谷山、平山明神山、寧比曽岳、三ツ瀬明神山、宇連山、鳳来寺山など、1000メートル級の山々が群居している。

東海自然歩道は鳳来寺山から険しい山稜を通り、宇連山、岩古谷山から田口の街を抜け、豊川源流の山里に下る。最奥の村、宇連を最後に、豊川を遡り段戸裏谷からきららの森を経て寧比曽岳に行く。豊川水系から矢作川水系を股にかける壮大なトレッキングコースだ。

豊川源流部の設楽ダムは2009（平成21）年に着工、国土交通省から2034年に完成予定であることが明示されている。田口と段戸湖を結ぶ歩道が湖底に沈むため、ひなびた山村を眺めるのも今のうちである。

●東三河の山　豊川の源流と支流の宇連山、赤石山脈の末端にあたる弓張山地、渥美半島を含んでいる。本宮山、京ケ峯、音羽富士、吉祥山、神石山、宮路山、五井山、大山などがあり、弓張山地には豊橋自然歩道が整備されている。

●西三河の山　矢作川とその支流、三河国と尾張国の国境に沿う境川の流域も含んでいる。代表的な名山として猿投山がある。また、焙烙山は、豊田市が北設楽郡稲武町を編入する前までは市の最高峰だった山で、天狗棚（未掲載）にその座を奪われても、六所山とともに市民に愛されている。

●尾張の山　濃尾平野の外周に連なる山々で、県内の山間部を貫通する東海自然歩道が整備されている。名古屋市の最高点となる東谷山のほか、尾張三山の尾張本宮山や尾張富士、白山（未掲載）も名古屋市に近く、公共交通の便もよいため、多くのハイカーを迎えている。

●植生と気象の概要

愛知県の山はすべて低山ゆえ、四季を通じて登山可能だが、最適なのは早春から梅雨のころ。新緑が映え、快適な登山が楽しめる。夏はマムシが多いとの警告を見ることがある。対策としては、素肌を露出しないこと。また、三ツ瀬明神山をはじめ奥三河全域では、鹿の生息数が増えたことにより、ヤマビルが多くなった。発生時期の春から秋にかけては、忌避剤を

三ツ瀬明神山・乳岩コース入口のお地蔵様
（写真＝山本宜則）

山麓から眺めた本宮山（砥鹿神社奥宮）

塗布するなどの対策を怠らないようにしたい。

晩秋から初冬にかけては紅葉がすばらしい。植生は桧や杉の人工林が圧倒するが、ところどころに落葉樹林が残されている。

厳冬期には長野県境周辺で降雪はあるが、そのための雪崩や行方不明、滑落などの遭難事故例は聞かない。とはいえ、低山の冬山登山に適した道具は必携だ。

西高東低の冬型の気圧配置になれば、むしろ晴れる確率が高い。特に三河湾に面した山は陽だまりハイキングに適している。一方で、尾張三山などは伊吹颪が吹くと、かなり寒さを覚える

●歴史と文学的概要

歴史的には近世から繁栄が見られ、特に徳川の時代が長かった。このために城の建設用材に段戸山一帯が伐採されてきた。徳川幕府は寛文年間（1661~72）にそれまでは入会山を御林に設定したとされる。段戸の山々も天領となり、管理するために1682（天和2）年に赤坂（現在の豊橋市）に代官所として赤坂陣屋が設けられた。現在の設楽町田峰には盗賊の監視に山廻り役も配置された。

明治に入ると御林は天皇家の財産になり、御料局が三角点測量して御料林になり、宮内省に属した。豊田市稲武地区の古橋暉兒は愛知県に対して払い下げを念願する。明治16年に認められ、井山共有林が生まれた。地明といって木地師を導入し、原生林を伐採させた。その後に桧や杉を植林する。木地の原木がつきると段戸山麓の西川谷へ移転した。それもつきると木地師の多くは山を去った。

愛知県の林業技術者でかつ歌人の依田秋圃は段戸周辺の山と額田地区（くらがり渓谷）の伐採と植林の指導を通じて多くの人びとと交わり、『山と人とを想ひて』（1923）などを著し、秀歌を詠んだ。早川孝太郎は柳田國男の指導で『花祭』（1930）を著し、「奥三河をして山村民俗の宝庫」と言わしめた。1940年に歌人・折口信夫は『花祭』に寄せて山村・三沢に題を得た短歌を残した。

御料林は戦後国有林になった。設楽の笹頭山麓に生まれた作家・筒井敏雄は西尾市出身の尾崎士郎に師事、山主が山人に関係なく変遷することに題を得て、段戸山が舞台の歴史長編小説『山の波紋』（集英社、1963）を著す。先祖は段戸御林の山廻り役だった。

県内の山は登山者の視点では植林の山ばかりで新緑や紅葉の楽しみの少ない山域だが、桧や杉ばかりなのは前述した理由があったのだ。山村の歴史も味わい深い話が多い。ピークハントの傍ら、歴史や文学、山村民俗にも関心を深めていただければ、いっそう愛知県の山に親しみが増えるだろう。

●登山上の注意点

個々の山の注意はガイド文に記載した。降雪、降雨、濃霧などの気象変化は登山レベルをいっきに上げる。無理は禁物だ。高度な登山技術を要求されるほどの登山道はないが、三ツ瀬明神山のクサリ場では転落死亡事故も起きている。クサリ場や岩場の通過は慎重さが求められ、リーダーは初心者、バランスの悪いメンバーへの配慮が大切だ。植林の山は枝道が多いので、地形図やGPSで位置をチェックする。近年多く見られる赤テープなどのマーキングにも注意したい。また、ゲリラ豪雨などでコースが荒れていることもあり、事前に情報を入手しておこう。

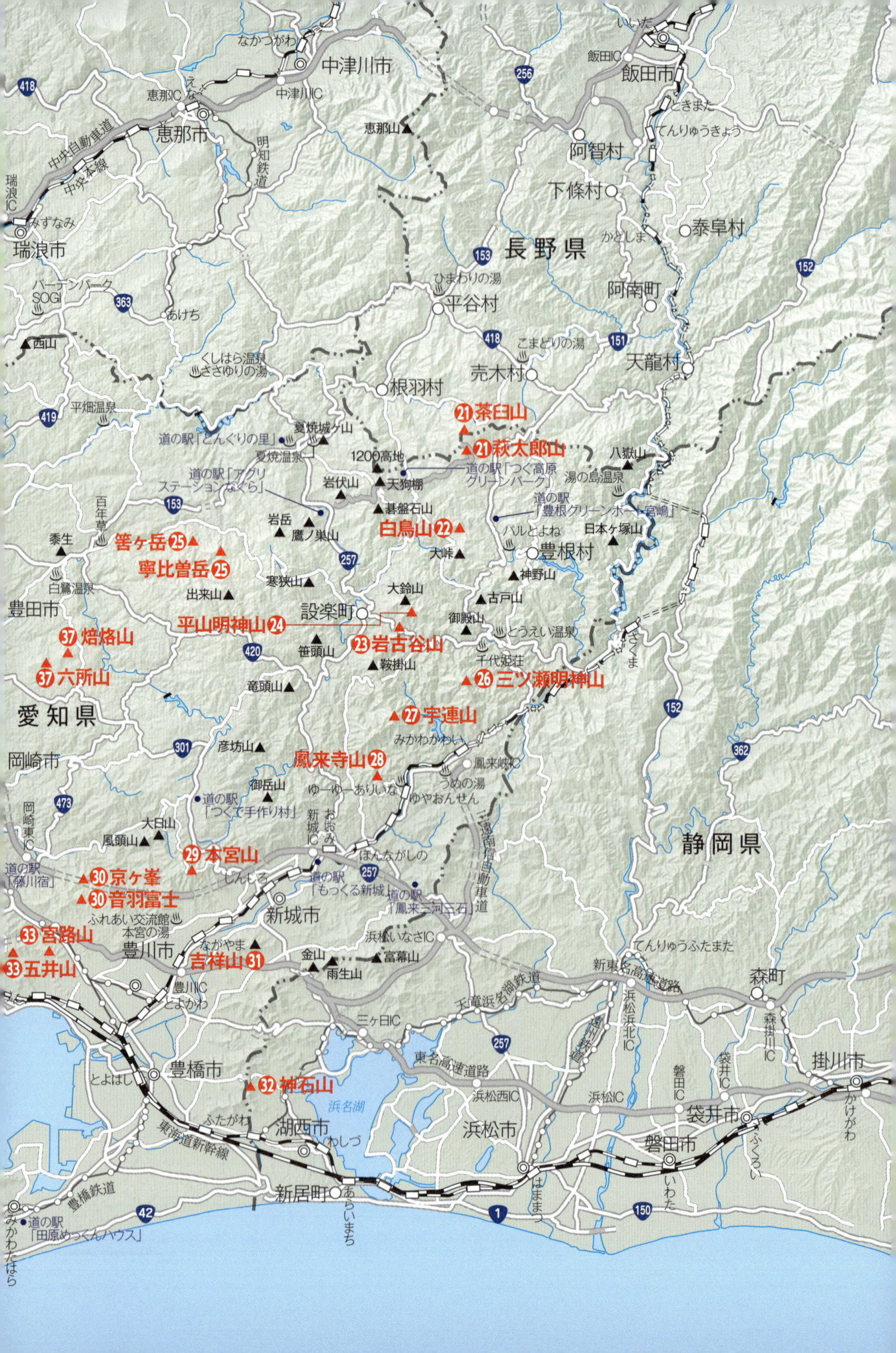

長野県
愛知県
静岡県
中津川市
飯田市
恵那市
瑞浪市
阿智村
下條村
泰阜村
平谷村
阿南町
売木村
天龍村
根羽村
豊根村
設楽町
豊田市
岡崎市
新城市
豊川市
豊橋市
湖西市
浜松市
磐田市
袋井市
掛川市
森町
新居町
21 茶臼山
21 萩太郎山
22 白鳥山
23 岩古谷山
24 平山明神山
25 箬ヶ岳
25 寧比曽岳
26 三ツ瀬明神山
27 宇連山
28 鳳来寺山
29 本宮山
30 京ヶ峯
30 音羽富士
31 吉祥山
32 神石山
33 宮路山
33 五井山
37 焙烙山
37 六所山
恵那山
八嶽山
日本ヶ塚山
大峠
神野山
古戸山
御殿山
大鈴山
鞍掛山
笹頭山
竜頭山
彦坊山
御岳山
大日山
風頭山
出来山
寒狭山
岩岳
鷹ノ巣山
岩伏山
天狗棚
碁盤石山
1200高地
夏焼城ヶ山
金山
雨生山
富幕山
西山
秦生
百年草
中央自動車道
中央本線
明知鉄道
飯田線
三遠南信自動車道
新東名高速道路
東名高速道路
東海道新幹線
天竜浜名湖鉄道
豊橋鉄道
浜名湖
道の駅「どんぐりの里」
道の駅「アグリステーションなぐら」
道の駅「つぐ高原グリーンパーク」
道の駅「豊根グリーンポート宮嶋」
道の駅「つくで手作り村」
道の駅「もっくる新城」
道の駅「鳳来三河三石」
道の駅「藤川宿」
道の駅「田原めっくんハウス」
ガーデンパークSOGI
くしはら温泉 ささゆりの湯
平畑温泉
夏焼温泉
白鷺温泉
ひまわりの湯
こまどりの湯
湯の島温泉
パルとよね
とうえい温泉
千代姫荘
ゆーゆーありいな
ゆやおんせん
うめの湯
ふれあい交流館 本宮の湯
恵那IC
中津川IC
飯田IC
瑞浪IC
岡崎東IC
新城IC
鳳来峡IC
浜松いなさIC
豊川IC
三ヶ日IC
浜松西IC
浜松IC
浜松浜北IC
磐田IC
袋井IC
森掛川IC
418
256
363
153
151
152
419
257
420
301
473
362
42
1
150
いいだ
なかつがわ
えな
ときまた
てんりゅうきょう
かどしま
みずなみ
あけち
さくま
みかわかわい
おおみ
ほんながしの
しんしろ
ながやま
とよかわ
とよはし
ふたがわ
わしづ
あらいまち
はままつ
いわた
ふくろい
かけがわ
てんりゅうふたまた
みかわたはら

愛知県の山 全図

21 茶臼山 本書で紹介する山名とコース番号
市役所・町村役場
国道と国道ナンバー
高速道路・自動車専用道路
JR線
JR新幹線
私鉄線
1:500,000
0 10km
岐阜県
三重県
40 尾張富士
尾張本宮山 40
東谷山 39
猿投山 38
三ヶ根山 36
35 富士山
大山 34
継鹿尾山
八曽山
弥勒山
大谷山
道樹山
岩巣山
藤原岳
太笠山
名古屋市
瀬戸市
岐阜市
犬山市
一宮市
小牧市
春日井市
多治見市
豊田市
岡崎市
蒲郡市
西尾市
田原市
半田市
常滑市
知多市
東海市
四日市市
鈴鹿市
亀山市
津市
松阪市
伊勢湾
知多湾
三河湾
中部国際空港
伊良湖岬
道の駅「瀬戸しなの」
道の駅「立田ふれあいの里」
道の駅「デンパーク安城」
道の駅「にしお岡ノ山」
道の駅「筆柿の里・幸田」
道の駅「伊良湖クリスタルポルト」
道の駅「あかばねロコステーション」

21

四季を通じて楽しめる愛知の天辺を歩く

茶臼山・萩太郎山

ちゃうすやま 1416m
はぎたろうやま 1359m

日帰り

歩行時間＝2時間20分
歩行距離＝4・7㎞

技術度
体力度

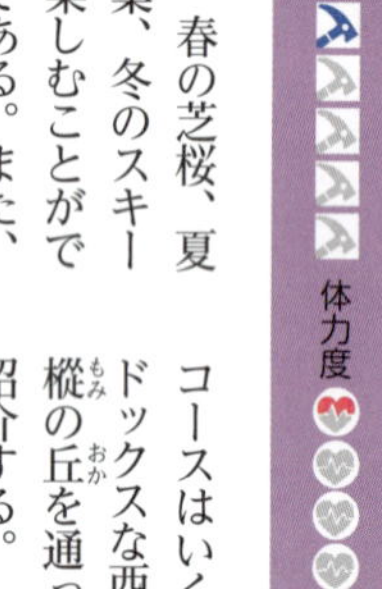

コース定数＝10

標高差＝196m

累積標高差 372m 372m

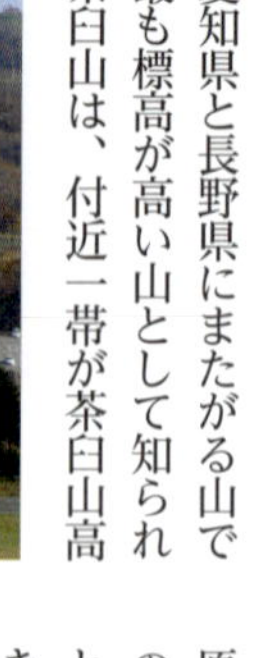

萩太郎山中腹から見た茶臼山

愛知県と長野県にまたがる山では最も標高が高い山として知られる茶臼山は、付近一帯が茶臼山高原として開発され、春の芝桜、夏の避暑地、秋の紅葉、冬のスキーと、一年を通して楽しむことができる観光スポットである。また、茶臼山の長野県側に行くと、矢作(やはぎ)川源流の碑や雷岩(かみなりいわ)、茶臼山湖畔といったパワースポットがあるといわれ、話題になっている。

まず、茶臼山に登ってみよう。

↑春の萩太郎山で、天空の花回廊といわれる芝桜の丘

←矢作川源流（左）と源流碑。源流から流れ出た水は、長野県根羽村から117キロ先の三河湾へ流れる

コースはいくつもあるが、オーソドックスな西登山ルートから登り、樅(もみ)の丘(おか)を通って下山するコースを紹介する。

第一駐車場から建物の間を抜け、緑地広場の芝生の中を通って**第二駐車場**へ行く。西登山ルートの標識があるところが登山口だ。登山道は広く明るい。春はドウダンツツジの花を、秋はモミジの紅葉を楽しみながら登ることができる。

すぐに芝生の自由の丘に着く。たくさんのテーブルとベンチがあり、萩太郎山を真正面に見て、ゆっくり食事をとりながら休憩をするのに最適である。

その先、登山道は分岐に標識がつけられていて道迷いの心配はな

■鉄道・バス
往路・復路＝公共交通機関はない。

■マイカー
名古屋方面からは、猿投グリーンロード、国道153号、257号、茶臼山高原道路を行く。新東名高速道路新城ICからは、国道151号、県道506号を通って行けるが、一般的ではない。茶臼山高原には駐車場が何箇所かある（芝桜開花期は有料）。本稿では第一駐車場を発着として記載した。なお現地の駐車場標識の番号は、本稿の記載内容と違うので注意。

■登山時期
一年を通じて登山可能。

■アドバイス
▽芝桜のシーズンは、道路、駐車場が混雑するので、朝早めの行動をおすすめする。また、冬季、茶臼山高原スキー場が開設されるので、萩太郎山に登るにはスキー場のマナーにしたがって登山すること。

■問合せ先
茶臼山高原☎0536・87・2345

■2万5000分ノ1地形図
茶臼山

い。大きな広葉樹の林の中、続いて木の階段を通過して、しばらくで**茶臼山**山頂に着く。木製の展望台があり、北東から南方面の南アルプス、三河（みかわ）の山々が展望できる。

下山はいったん往路を戻り、標識にしたがって森の広場、桜の丘を目指す。桜の丘は芝生の広場で、あずまやがあり、ここも休憩するのによい。その先に進むと車道に飛び出て**第一駐車場**へ戻る。

続いて、萩太郎山に登ることにしよう。**第二駐車場**から行くが、スキー場の中を歩く感じである。道路の上のコンクリート橋を渡ると、管理用の舗装道路が頂上まで続いている。**萩太郎山**山頂にはあずまやがあり、芝生広場になっていて、春には一面芝桜のお花畑だ。展望は南に奥三河の盟主たる三ツ瀬明神山（みつせみょうじんやま）がそびえ、鞍掛山（くらかけやま）、平山明神山（ひらやまみょうじんやま）などの山々が並ぶ。北東方向に南アルプスがすばらしい。

下山は往路を戻る。（北折佳彦）

第一駐車場。芝桜のシーズン（5月中旬～6月初旬）の混雑時には、他の駐車場との間でシャトルバスが運行される

茶臼山への道は、秋には紅葉の明るい登山道を歩く

茶臼山の自由の丘で、萩太郎山をバックにゆっくりとした時間を楽しむ

春には新緑のトンネルの登山道を歩いて茶臼山山頂へ向かう

茶臼山山頂は明るく広い山頂で、ゆっくり展望を楽しむことができる

萩太郎山頂には、２人の願いが叶えられるという恋人の聖地として知られている

22 白鳥山

春は桜、秋は紅葉、麓は花祭りの里の山

しらとりやま 968m

日帰り

歩行時間＝1時間50分
歩行距離＝2・2km

技術度
体力度

コース定数＝7
標高差＝279m
累積標高差 ↗328m ↘328m

麓の津具川の対岸から白鳥山を見る。端正な姿をしている

帝岩から眼下に津具盆地の風景を通して、大峠、大鈴山や岩古谷山などの山々を望む

白鳥山へ稲武経由で行くには、国道153号で豊田市稲武を経て、国道257号と県道80号で面ノ木峠を越え、設楽町津具で県道427号に入り下留を越えると左に白鳥神社の鳥居が見えてくるので道を左にとり、神社へ向かう。

白鳥神社では、舞を中心とした湯立て神楽である花祭が1月2日に開催される。鎌倉、室町時代以降に伝わったといわれる国指定重要無形文化財だ。この**花祭舞台**が周回コースの起点となる。

白鳥神社中腹の赤い太鼓橋を渡り、本殿に通じる石段を登ると、本殿にある御神木の大桧が目に入ってくる。ここが登山道のスタートになり、「**白鳥山登山口**」の標識が立っている。トイレもあるので、出発の準備をしよう。

本殿右手の登山道を進むと、すぐに右手から登山道が合流してくるが、これは下山時に使う道だ。

道を左にとり、沢を渡って尾根に取り付く。大きな石が点在している。尾根を登りきると里見平に着くが、展望はない。

少し直進して右手に再び尾根の道を進む。秋にはドウダンツツジの紅葉が美しい。やがて展望のある場所に出る。井山や天狗棚が望める。この先夫婦岩や水晶の岩床

■鉄道・バス
往路・復路＝公共交通機関のバス便は本数が少ないので、マイカー使用となる。

■マイカー
稲武からは県道80号を通り、設楽町津具で県道427号に移り、白鳥神社に向かう。神社には中段と奥の2箇所の駐車場がある。

■登山適期
四季を通して楽しめる山だが、標高があまり高くないので、真夏は避けた方が無難。

■アドバイス
▽下山後の立寄り湯は、兎鹿嶋温泉「湯～らんどパルとよね」（☎0536・85・1180）がある。露天風呂や打たせ湯など8種類の浴槽が楽しめる。レストランのほか地元特産物の販売も。

■問合せ先
設楽町観光協会☎0536・62・1000

■2万5000分ノ1地形図
見出

を右に左に見ながら進むと**白鳥山**頂上に着く。北側の展望がよく、南アルプスや、茶臼山方面が望めるが、岩が切れ落ちているので、充分に気をつけてほしい。

　この先、帝岩で津具盆地の展望を楽しみ、**ヌタバ池**でその神秘性に浸り、富士見岩で東方面の展望を楽しむことができる。条件がよければ富士山まで遠望できる。

　復路はヌタバ池の横からはじまる。南に下っていくと佛岩に出合う。登山道は以前に比べるとよく整備されてはいるが、このあたりだけは少々わかりにくいので注意しよう。雑木林の急な下りが続き、水平になったら沢を2つほど越え、やがて**白鳥山登山口**に戻り着く。このルートは随所に津具観光協会の道標が整備されている。（山本宜則）

CHECK POINT

車道沿いにある白鳥神社の鳥居。分岐を左に入り、花祭舞台まで上がる

登山道は白鳥神社の中腹にある赤い太鼓橋を目印としてはじまり、これより先階段を上がり神社へ向かう

白鳥神社への階段。静けさが漂っている

白鳥神社（白鳥山登山口）からの登山道。左手へ登りはじめ、周遊後は右手へ下りてくる

白鳥山山頂からは茶臼山や萩太郎山の展望がよいが、北側が切れ落ちているので注意

頂上近くにあるヌタバ池。水は涸れることがないといわれ、神秘的な雰囲気が漂う

東海自然歩道三大難所のひとつ、石英安山岩の山

岩古谷山

いわこやさん
799m

日帰り

Ⓐ和市登山口から　歩行時間＝2時間　歩行距離＝2・3km　技術度　体力度

Ⓑ堤石トンネル登山口から　歩行時間＝1時間40分　歩行距離＝1・5km　技術度　体力度

コース定数＝Ⓐ8Ⓑ7

標高差＝Ⓐ304mⒷ295m

累積標高差　Ⓐ↗315m↘315m　Ⓑ↗364m↘364m

岩古谷山は愛知県東部の設楽町にある山で、岩質の固い石英安山岩特有の険しい山容を見せる。約2000万年前に、設楽火山の溶岩でできた山で、山頂付近は東海自然歩道の三大難所のひとつに数えられ、人気をよんでいる。

和市の道路に沿って岩古谷山がそびえ立っている

Ⓐ和市登山口から

堤石トンネル手前の和市に東海自然歩道の案内板がある。ここが**登山口**で、車10台ほど停められるスペースがある。

登山口から民家の横を通り抜けると、すぐに桧の樹林帯に入る。林道に出る手前にはトイレもある。近くにはアセビの木があり、早春には可憐な花をつける。

よく手入れされた登山道を歩き、十三曲りの標識のあたりからジグザグに登りはじめる。最後の曲り角をすぎると、ほどなく**堤石峠**に着く。古くから黒倉集落と結ぶ唯一の峠道で、黒倉側にも十三曲りがある。「峠の反対へ黒倉集落、右に岩古谷山山頂0・6キロ・30分」の道標が立つ。ベンチもあり休憩のポイントにちょうどよい。

ひと休みしたら岩古谷山への登りにかかる。すぐに階段となり、大壁の横を上がっていくと、さらにワイヤーで保護された岩稜からやせ尾根を抜ける。傾斜も緩みなだらかになるころ、大パノラマの展望が開けてくる。三ツ瀬明神山が真正面に見られ、奥三河の山並みを満喫できる。

山頂はもう少し進んだところで、堤石トンネルへの分岐点を越した先が799メートルの**岩古谷山**山頂だ。山頂の南側には大岩でできた展望台があり、笹頭山から設楽町の街並みまで、すばらしい眺望が楽しめる。

下山は往路を引き返すか、後述の堤石トンネル登山口からの道（コースⒷ参照）を下って**和市登山口**へと戻ろう。

■**鉄道・バス**

往路・復路＝JR飯田線本長篠駅から豊鉄バス田口行きに乗り、終点下車。和市までは徒歩40分。ただし、運行本数が少なく、日帰り登山には不向き。1泊2日がよい。

■**マイカー**

名古屋からは猿投グリーンロードを走り、足助町まで行く。国道420号に入り国道257号の三差路交差点を右折し、新しくできたバイパスとの分岐点を旧道にあたる左の道へ入ると、すぐに駐車スペースのある和市の登山口に着く。

■**登山適期**

桜、ツツジ、アブラチャン、ヤマグルマの咲く4月から紅葉のシーズンまで、ほぼ一年を通じて楽しむことができる。

■**アドバイス**

▽標高が低く、行動時間も短い山だが、全山岩山だけに、2022年には死亡事故が発生している。入山の際はグリップ力の高いビブラム底の登山靴を履き、滑落しないよう、慎重に行動したい。

▽体力に自信があれば、びわくぼ峠まで行って鞍掛山に登るのもよい。びわくぼ峠稜線をそのまま進み、御殿岩を越えて、びわくぼ峠から山頂までの往復は2時間30分ほどで、荒尾集落への分岐点まで行ってくることができる。

または山頂から南方向への尾根伝いに進み、途中にある鞍部の分岐からやや不明瞭な道を荒尾集落に下るか（山頂から和市登山口へ3時間）、びわくぼ峠まで進んで塩津登山口に下り、車道を荒尾集落に向かう方法もある（山頂から和市登山口へ4時間20分）。

Ⓑ堤石トンネル登山口から

和市の駐車場から5分ほど東栄町方面へ旧国道沿いに歩いていくと、堤石トンネルの入口に着く。ここが**登山口**となる。トンネルの右手に車1台が停められるスペースがある。

東海自然歩道の看板がかけられていて、トンネルの右脇沿いに歩いて行くと、コンクリートの階段がある。しばらく階段を登り、3体の地蔵尊の横を通り、左手に石英安山岩が崩れ落ちて重なってできた岩の窪みのこうもり穴の脇を進むと、岩を境にして隣り合った雄滝と雌滝が右手に現れる。水量が少ないときは大きな壁のような景観となる。

登山道は荒廃の進んだ神社の横を通り抜けていく。大きな岩のトンネルをくぐると猿渡（さわたり）橋とベンチがあり、なおも階段を登っていくとこのルート中で唯一の展望所とあずまやが出てくる。展望は西に開けた場所で、設楽町の街並みから笹頭山方向がすばらしい。

汗をぬぐったら山頂を目指そう。すぐにクサリのつけられた岩場に出合うので、ここは慎重に登る。登りきったところには「割り石」の札が置かれ、道と平行に割れた石を見ることができる。岩古谷山山頂はもうすぐそこで、堤石峠から登るコース（Ⓐ）の山頂分岐点に出ると、**岩古谷山**山頂だ。2分ほど南に行った山頂展望台で休むことにしよう。（志水龍雄）

▽近くに宿泊施設の奥三河総合センター（☎0536・62・0100）や郷土資料館の奥三河郷土館（☎0536・62・1440）がある。

■問合せ先
設楽町役場☎0536・62・0511、豊鉄バス新城営業所☎0536・24・1141

■2万5000分ノ1地形図
田口・海老

CHECK POINT—Ⓐ和市登山口から

和市の駐車場はスペースも広く、週末には多くの車が駐車している

十三曲りをすぎると堤石峠だ。黒倉集落を結ぶ峠道で、左へ行くと平山明神山に続く

山頂からは笹頭山など西側に展望が開けている。ここからまた壁をつたって長いはしご下りが待っている

荒尾の集落に下りる分岐点。まっすぐ進むと御殿岩からびわくぼ峠へ向かい、鞍掛山へと続く

CHECK POINT—Ⓑ堤石トンネル登山口から

長い階段を登ってくると雄滝・雌滝に着く。雌滝は雄滝の隣にあり、その手前は広場になっている

岩古谷山山頂手前の広場に着く。左は展望台のような場所で、右に行けば岩古谷山山頂から鞍掛山へと続く

Ⓐは和市登山口からのCHECKPOINT番号です。
Ⓑは堤石トンネル登山口からのCHECKPOINT番号です。
480
国道257号、設楽町中心部へ
473
Start Goal
和市登山口
495m
A-1
WC
P
和市
宝泉寺
0.20
0.05
0.40
0.30
A-2
堤石峠
平山明神山へ
直下に割り石の標札あり
岩古谷トンネル
クサリ
1.00
0.40
0.30
0.20
堤石トンネル登山口
Start Goal 504m
男滝・女滝
B-1
799
B-2
岩古谷山
A-3
486
397
県道出合
410
433
400
500
荒尾
771
堤石トンネル
黒倉集落、東栄へ
600
700
370
0.50
450
0.20
0.40
0.50
野々瀬川
424
708
ミヨジ峠
設楽町
705
下山口
コース未整備
0.40
1.00
1.00
塩津温泉
諏訪神社
763
A-4
鞍部の分岐
334
塩津登山口
WC P
御殿岩
525
0.40
1.00
0.50
822
N
0
500m
1:20,000
WC
0.30
0.20
びわくぼ峠
637
鞍掛山へ

24

平山明神山

大鈴山や三ツ瀬明神山を見わたす展望の山

ひらやまみょうじんやま
950m（最高点＝970m）

日帰り

歩行時間＝3時間40分
歩行距離＝3・4km

技術度 ★★☆☆☆
体力度 ★☆☆☆☆

コース定数＝14
標高差＝435m
累積標高差 ↗647m ↘647m

↑平山明神山全景

↑東の覗からは、三ツ瀬明神山を正面に望む。奥三河の山並みが美しい

平山明神山は設楽町の東に位置し、大鈴山や岩古谷山の中間にある。約2000万年前に起きた設楽火山の溶岩でできた、岩質の硬い石英安山岩のため、険しい山容を見せていて、もっこりと盛り上がった山容が特徴の奇峰だ。

大神田登山口からのコースは杉や桧で植林された樹林帯からはじまる。歩きはじめてすぐ、左手に山の神の祠が出てくる。安全登山の祈願をしていこう。階段状に整備された道をゆっくり登っていくうちに、コースはいつしか尾根道になる。右手に流れる沢の水音が耳に心地よい。

ジグザグに登るようになると小さな木橋を渡り、ベンチが設置された**中間点の休憩場所**に着く。

ひと息入れて山頂に向かうと、まもなく夫婦岩への道標が立つ分岐に着く。右に行けば5分で夫婦岩に着く。2つの岩の真ん中をくぐり、松の木越しに奥三河の山並みの遠景を楽しんだら平山明神山目指して登り返す。

右手に山頂部のすばらしい絶壁を仰ぎ見て、壁の基部沿いに進むと、右方向に明神山のコルが見えてくる。左に進めば大鈴山、右に進めば平山明神山山頂だ。急坂を

■**鉄道・バス**
往路・復路＝JR飯田線本長篠駅から豊鉄バス田口行きに乗り、終点下車。設楽町営バスに乗り換え新黒倉で下車し、大神田登山口へ徒歩（約30分）で移動する。いずれも便数が少なく、日帰り登山には不向き。1泊2日がよい。

■**マイカー**
名古屋からは猿投グリーンロードを走り、足助町で国道420号に入り、

登れば目の前の看板に「山頂は右・西の覗は左」とある。西の覗からはどっしりと構えた大鈴山が眼前にそびえている。

看板に戻って左に登り、左手に出てくる「東の覗」の標識をすぎ、イワカガミが咲く道をもうひと息登れば**平山明神山**山頂に着く。残念ながら展望はきかない。南へ少し下り、左に回りこんだところに小鷹（こだか）大明神が祀られている。展望がよいので、休憩するならここがいいだろう。三ツ瀬（みせ）明神山を望む場所としては東の覗がよく、その雄姿を目のあたりにできる。

奥三河の山並みを充分に満喫したら、下山は同じ道を戻る。

（志水龍雄）

CHECK POINT

1 堤石トンネルを抜けて左折、大神田に向かうと、山すそ沿い左手に、登山口が見えてくる

2 歩き出すとまもなく山の神様の祠へ向かう道標に出合う

3 山の神様。安全登山の祈願をしてから登りにかかろう

4 夫婦岩。広いスペースはないが、ここで休むのもよい

5 平山明神山山頂まではもう少し。西の覗と東の覗の分岐点

6 景観はないが静かな山頂。この下に小鷹大明神が祀られている

国道257号の三差路交差点を左折、設楽町内の田口の交差点を右折し、新しくできたバイパスとの分岐を旧道にあたる左の道へ入ると、すぐに左に鹿島山、大鈴山、岩古谷山へ登る和市の駐車スペースを見送り、堤石トンネルを抜けて旧国道と分岐する道（町道203号飯田海老線）へ左折、しばらく進むとカーブの手前に道路が大きくふくらんだ場所があり、その左手に登山口の目印となる石碑が立っている。

■登山適期

桜やミツバツツジの咲く4月から、紅葉の美しい11月上旬まで、ほぼ年間を通じて楽しめる。

■アドバイス

▽露岩の上を歩くので、グリップ力のあるビブラム底の登山靴を履いて慎重に行動する。大鈴山方面へ縦走する場合は時間に余裕をもちたい。

▽時間に余裕があれば、山頂から大鈴山への往復や、和市登山口を起点に平山明神山、大鈴山、鹿島山を周回するプランも考えられる。

▽宿泊施設としては奥三河総合センター（☎0536・62・0100）がある。

■問合せ先

設楽町役場☎0536・62・0511

■2万5000分ノ1地形図

田口

長江
610
704
東栄町
431
県道431号へ
県道431号～登山口間の林道は約3km
700
大鈴山
1012
0.10
大鈴山分岐
0.30
0.20
鹿島山
912
大鈴山荘良心庵
登山口
グミンダ峠
やせた岩稜。通行は要注意
0.35
0.40
800
6
平山明神山
900
950
西の覗
小明神
5
東の覗
970
小鷹大明神
1.00
0.40
夫婦岩
4
中間地点（休憩場所）
夫婦岩分岐
867
800
設楽町
1.10
0.50
700
494
山の神
3
2
和市登山口
国道257号、設楽町中心部へ
Start Goal
大神田登山口
535m
1
和市
600
大神田
堤石峠
岩古谷トンネル
799
岩古谷山
平山
堤石トンネル
500
771
473
黒倉
新黒倉バス停
473
N
0
500m
1:20,000
708
515
東栄町市街、鳳来峡ICへ

段戸山牧場から見た寧比曽岳（中央右奥）。中央の高点は反射板のある富士見峠

25 寧比曽岳・筈ヶ岳

整備された登山道と愛知県屈指の展望の山

ねびそだけ 1121m
はずがたけ 985m

日帰り

Ⓐ伊勢神峠コース 歩行時間＝4時間50分 歩行距離＝13.0km 技術度 体力度
Ⓑ裏谷コース 歩行時間＝4時間40分 歩行距離＝14.0km 技術度 体力度
Ⓒ金蔵連峠コース 歩行時間＝4時間40分 歩行距離＝12.8km 技術度 体力度

QRコードは88・89ページコース図内に記載

コース定数＝Ⓐ18 Ⓑ15 Ⓒ17

標高差＝Ⓐ476m Ⓑ216m Ⓒ412m

累積標高差
Ⓐ↗498m ↘498m
Ⓑ↗236m ↘236m
Ⓒ↗462m ↘462m

寧比曽岳は東海自然歩道が足助（あすけ）方面への本線コースと伊勢神（いせがみ）峠方面への恵那（えな）コースに分岐する要所にあり、三方向から山頂に通じる登山道は歩きやすく整備され、多くの登山者に親しまれている。山頂からの展望にも恵まれ、名古屋のビル群と富士山を同時に見ることができる貴重な山である。さらに、南アルプスすべての3000

寧比曽岳山頂から東北東には南アルプスが大きく横たわる

北東の方向に広がる恵那山、大川入山（寧比曽岳山頂から）

■鉄道・バス

往路・復路＝伊勢神峠の登山口までは、名鉄豊田線浄水駅から、おいでんバスで足助病院前バス停へ行き、稲武行きおいでんバスに乗り換えて伊勢神バス停下車。便数は少ないので、時刻表を確認のこと。裏谷や大多賀峠、金蔵連峠へのバスはない。

■マイカー

▽伊勢神峠登山口は猿投グリンロード力石ICから国道153号を足助・稲武方面に走行し、伊勢神トンネル手前を右折して旧道に入ると1キロで登山口に着く。力石ICから24キロ。

▽大多賀峠登山口は旧伊勢神トンネル手前の三差路を右手に3キロ進み、県道33号に合流すると、左手100メートルに登山口がある。

▽裏谷登山口は大多賀峠の登山口からさらに県道33号を南に8キロほど段戸川を上流に向かった裏谷の段戸湖にある。力石ICから35キロ。

▽金蔵連峠登山口は足助の町中で国道153号の今朝平の信号を直進して県道33号に進む。廃業した川怒温泉の先で県道367号に進む。広い広域農道を横切りさらに登っていく。先が明るく開けたところが金蔵連峠だ。力石ICから24キロ。

■登山適期

1年を通じておすすめの山だが、登山口の標高が高いため、冬期は路面に雪が残ることもあるので、冬用の

メートル峰をはじめ、御嶽山、乗鞍岳、穂高岳、恵那山、白山、伊吹山など、「日本百名山」の山々も数多く見ることができる。3方向から通じる登山コースのそれぞれを紹介しよう。

Ⓐ伊勢神峠コース

国道153号を走る稲武行きのバスに乗り、**伊勢神バス停**で下車する。ドライブイン伊勢神前の旧道を1キロほど登り、旧伊勢神トンネル手前左手にある登山道に入る。**伊勢神峠**には伊勢神宮遥拝所があり、中馬街道が栄えていた当時の面影が感じられる。

ここから東海自然歩道を歩くが、要所に道標や休憩所があり、ほとんどアップダウンもないまま**大多賀峠**に到着する。車道を渡り、鉄製の階段を登ると、いよいよ登山道という雰囲気の道にな

CHECK POINT—Ⓐ伊勢神峠コース

1 伊勢神峠に登ると、伊勢神宮遥拝所が建っている

2 林道に出合うと道脇に伊勢神湿原がある

3 大多賀登山口からは車道を横切り、鉄階段を登る

4 県下有数の展望が楽しめる寧比曽岳山頂

CHECK POINT—Ⓑ裏谷コース

1 人造湖の段戸湖。ここから裏谷コースがはじまる

2 林道を行くと五六橋で右に入る

3 ベンチのある小さなコル。下山時は直進しないこと

4 富士見峠に到着。トイレは2017年4月に改築

CHECK POINT—Ⓒ金蔵連峠コース

1 金蔵連峠登山口。駐車は路肩の空きスペースを利用

2 広い防火帯の道を行く

3 筥ヶ岳山頂は2024年現在立入禁止

4 テーブルとイスがある開放的な雰囲気の寧比曽岳山頂

タイヤは必需品だ。

■アドバイス

▽グループで車が2台あれば、伊勢神峠から平勝寺まで16キロのコースがおすすめ。歩きやすい登山道とホッとする山里の風情がうまく調和したコースだ。

▽平勝寺は金蔵連峠から足助に向かう東海自然歩道沿いにある曹洞宗の古刹。一説では聖徳太子創建と伝えられている。寺には数多くの文化財が伝わり、中でも木造観音菩薩坐像は国指定重要文化財で17年に一度開帳される秘仏。次回は令和7年に開帳予定である。

▽足助には、香嵐渓（3月末のカタクリの群生、11月中旬の紅葉）、三州足助屋敷、足助の街並み、足助中馬会館、足助城などの名所がある。

▽ホテル百年草（☎0565・62・0100）では日帰り入浴ができる。

■問合せ先

豊田市役所足助支所☎0565・62・0600、豊田市足助観光協会☎0565・62・1272、設楽町役場☎0536・62・0511、設楽町観光協会☎0536・62・1000、豊田市役所稲武支所☎0565・82・2511、オーワ交通（タクシー・おいでんバスも）☎0565・67・2222

■2万5000分ノ1地形図

寧比曽岳・川ヶ渡・足助

る。杉や桧の植林あり、自然林ありの、変化のある道を進むと、**寧比曽岳**山頂に到着する。

Ⓑ裏谷コース

段戸湖の駐車場に車を停め、橋を渡って林道を歩きはじめる。20分ほど進むと林道が二股になり、右手の**五六橋**を渡って進む。150㍍先のトイレ手前を右手の登山道に入る。道は緩やかな斜度を保ち、蛇行しながらゆっくり標高を上げていく。

入口から45分ほど進むと**林道と出合う**。道は尾根を越えると下りとなり、巻道をさらに進むと**小さなコル**に出る。この先は笹が濃く茂るいちばんの難所だ。尾根上の笹の道を700㍍登るとトイレの建物のある**富士見峠**に着く。ここからはなだらかな道をいったん下って、登り返すと**寧比曽岳**山頂だ。

Ⓒ金蔵連峠コース

金蔵連峠の手前に車を停め、標識にしたがって登りはじめる。登山道は尾根上に拓かれた防火帯の中を登っていく。林道が尾根を横切る場所では、路肩の急斜面を避けて登山道が迂回する場所もある。

831㍍のピークをすぎると、山腹を巻く細い平坦な道を通る。広い林道を700㍍ほど進んだのち、長い階段を登り、再び防火帯の中を行く。**筈ヶ岳の分岐**から300㍍奥が3等三角点のある**筈ヶ岳**山頂（分岐～山頂間2024年現在通行止め）だ。

分岐に戻り、急な道を下りると林道がある。尾根を登り返して道なりに進むと、再度林道に出る。同じ道なので平らな林道を通ってもよい。左手に林道の行き止まりを確認すると、いよいよ寧比曽岳への長い登りにかかる。防火帯の道が登山道に変わり、斜度が緩くなると**寧比曽岳**山頂に到着する。

下山は、伊勢神峠コース以外はバス便がないので、各コースとも、往路を引き返す。

（栗木洋明）

Start Goal
伊勢神バス停
645m
伊勢神峠
伊勢神峠登山口
旧伊勢神トンネル
伊勢神宮遥拝所
伊勢神トンネル
P10台
A-1
A-2
A-3
A-4
P20台
いこいの村愛知は閉館。建物だけが残っている
伊勢神湿原
展望台
890
大きな駐車場
公園
道路に沿った道
車道を渡る
大多賀峠
鉄階段
東海自然歩道
よく整備された歩きやすい道。大多賀峠～寧比曽岳間はいちばん登山者が多い
寧比曽岳
1121
反射板
富士見峠
B-4
大きなあずまや
尾根上の緩やかな道
長い坂道
急な坂道
林道終点
並行する水平な林道
林道に出合う
防火帯の道
急な坂道
300mの防火帯の道（2024年現在通行止め）
筈ヶ岳
985
C-3
筈ヶ岳分岐
長い階段
広い林道
細い巻道
831
C-4
笹が濃い。笹の中を700mほど直線的に登る
小さなコル
B-3
下山時に直進しないこと
996
C-2
防火帯の道
Start Goal
金蔵連峠
709m
C-1
路肩に5～6台の駐車スペース
緩やかで歩きやすい道が続く
金蔵連
八幡神社
大奥山
豊田市
山中
明川町
堂ノ脇
井戸
怒田沢
稲武へ
足助へ
平勝寺へ
出来山
1053
1:40,000
1km
N
Aは伊勢神峠コースのCHECK POINT番号です
Bは裏谷コースのCHECK POINT番号です
Cは金蔵連峠コースのCHECK POINT番号です

26

県内で最もアルペン的な気分を漂わせる奥三河の盟主

三ツ瀬明神山

みつせみょうじんやま
1016m

日帰り

Ⓐ乳岩コース	歩行時間＝5時間25分	歩行距離＝8・3km
Ⓑ三ツ瀬コース	歩行時間＝4時間40分	歩行距離＝6・4km
Ⓒ乳岩一巡コース	歩行時間＝1時間5分	歩行距離＝2・3km

技術度 体力度

QRコードは92ページコース図内に記載

コース定数＝Ⓐ**23** Ⓑ**18** Ⓒ**6**

標高差＝Ⓐ826m Ⓑ646m Ⓒ250m

累積標高差	登り	下り
Ⓐ	1008m	1008m
Ⓑ	781m	781m
Ⓒ	362m	362m

明神山の特徴のある山容は奥三河の多くの山々から望むことができる

Ⓐ乳岩コース

小滝橋駐車場に車を停めたら県道424号をわずかに戻り、案内にしたがい乳岩峡方面への車道へ。乳岩川沿いに進むと**乳岩コースの登山口**に着く。トイレも新設されているので、身支度を整えよう。桟敷岩とよばれる岩盤からスタートする。

登山道はよく整備されているが、雨の日などはすべりやすいので注意したい。20分くらいで左に**乳岩一巡コース**（コースⒸ参照）を分け、その先の鬼岩では多くのクライマーが岩壁に取り付いているのが見えるだろう。

鬼岩乗越に着くと、前面にロックガーデンのような景色を眺めることができる。この先、道は細くなっており、胸突八丁の急坂を迎えることになる。

急坂をすぎ、**六合目**で三ツ瀬コース（コースⒷ参照）に合流、その先で大小2つの岩場に出合う。大きい方の岩場は巻道があるので利用するとよい。さらに馬の背の岩尾根にさしかかる。ここでは過去に転落事故も起きているので、充分に注意しよう。

九合目の道標をすぎると、あと少しで大きな展望台のある**三ツ瀬明神山山頂**に着く。展望台からは仙丈ヶ岳から赤石岳、聖岳までの南アルプスが一望できる。

下山は往路を慎重に引き返す。

Ⓑ三ツ瀬コース

国道151号（別所街道）を北上し、新本郷トンネル手前の「三津瀬明神山へ」の道標にしたがい左折する。すぐに道は二手に分かれるが、右手に行くと、約3㌔で登山届を入れるボックスとトイレがある**駐車場**に着く。

■**鉄道・バス**
往路・復路＝マイカー利用となる。

■**マイカー**
名古屋方面からは、新東名高速から三遠南信道の鳳来峡ICで降り、国道151号を北上して「鳳来湖・乳岩」への案内にしたがい県道424号に入り、約1・5㌔で小滝橋駐車場（トイレはない）へ。乳岩コース登山口へは車道を30分ほど歩く。

■**登山適期**
3～11月。

■**アドバイス**
▽ほぼすべてのルートを通じてクサリ場やハシゴの通過があり、滑落死亡事故も起きている。グリップ力の高いビブラム底の登山靴を履き、三点支持で着実に登ろう。ストックを利用する人は岩尾根では三点支持のじゃまになるため、縮めてザックにくくりつけ、両手を空けること。

■**問合せ先**
東栄町役場☎0536・76・0501、新城市観光協会☎0536・29・0829、新城市役所☎0536・23・7613、豊鉄タクシー新城営業所☎0536・22・1115

■**2万5000分ノ1地形図**
三河本郷

車道を少し行くと三ツ瀬登山口で、すぐに沢を渡るが、スリップしないよう気をつけよう。

左手に沢を見ながら進むと、やがて銀明水の看板を前にする。ここが1合目となる。道にしたがって登っていくと、左に山腹を横切る岩場となる。ロープが張られているので、気をつけながら通過しよう。

尾根に出たところが**二合目**。左に大きな岩壁が立ちふさがっているが、ルートは右に行く。ここから5ヶ所ほど、クサリとハシゴが連続する難所が待っている。充分に注意していこう。

やせた尾根を行くと、右手に明神山の頂上が見えてくる。登山道は愛知県に多いホソバシャクナゲの群生地を通り、**六合目**で乳岩コースと出合う。

Ⓒ乳岩一巡コース

乳岩峡の名前の由来になった鍾乳石を望むことができるコースだ。

一巡コース入口から案内板にしたがい、一部破損した鉄製の階段を胎内くぐりのように登っていく。頭上にいく重にもチョックストーンが覆いかぶさり、その迫力に圧倒される。さらに天然のブリッジとなっている通天門には驚きを禁じ得ない。

道はこの先、大小の洞窟の横を通る。子安観音が置かれた鍾乳洞を見て鉄製の階段を下ると、**一巡コース入口**に戻る。（山本宜則）

CHECK POINT—Ⓐ乳岩コース

1 登山口に入ると、すぐに広く大きな岩盤でできた桟敷岩といわれる川床がはじまる

2 鬼岩では大勢のクライマーの姿を見ることができる

3 途中にある大きな岩場。クサリもついているが、左手から巻いて登っていくこともできる

4 頂上の展望台からは奥三河の山々や南アルプスが一望できる

CHECK POINT—Ⓑ三ツ瀬コース

1 三ツ瀬登山口手前の駐車場。車は5台ほど駐車可能。手前に登山届を入れる箱がある

2 二合目をすぎてすぐ出合うクサリ場。左手には安全に登れる道もついている

CHECK POINT—Ⓒ乳岩一巡コース

1 乳岩一巡コースの入口。階段も設置されているが、すべりやすく老朽化も進んでいるので注意しよう

2 最も大きな洞窟には多くの子安観音が祀られ、天井からは乳が滴るかのような鍾乳石を見ることができる

東栄町
•606
1:25,000
0
500m
三ツ瀬明神山
A-4 1016
•965
転落事故あり。注意
やせ尾根
八合目馬の背岩
A-3
岩場2箇所
0.50
0.40
六合目合流点
912
頂上が見える
B-2
二合目
0.50
0.40
岩場が続く
シャクナゲ群生地
急坂
800
胸突き八丁
1.00
0.40
鬼岩乗越
傘石
鬼岩
A-2
•787
700
乳岩コース
600
1.00
0.40
675•
新城市
一服の岩
•766
500
乳岩川
鉄製の階段は錆びて破損した箇所がある
乳岩一巡コース
C-2
乳岩
コース入口から一周0.30
•523
C-1
乳岩一巡コース入口
400
0.20
0.15
300
•578
•396
A
栈敷岩
A-1
△529
乳岩コース登山口
WC
190m
Start Goal
•182
小滝橋駐車場~乳岩コース登山口間徒歩約30分
•500
小滝橋駐車場、三河川合駅、国道151号へ
三河川合駅へ
B
国道151号 東栄町市街地へ
B-1
駐車場
370m
WC P
5台
Start Goal
三ツ瀬コース・登山口
三ツ瀬コース
0.55
0.45
•538
•601
一合目銀明水
•342
Aは乳岩コースのCHECKPOINT番号です。
Bは三ツの瀬コースのCHECKPOINT番号です。
Cは乳岩一巡コースのCHECKPOINT番号です。
•318
亀淵川
•483
池場駅へ
JR飯田線
208
151
鳳来峡ICへ

27 棚山高原の水の響き風の声を聴きつつ山上をめぐる

宇連山

うれやま
930m

日帰り

Ⓐ川売コース　歩行時間＝4時間30分　歩行距離＝9.0km　技術度　体力度
Ⓑ愛知県民の森コース　歩行時間＝4時間55分　歩行距離＝11.0km　技術度　体力度
Ⓒ仏坂峠コース　歩行時間＝4時間40分　歩行距離＝8.0km　技術度　体力度

コース定数＝Ⓐ21 Ⓑ25 Ⓒ21

標高差＝Ⓐ370m Ⓑ795m Ⓒ415m

累積標高差	登り	下り
Ⓐ	940m	940m
Ⓑ	1239m	1239m
Ⓒ	935m	935m

東尾根展望台（コース外）からの宇連山

山頂からの三ツ瀬明神山、奥は南アルプス

Ⓐ川売コース

登山口のある地名の川売は「かおれ」と読む。川上と同じ意味だ。川売の集落をすぎて、未舗装の林道を行ったところの、林道ゲートが**登山口**になる。付近の空地に3台から4台は駐車できる。

歩きはじめてすぐに樹林の中の道になり、左に谷川の音を聞きながら登る。水の流れも細くなって、平坦な歩道を歩くとバンガロー跡に着く。

副川への分岐を左折すると、**瀬戸岩への分岐**に出合う。眺めのいい岩場なので立ち寄っていこう。

分岐に戻り、しばらくで東海自然歩道と、棚山を経て宇連山に向かう道との**分岐**になる。左折すると樹林帯の中によい道が続いている。750㍍以上のピークの3つ目が棚山最高点だが、展望はない。

やや下り気味に歩くと678㍍付近に東海自然歩道との**連絡路**がある。さらにその先で、大きな岩に前途を塞がれる。岩の天辺に御料局三角点が彫られていて、岩全体が三角点の展望台になっている。ただし、岩登りの心得のない人には危険なので登攀しないこと。

しだいに見上げるような急坂になる。829㍍のピークに立ち、緩やかに登り返すと県民の森からの道に出合う**棚山分岐**に着く。左折すれば山頂へあとひと息だ。

■鉄道・バス
往路・復路＝JR飯田線三河槙原駅から徒歩15分のモリトピア愛知以外は、マイカーが一般的。

■アクセス
川売へは新東名高速道路新城ICから20㌔、35分。モリトピア愛知へは、新東名高速道路新城ICから14㌔、20分、三遠南信道路鳳来峡ICからは5㌔、4分。仏坂峠へは新東名高速道路新城ICから20㌔、40分。

■登山シーズン
四季を通して登山可能である。

■アドバイス
▽新緑、紅葉ともにすばらしい。三河地方特有のホソバシャクナゲは4月下旬〜5月初旬に開花する。
▽モリトピア愛知（☎0536・32・1262）は宿泊や立ち寄り入浴ができる。他の山と合わせて登山を楽しむとよい。
▽温泉は湯谷温泉の鳳来ゆ〜ゆ〜ありいな（☎0536・32・2212）がある。

■問合せ先
新城市役所鳳来総合支所☎0536・22・9931、新城市観光協会☎0536・29・0829

■2万5000分ノ1地形図
海老・三河本郷・三河大野・熊

宇連山山頂からの眺めはよい。奥三河でいちばんの秀峰・三ツ瀬明神山がピラミダルな山容で眼前に迫る。

休憩後は北の仏坂峠への道に入り、途中に棚山高原に周回する分岐で左折して下る。**林道**に下り立ち、そのまま林道をたどれば**登山口**まで戻れる。

Ⓑ愛知県民の森コース

モリトピア愛知から大津谷林道を歩く。春は新緑やシャクナゲの花が見られ、秋は紅葉が美しい。

谷が狭まってくると分岐のある**林道終点**も近い。あずまやがあり、道標も設置されている。谷沿いの山道に入ると、右に亀石の滝を見る。急坂を登ると尾根の背に着く。しばらく行くと小さなあずまやがある。ここから植林内の山道を登る。北尾根分岐を通過すると、すぐに**西尾根に合流**する。右折して744メートルの**北尾根分岐**を通過、急登にあえぐと**棚山分岐**に着く。ここからは**宇連山**は近い。

下山は**北尾根分岐**で左折。**大幸田峠**に着いて、大津谷林道へは南(右)へ下る。**モリトピア**へは林道をたどるのみだ。

Ⓒ仏坂峠コース

宇連山と仏坂峠を結ぶ長い稜線は、少なくとも8ヶ所のピークがあり、アップダウンの多い難コースである。

仏坂トンネルの入口が仏坂峠の**登山口**。駐車場と荒れたトイレがある。登り着いた**仏坂峠**には漢詩の石碑や石仏、馬頭観音、役行者の碑が並んでいる。

峠からはいきなり急登だ。杉の美林の中を喘ぎながら高度を上げると841メートルの最初のコブに着く。**海老峠**に下り、838メートル、788メートル、882メートルとコブを越えると、川売側が明るく伐採されている。

棚山への分岐に着くと、道には川合国有林の看板がある。川合とは東面の宇連側のこと。少し傾斜を増した山道を登ると**宇連山**山頂である。

山頂の眺めを楽しんだあとは往路を戻る。（西山秀夫）

CHECK POINT―Ⓐ川売コース

1 川売からの林道終点。ここから右の登山口へ

2 棚山高原。バンガロー跡の前を通っていく

3 天辺に御料局三角点が彫られた大きな岩塔

4 宇連山山頂。北東～南東の展望が得られる

CHECK POINT―Ⓑ愛知県民の森コース

1 出発点のモリトピア愛知。宿泊もできる施設

2 新緑や紅葉が美しい亀石の滝

3 北尾根分岐。山頂へは左に向かう

4 北尾根上の大幸田峠。ここで尾根と分かれて右へ

CHECK POINT―Ⓒ仏坂峠コース

1 仏坂峠登山口からは階段を登って峠を目指す

2 狭い鞍部の仏坂峠。古い石仏が祀られている

3 海老峠の道標。左右の道は廃道で通れない

4 右に棚山高原への道を見送って、宇連山山頂へ

Aは川売コースのCHECK POINT番号です
Bは愛知県民の森コースのCHECK POINT番号です
Cは仏坂峠コースのCHECK POINT番号です
国道473号、神田へ
仏坂峠
622
仏坂峠登山口
515m
Start Goal
東海自然歩道
海老峠
峠道は廃道になっている
仏坂峠コース
棚山への分岐を左に
宇連山
930
設楽町
棚山分岐
林道出合
北尾根分岐
744
大幸田峠
北尾根
空地に3〜4台駐車可
トイレはない
川売コース登山口
560m
川売
バンガロー跡
棚山高原
副川分岐
瀬戸岩分岐
瀬戸岩
瀬戸岩往復 0.20
東海自然歩道と棚山との分岐
「東海自然歩道ではありません」の道標
棚山758mピーク下
林道連絡路入口
東海自然歩道連絡路入口
西尾根出合
林道終点
滝尾根
亀石の滝
モリトピア愛知
135m
愛知県民の森コース
新城市
槙原
三河槙原駅
JR飯田線
名号、鳳来峡ICへ
鳳来寺山へ
新城駅へ
鳳来湖
1:40,000

28

鳳来寺山

真言宗の名刹・鳳来寺と鳳来山東照宮を抱く歴史の山

ほうらいじさん　684m
コース最高点　695m（瑠璃山）

日帰り

歩行時間＝4時間55分
歩行距離＝7・0km

技術度　体力度

コース定数＝20
標高差＝503m
累積標高差　↗808m　↘808m

門谷駐車場からは鳳来寺山の全景が見られる

鳳来寺山は、三東照宮のひとつ、鳳来山東照宮（とうしょうぐう）の名で知られた山である。松平広忠の夫人・於大の方（伝通院）が鳳来寺薬師如来に祈願して家康が生まれたといわれ、その因縁により、3代将軍家光が造営したもので、国の重要文化財に指定されている。

徳川家光の命により1650年に建てられた仁王門。正面の額は光明皇后が書いたものと伝えられている

参拝客の多くは、鳳来寺スカイラインから東照宮の駐車場まで車で入っているが、登山を楽しむなら、表参道の**門谷（かどや）駐車場**から歩くことにしよう。門前町の風情を楽しみながら歩いていくと、

こがらしに岩吹きとがる杉間かな
夜着ひとつ祈り出して旅寝かな

と詠まれた芭蕉の句碑を右に見る。ほどなく鳳来寺山の大きな石柱の立つ**参道入口**となる。芭蕉もこの鳳来寺山を訪れたという。

石段は鳳来寺まで1425段ある。3分の1ほど登ったところには、家光の命により慶安3（1650）年に鳳来山東照宮とともに造営された鳳来寺**仁王門**と仁王像が堂々とした姿を現す。さらに進んで「銘木百選」にも指定された

■鉄道・バス
往路・復路＝JR飯田線本長篠駅から豊鉄バスで鳳来寺バス停下車。門谷駐車場へ徒歩約10分。

■マイカー
新東名高速新城ICから国道151号を経由、県道32号を北上、鳳来寺山の門前町のある門谷駐車場へ。

■登山適期
年間を通して楽しめる。東照宮、鳳来寺本堂までは常に観光客が多く、特に紅葉シーズンは人気。鳳来寺山は鮮やかな景色に彩られる。

山門の紅葉が美しい。自然科学博物館や芭蕉の句碑など見どころも多い

■アドバイス
▽参道沿いにある鳳来寺山自然科学博物館では、鳳来寺山周辺の動植物の生態を見ることができる。
▽日帰りの入浴施設としては、湯谷温泉駅から10分ほどの国道151号沿いに鳳来ゆ〜ゆ〜ありいな（☎0536・32・2212）がある。

■問合せ先
新城市役所鳳来総合支所☎0536・22・9931、豊鉄バス新城営業所☎0536・24・1141

■2万5000分ノ1地形図
三河大野

傘杉（かさすぎ）が大きな姿を見せる。静かな山門に歴史の深さを感じながら、一段ずつ登っていく。

参道両脇の僧坊を通り抜けると、**鳳来寺本堂**に着く。利修仙人が開山したと伝えられる鳳来寺は、702年、文武天皇の病気平癒を祈願し、利修が鳳凰に乗って参内、加持祈祷が奏功し、みごと快癒したことから、伽藍が建立されたという。本堂は寄棟の建物で、現在は真言宗の寺院として参拝者を集めている。

山頂から10分も歩くと瑠璃山に着く。展望が開けていて奥三河の山並みが美しい

鳳来寺山、瑠璃山（るりやま）へは本堂の裏から登る。六本杉、**奥の院**と、登山道らしくなった道を登っていくと、道標のある**鳳来寺山**山頂に着く。2000万年から1500万年前までの間に、いく度かの噴火を重ね、石英安山岩や松脂岩などでできた山で、山頂は眺望に乏しいものの、徒歩10分ほど北にある**瑠璃山**からは、宇連山（うれやま）、三ツ瀬（みつせ）明神山（みょうじんやま）の景観が楽しめる。

充分休息をとったら、帰りは尾根沿いの

CHECK POINT

1 鳳来寺山の参道は門前町の風情が漂い、懐かしさを感じさせる

2 「銘木百選」に選ばれた傘杉。大きすぎて写真に納まらないほど

3 僧坊のある参道を上がると鳳来寺本堂に着く。正面には休憩がとれる大きなあずまやもある

4 鳳来寺山山頂は展望がない。夏の暑い日には樹林の木陰が涼しい

5 天狗岩の上に立つあずまやは壊れかけていて利用できないが、ここからの見晴らしもよい

6 鳳来山東照宮の修復は徳川家光にはじまり、家綱の代までかかって完成したという。観光客、登山者でにぎわう

道を、あずまやのある天狗岩に向かおう。**天狗岩**からは富幕山や浜松市内が見わたせる。途中、分岐から**鷹打場**へ回って景色を楽しもう。

もとの道に戻り、艶やかな色彩の東照宮に向かう。**鳳来寺本堂**からは、石段を下って門谷駐車場へ戻るのもよいが、馬の背岩展望台のコースを歩いてみたい。**馬の背岩**展望台からの最後の景観を満喫して下山しよう。**仁王門**手前で石段に合流し、**門谷駐車場**に戻る。

（志水龍雄）

鷹打場の張り出した岩場は格好の休憩のポイントで、里山の静けさが充分に満喫できる

注：馬の背コースは2024年6月現在土砂崩れのため通行止め。鳳来寺本堂からは往路を仁王門方面へ下る。

1:20,000
0 500m
棚山高原、宇連山へ
東海自然歩道
瑠璃山 695
鳳来寺山 684
奥の院
六本杉
天狗岩
577
鷹打場
450
鳳来寺本堂
鳳来山東照宮
馬の背コースは2024年5月現在通行止め
馬の背岩
新城市
傘杉
仁王門
参道の石段が続く
表参道登山口
芭蕉の句碑がある
鳳来寺山自然科学博物館
門谷駐車場 192m
Start Goal
鳳来寺山パークウェイ
行者越
湯谷温泉駅へ
田峯へ
鳳来寺バス停
鳳来寺バス停〜門谷駐車場間 徒歩約10分
本長篠駅、国道151号へ
239
325
327
297
360
369
409
592

29

本宮山（表参道）

豊橋平野のどこからも仰がれた「穂の国」のシンボル

ほんぐうさん（おもてさんどう）
789m

日帰り

歩行時間＝3時間45分
歩行距離＝9・0km

技術度
体力度

コース定数	＝19
標高差	＝702m
累積標高差	↗890m ↘890m

↑山麓から眺めた本宮山（砥鹿神社奥宮の立つピーク）

←山上公園から眺める本宮山

本宮山は新城市、岡崎市、豊川市にまたがる美しい山容の山で、「三河富士」ともよばれている。南の扇状地には水田や畑が広がり、豊かな実りを育んでいる。本宮山から流れ出た宝川などの支流が、山麓の水田をうるおしながら豊川へ合流している。古代より山麓からの端正な山容が農業のめぐみをもたらし、信仰の対象となったのもむべなるかなと思う。砥鹿神社奥宮の約7キロ真南に砥鹿神社があり、「三河一宮」になっている。

山上には780メートル台のピークが2ヶ所あり、標高約780メートルが砥鹿神社奥宮のあるところだ。真北に電波施設などが林立する789メートルの一等三角点の埋まる山頂がある。どこからも見える信仰の対象であること、山容の美しさ、ほどほどの高さで登りやすいこと、山頂からの眺めのよさなどから、愛知県を代表する名山である。

本宮山への登山道は多数あるが、南麓からの表参道が昔も今も常に登山者が往来する人気コースである。上長山に建つ一丁目の鳥居が登山口になる。車利用の場合はウォーキングセンターや周辺の駐車場を利用するとよい。ウォーキングセンターにトイレがあるので、休憩がてら本宮山の登山情報を入手していこう。

ウォーキングセンターを出発、**一丁目の鳥居**をくぐって登山道に入る。砥鹿神社奥宮の五十丁まで

■鉄道・バス
往路・復路＝JR飯田線豊川駅前から豊鉄バス本宮の湯行きに乗車、所要25分の終点下車。1日4便。もしくはJR飯田線長山駅から車道を徒歩で2・2キロ、30分。

■マイカー
ウォーキングセンターへは東名高速豊川ICから新城方面へ10分。新東名高速新城ICから豊川方面へ25分。

■登山適期
四季を通じて登られている。

■アドバイス

小刻みに道標が整備されているので、道迷いの心配はない。植生は全体的に照葉樹林で覆われ、これに落葉広葉樹が混じる。林道周辺では杉の植林が占める。樹林がちの登山道で、展望は樹林の切れ目とか展望台のあずまやに限られる。

境内に入ると鉾杉が天にのびる社叢林になる。二十一丁目と四十丁目で**林道と交差**する。四十丁目の先にお清水舎が建つ湧水があるので、のどをうるおしていこう。ここから階段道が続く。「是より霊峰本宮山砥鹿神社第一神域」の看板があり、神杉の森となる。

天の磐座をすぎると**砥鹿神社奥宮**に着く。御神木も見ておこう。登山道は右手に続き、社務所、休憩舎があり、ひと休みできる。赤い鳥居をくぐり、広い道を行くと本宮山スカイラインにかかる橋を渡る。最後の登りを頑張ると三角点の埋まる**本宮山**山頂だ。好天に恵まれれば、富士山、南アルプス、三河の山々、豊橋平野など、大展望が広がっている。

下山は往路を戻る。（西山秀夫）

CHECK POINT

1

表参道の鳥居（登山口）。本宮山への第一歩はここがスタートになる

2

表参道のお清水舎。表参道の貴重な水場でのどをうるおしていこう

3

砥鹿神社奥宮。表参道はここで終わるが、山頂への登山道は右手に続く

4

参道の大鳥居。本宮山スカイラインを車できた参拝者はここから入る。近くに富士山遥拝所もある

5

本宮山スカイラインをまたぐ赤い橋を渡って本宮山山頂域に向かう

6

本宮山山頂標識と1等三角点。広場になっていて、鳥居や案内板も立っている

▽山頂にある砥鹿神社奥宮の祭神は大己貴命（大国さま）。かつて本宮山に祀られていたが、約1300年前の大宝年間に豊川市一宮町に里宮ができ、里宮と本宮山奥宮の二社で「三河國一宮砥鹿神社」として広く多数の信者を集めている。

▽奥宮では1月15日に五穀豊穣を祈願する粥占祭りが行われる。

▽山頂には展望のよい山にふさわしく、1等三角点本点が埋設されている。そばにある緯度経度を天文測量する天測点（1956年設置）は全国に47ヶ所しかない貴重なもの。愛知県ではここだけである。

▽『新日本山岳誌』（ナカニシヤ出版）によると、別称として「穂の山」「本茂山」「砥鹿山」などが紹介されている。「穂の山」は古い時代の国名から、「本茂山」は登山口の一宮町の旧地名、宝飯郡本茂村に由来する。「本宮山」「砥鹿山」は、山頂に砥鹿神社奥宮が置かれていることから名づけられたものだ。

▽ウォーキングセンター近くに日帰り入浴施設の天然温泉本宮の湯（☎0533・92・1860）がある。

■問合せ先
ウォーキングセンター☎0533・93・7961、豊鉄バス新城営業所☎0536・24・1141

■2万5000分ノ1地形図
新城

—サブコース—本宮山上周回コース

山頂に立って眺望を楽しんで下山してもよいが、本宮山の魅力はそれだけではない。山上周辺をめぐる2つのコースを紹介しよう。

①国見岩と岩戸神社コース

山頂から本宮山ふるさと自然公園のあずまやまで下り、馬の背平の道標にしたがって進むと鳥居がある。階段を下ると2つ目の鳥居があり、右手が国見岩だ。説明板があるので読んでいこう。岩戸神社へは国見岩の右から階段の歩道が下っている。神社に参拝したら往路を戻ろう。信仰の山の起源を知るコースだ。

国見岩。岩戸神社へはここから右に女道の階段を下りていく

岩の割れ目の奥にある岩戸神社。大己貴命が祀られている

②国見岩から本宮山林道に下る

国見岩から急斜面につけられたジグザグの歩道を転落に注意しながら下ると、林道方向を示す道標が立っている。宝川から登ってくる道との合流地点だ。足もとに注意しながらしっかりした踏跡を下ると、広い本宮山林道終点に下り立つ。林道をそのまま歩いて下れば表参道の四十丁目と合流する。しばらく林道を行くと左急斜面に歩道が見える。そのまま歩道を行けばあずまやの前に出る。歩道から分岐で右折すれば社務所を経て砥鹿神社奥宮に行ける。国見岩に戻りたい場合は、歩道から分岐で左折すると小さな池を経て山腹の水平道を行くと鳥居に戻る。豊かな自然と静寂さを存分に味わうことができる。

（西山秀夫）

ふるさとしぜんの道の道標。林道へ下るポイント

林道から表参道に出合う

表参道から国見岩と岩戸神社へ行く参道の鳥居

登山口
宮崎小
岡崎東IC、本宿駅へ
くらがり渓谷バス停
闇苅渓谷遊歩道入口
キャンプセンター
猿飛び橋
直進しないように
みかえり橋
くらがり山荘
大日山
651
662
花の木広場
キャンプ場
もみじ橋
340
闇苅渓谷遊歩道
鳴瀬橋
462
551
597
風頭山
踏跡がしっかりしてくる
255
630
翁橋
655
一膳飯休憩場
鹿鳴橋
492
295
岡崎市
549
楓橋
NTT電波塔
植林内の山道
馬の背平
国見岩
岩戸神社
鳥居
本宮山
789
本宮山ふるさと自然公園
スカイラインを跨ぐ赤い橋を渡る
社務所、休憩所
砥鹿神社奥宮
あずまや
本宮山スカイライン
776
670
725
556
638
561
641
542
338
202
229
501
作手へ
野郷
戸津呂
新城市街へ
国道301号、新城市街へ
N
0
500m
1:35,000

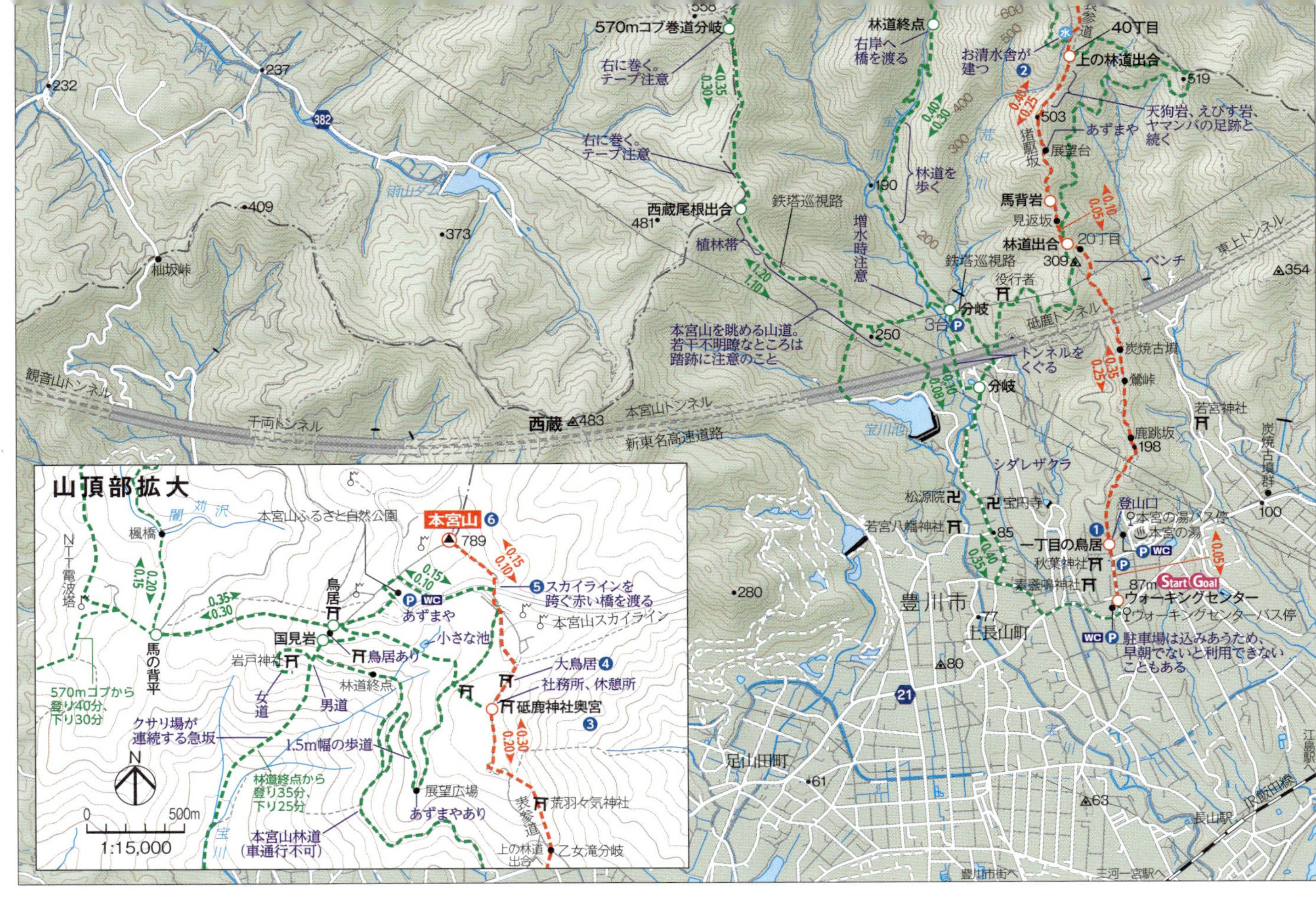
570mコブ巻道分岐
右に巻く。テープ注意
林道終点
右岸へ橋を渡る
お清水舎が建つ
40丁目
上の林道出合
天狗岩、えびす岩、ヤマンバの足跡と続く
あずまや
展望台
猪鼻坂
林道を歩く
右に巻く。テープ注意
西蔵尾根出合
鉄塔巡視路
植林帯
増水時注意
馬背岩
見返坂
林道出合
20丁目
ベンチ
鉄塔巡視路
役行者
分岐
3台
本宮山を眺める山道。若干不明瞭なところは踏跡に注意のこと
トンネルをくぐる
炭焼古墳
分岐
鷲峠
観音山トンネル
千両トンネル
西蔵
483
本宮山トンネル
新東名高速道路
東上トンネル
砥鹿トンネル
宝川池
若宮神社
鹿跳坂
198
シダレザクラ
炭焼古墳群
松源院
宝円寺
登山口
本宮の湯バス停
本宮の湯
若宮八幡神社
一丁目の鳥居
秋葉神社
素盞嗚神社
87m
Start Goal
ウォーキングセンター
ウォーキングセンターバス停
駐車場は込みあうため、早朝でないと利用できないこともある
豊川市
上長山町
足山田町
長山駅
JR飯田線
豊川市街へ
三河一宮駅へ
江島駅へ
山頂部拡大
本宮山ふるさと自然公園
本宮山
789
NTT電波塔
楓橋
馬の背平
鳥居
あずまや
スカイラインを跨ぐ赤い橋を渡る
本宮山スカイライン
国見岩
小さな池
鳥居あり
岩戸神社
林道終点
女道
男道
大鳥居
社務所、休憩所
砥鹿神社奥宮
570mコブから登り40分、下り30分
クサリ場が連続する急坂
1.5m幅の歩道
林道終点から登り35分、下り25分
展望広場
あずまやあり
荒羽々気神社
表参道
本宮山林道（車通行不可）
上の林道出合へ
乙女滝分岐
1:15,000

30

京ヶ峰・音羽富士

「日本の原風景」として人気のホタルと名水の里山へ

きょうがみね 442m
おとわふじ 381m

日帰り

歩行時間＝3時間45分
歩行距離＝7.0km

技術度 ■□□□□
体力度 ■□□□□

コース定数	＝**16**
標高差	＝252m
累積標高差	↗690m ↘690m

↑登山道から見る音羽富士。端正な形が富士に見える

←岡崎市ホタル学校。ホタルの生態や自然環境について、パネル展示などで楽しく学習できる

鳥川町は岡崎市東部の山あいに位置する町で、「鳥川ホタルの里」として知られている。ゲンジボタルが生息する貴重な地域で、6月中旬には1000匹を超えるホタルが里中を飛び交い、幻想的な景色を楽しむことができる。加えて随所で湧水や石仏が数多く点在する自然と文化の魅力いっぱいの里山を歩いてみよう。コースはよく整備されていて、標識も多く、安心して登れる。また、途中の小さなピークには蛍の鐘や、子供たちが名づけた山名を記した標柱があって楽しい。

鳥川町に入ったら、まず岡崎市ホタル学校かインフォメーションコーナーで散策マップを入手し、**白髭八柱神社**に駐車する。少し車道を戻って、新東名高速道路をくぐった先の「トヨトミ梨」のところが登山口だ。最初のピーク、**愛宕山**からは本宮山や三河湾が展望できる。

すぐに分岐となり、快適な稜線歩きがはじまる。しばらく行くと見晴場で、ベンチがあり、三河湾を俯瞰しながら休憩するのに最適である。

行程中最も標高の高い**京ヶ峰**は、残念ながら展望はない。この

■鉄道・バス
往路・復路＝名鉄名古屋本線本宿（もとじゅく）駅で下車、バス便は少ないので、タクシーを利用する。

■マイカー
名古屋方面からは、新東名高速道路岡崎東ICから、国道473号、県道37号と進み、「岡崎市蛍学校」の道路標識のある交差点で右折し、県道377号に入る。白髭八柱神社の駐車場にはトイレもあり、大きな看板で山歩きコースが紹介されている。

■登山適期
一年を通じて登山可能。

■アドバイス
▽鳥川ホタルの里湧水群は、「平成の名水百選」に認定され、平成28年に行われた人気投票では、秘境地部門で全国一位になっている。名水は何箇所かあって、探してみるとよい。
▽ホタルシーズンの夜間は、道路、駐車場が大変混雑する。

■問合せ先
岡崎市ホタル学校☎0564・82・3027、岡崎市役所額田支所☎0564・82・3100、岡陸タクシー☎0564・53・5411

■2万5000分ノ1地形図
御油

先、もう1箇所の見晴場をすぎ、平成の大崩れに着く。名古屋方面の展望が広がり、すぐ真下を通る新東名高速道路のトンネル出口を間近に見ることができる。

登山道は小さなアップダウンを繰り返しながら稜線を進む。沢山をすぎると再度展望が広がり、三河湾や渥美半島を見わたすことができる。

鞍部からひと登りすると、最後のピーク、**音羽富士**に着く。展望は南方向に三河湾、田原方面が見え、しばらく休憩していこう。

下山は古坂峠から左に下り、人工林の中を抜けるとやがて車道に出る。名水の庚申の水を見学したら、出発点の**白髭八柱神社**はわずかの距離だ。

（北折佳彦）

CHECK POINT

出発点の白髭八柱神社。駐車場には山歩きコースを紹介する看板がある

岡崎市の天然記念物に指定されているトヨトミ梨。固くて食べられないが、直径2ｾﾝﾁほどの実をつける

見晴場。三河湾を見わたしながら、ゆっくり休憩したい

広々とした京ヶ峯山頂には、ホタルの鐘や案内標識がある

音羽富士山頂。一角に子供たちがつくった鐘がある

「名水百選」の庚申の水。白髭八柱神社の近くにあり、下山時に立ち寄りたい

31

吉祥山

森林浴と多くの植物に出会える特異な岩質の山

きちじょうさん
382m

日帰り

歩行時間＝2時間20分
歩行距離＝3・7km

技術度

体力度

コース定数＝**10**

標高差＝339m

累積標高差 ↗426m ↘426m

名古屋方面から東名高速道路を走り、豊川ICが近づいてくると、正面左手に円錐状の端正な山が見えてくる。これが吉祥山だ。かつては山火事などで荒廃していたが、

愛知県の生活環境保全事業の一環として「月の森」として整備され、「花の森」「昆虫の森」など複数のブロックに分けられ、それぞれの特色が表現されている。

↑豊川の河川敷から望む吉祥山

総合案内板には吉祥山の由来や花の森など、各ブロックとして区分されている地域が示されている

豊川ICを降り、国道151号を北進、一宮町豊の交差点を右折して県道380号に入り、直進。金沢交差点をすぎて、石巻西川地区工業団地の入口に吉祥山の休憩所が案内されている。休憩所には吉祥山の案内板やトイレもあるので、身支度を整えることにしよう。休憩所や登山道は地元のボランティアによって整備されている。

登山道Aコースは休憩所入口の右側が**登山口**だ。尾根道となっていて、よく整備されているので、迷うことはない。春ならキンラン、初夏ならササユリの花など、四季折々の季節の草花を楽しみながら登っていこう。距離を示す道標もあるが、途中いくつか出合う送電**鉄塔**で位置を確認していくとよい。

防火水槽をすぎると急坂が待っ

■**鉄道・バス**
往路・復路＝JR飯田線江島駅から徒歩1時間ほど。バス便は期待できない。

■**マイカー**
東名高速豊川ICから国道151号、県道380、381号を通り登山口へ。登山口に約15台駐車可。

■**登山適期**
真夏を除く各時期。

■**アドバイス**
▽県内では稀な角閃石片岩で構成されているため、この岩質に適合した植物を見ることができる。

吉祥山の早春の代表花、キンラン

▽標高300メートル以上は、愛知県自然環境保全地域に指定され、「月の森」と称されている。
▽多くの登山道が通っており、地形図などで充分に現在地を確認したい。
▽立ち寄り湯は本宮の湯（☎0533・92・1880）がある。

■**問合せ先**
豊橋市役所☎0532・51・2111

■**2万5000分ノ1地形図**
新城

ているが、ひと登りで**吉祥山**頂上だ。広々としていて、遠く南アルプスの山々や三河湾を一望にすることができ、冬の晴れた日には富士山まで望むことができる。また、愛知県内では稀といわれている角閃石片岩の露頭を見ることもできる。

下山はCコースに入ろう。急坂を充分に注意して下りていくと、山名の由来となった**吉祥天女の祠**に出合う。周囲をシイの大木に覆われた荘厳な雰囲気の中に祀られている。

道を左にとり、整備された登山道をつづら折りに下っていくと、ログハウス風の作業小屋に出合う。きれいな小屋で、急な天候の異変などの避難に役に立つ。この先、左に山腹を横切って、整備された登山道を行くと**総合案内板**があるAコースに出て、**登山口**に下っていく。

（山本宜則）

CHECK POINT

登山口の休息所には駐車場・トイレがある。また吉祥山の自然を紹介している写真なども置かれている

総合案内板のところにはベンチも置かれているので、説明書きを読みながらひと休みするのもよいだろう

頂上からは、近くは弓張山脈（湖西アルプス）や本宮山、遠くは南アルプスも望むことができる

頂上に露頭している愛知県では珍しい角閃石片岩。詳しい説明板も設置されている

吉祥山の名前の由来ともなった吉祥天女が祀られている祠。周囲はシイの大木で覆われている

ログハウス風の作業小屋、突然の天候の変更時などに避難小屋として利用できる

32

東海のミニ尾瀬から豊橋自然歩道を歩く

神石山

かみいしやま　325m
コース最高点　404m（赤岩尾根分岐付近）

日帰り

歩行時間＝8時間10分
歩行距離＝19・0km

技術度
体力度

コース定数＝33
標高差＝354m
累積標高差 ↗1202m ↘1202m

県道31号から眺めた石巻山。左の山並みが歩いてきた稜線

伊那谷から南下した中央構造線は、赤石山脈の南端の弓張山地を経て西へ向きを変える。この周辺も秩父帯の地質と見られ、固い岩盤が骨格のように山稜をなしている。神石山はかつて航空灯台のあった1等三角点の山。同じ1等三角点の本宮山や富幕山などと並び全国に14ある三角測量の基線のひとつ、三方原基線に近接する、日本測量史上重要な山だ。一方の石巻山は「神山（みわやま）」ともよばれた、石灰岩の地質の山である。

岩崎自然歩道入口の駐車場から湿原への歩道を行く。葦毛湿原で左右に道が分かれる。どちらを行ってもよいが、ここでは右の木道に入る。続いて、NHK二川中継所の案内に導かれ、木道を終点まで登る。灌木に覆われた山道を登ると明るい桧林になる。途中で右へ急登する分かれ道があるが、道標はない。そのまま行くと小沢を渡り、すぐに湿原からの道に合流する。一息峠に登り着き、さらに主稜線を目指す。緑濃い照葉樹林の道は快適だ。豊橋自然歩道へ突き上げる階段道を登ると弓張山地の主稜線だ。夏はヤブ蚊が多い。

ちょっとした登り坂を行けば樹林を抜け出て、豊橋平野、湖西が見わたせる。ほどなく**NHK二川中継所**に着く。立木が成長して展望は以前のようにはいかない。

中継所をあとにしたら、小さなアップダウンを繰り返し、舟形山、**普門寺峠**までは軽快な尾根道だ。傾斜が増して、息が上がるようになると**神石山**山頂に到着する。1等三角点の山ながら、展望は東半分に限られ、豊橋方面が見えないのが惜しい。静岡県側は「湖西連峰」の名に恥じない浜名湖のすば

■鉄道・バス
往路・復路＝JR豊橋駅、名鉄新豊橋駅から赤岩口行き豊鉄バスで岩崎・葦毛湿原下車。所要約20分。バス停から葦毛湿原へは徒歩20分。下山後は石巻登山口バス停から豊鉄バスで豊橋駅へ戻ることもできる。

■マイカー
東名高速道路豊川ICから国道151号、362号、県道31号、4号で道標にしたがって葦毛湿原の駐車場へ。

■登山適期
通年。シラタマホシクサの開花は初秋。

■アドバイス
▽2台の車で出かけ、石巻山に1台駐車すれば、葦毛湿原駐車場までの徒歩は省略できる。
▽葦毛湿原に車を停めた場合、石巻登山口バス停から、豊鉄バス豊橋駅行きに乗り、前田二丁目バス停で赤岩口行きバスに乗り換え、岩崎・葦毛湿原バス停まで行くこともできる。
▽22年に豊橋自然歩道のパトロールの維持ができず利用停止が報じられたが、ボランティアの申し出で多くが存続された。ただし静岡県側の普門寺への歩道2本は通行不可。

■問合せ先
豊橋市役所☎0532・51・2111、豊鉄バス豊橋営業所☎0532・44・8410

■2万5000分ノ1地形図
豊橋・二川

豊橋市中原町の立岩の頂上から眺めた神石山。右は嵩山

らしい景観が広がっている。

休憩後は、いくつもの小さなコブのアップダウンを繰り返しながら**多米峠**へ。オカトラノオが群生し、ササユリも咲く気持ちのよい峠だ。多米自然歩道を下れば県道4号に下りることもできる。

多米峠からは長くて急な登り坂を経て**赤岩自然歩道分岐**へ。左は多米町交差点に出て葦毛湿原への道。目指す豊橋自然歩道は右へ急旋回する。下ったり登ったりを繰り返すと、ようやく「石巻」の名前のある道標を見出す。**大知波峠**まで下ると草地で廃寺跡の石碑と案内板が立っている。浜名湖もよく見える快適な休み場だ。

峠の一角に長彦自然歩道の道標と、その上に石巻観光道路の道標がついている。左に林道のように広い山道が通じているので、これを下る。右にカーブする地点に豊橋自然歩道の分岐があるが、意味不明なので道路をそのまま下る。下りきったところに鉄柵があり、石巻山からの**林道（石巻観光道路）と合流**する。

二川ＴＶ中継所から眺めた豊橋平野

観光道路を、そのまま石巻山へ登り返すように歩いていく。石巻神社の**鳥居**から**石巻山**へ立ち寄っていこう。往復40分。

鳥居で石巻観光道路は終わり、石巻自然歩道支線になって車道まで下る。**間場登山口**を通って、県道31号に近づいたところで県道に行く。そのまま歩き、乗小路トンネルをくぐり、県道4号の交差点を左折。信号のある多米町交差点を右折して田園地帯を歩き、美容院の角を左折、2つ目の交差点を右折すれば、出発点の**岩崎自然歩道入口**の駐車場に戻り着くことができる。

（西山秀夫）

CHECK POINT

1 葦毛湿原の木道を歩いて弓張山地の稜線を目指す

2 岩崎自然歩道の階段を登り、主稜線からは二川ＴＶ中継所へ向かう

3 普門寺峠。神石山へは直進する

4 神石山の1等三角点。展望は東側に限られる

5 多米峠。左右のどちらにもエスケープできる

6 大知波峠の分岐。石巻山へは左の林道を行く

7 林道を下ったところで石巻観光道路と出合う

8 県道31号に開通した乗小路トンネル

愛知県
豊橋市
静岡県
湖西市
1:40,000
間場登山口～
石巻登山口バス停間
徒歩約15分
間場登山口
石巻町
石巻尾根
石巻神社
石巻山
358
往復0.40
鳥居
資料館
石巻自然科学
石巻小
三ツ口池
観光道路出合
石巻観光道路
大知波峠
石巻尾根分岐
廃寺跡
375
赤岩自然歩道分岐
400
林道出合
赤岩尾根
301
三角点
310
緑ヶ丘
乗小路トンネル
愛宕神社
赤岩寺
赤岩山緑地
107
多米町
多米トンネル
多米峠
265
豊橋自然歩道
多米自然歩道
多米町交差点
野添橋北交差点
多米西町
多米中町
多米東町
201
351
岩崎・葦毛湿原バス停
岩崎町
134
Start Goal 50m
岩崎自然歩道入口
葦毛湿原
湿原入口で道が左右に分かれる
一息峠
279
NHK二川中継所
主稜線に出る
座談山
舟形山城址
舟形山
276
普門寺峠
普門寺
鍋山
湖西の眺めがよい
325
神石山
234
214
東山（松松峠）
251
自衛隊射撃場
二川駅へ
新所原駅へ
知波田へ
石巻山口バス停
豊橋市街・豊川IC へ

33

日帰り

宮路山・五井山

四季楽しめる自然歩道を行く三河湾眺望の二山

みやじさん　361m
ごいさん　454m

歩行時間＝3時間49分
歩行距離＝11.5km

技術度
体力度

コース定数＝21
標高差＝399m
累積標高差　↗1055m　↘1055m

空気の澄んだ晩秋から春には真っ白な御嶽山が目を引く（宮路山への登路から）

宮路山、五井山は、三河湾眺望の山として、秋には紅葉の山として、地元で愛されている2山である。登山道も整備されていて、初心者や家族連れのハイキングで訪れても安全に登れることができる。今回は内山駐車場から宮路山に登り、五井山を往復するコースを歩いてみよう。

旧東海道に近い**内山駐車場**から階段上の獣除けフェンスを通過すると、**豊川市道宮路線を横切る**。遊歩道に導かれ、右手に尾根を見ながら山腹を行くと、トイレのある**第一駐車場**に着く。この先、沢沿いのドウダン展望コースをたどれば、りっぱなログハウスの休憩所を経て、登り終えると背後に真っ白な御嶽山を拝することができる。

すぐ先でいっきに南の視界が開けると**宮路山**山頂である。眼下に新幹線が行き交い、輝く三河湾の向こうは渥美半島、さらに水平線の彼方に遠州灘が一望できる。これから向かう五井山は西側の木々の影だが、尾根伝いの御堂山が同じ高さで見えている。

展望に満足したら五井山へ向かおう。宮路山自然遊歩道に導かれて進むと、右手に無線塔、林道の人工物が目に入るが、やがてひょっこりと峠から上がってくる林道に出る。数分この林道を行くと、左手に山頂を示す道標が現れ、木々の間を抜けると**五井山**山頂である。展望は宮路山より御堂山の西側を広く見る感じで、三河湾はいうまでもなく、柵に囲まれたNTT鉄塔跡地を北側に回りこめば、御嶽山や恵那山、さらに南アルプス南部の白い峰々が確認できる。山頂の三河湾に向けた草地で昼食を広げるのもよいだろう。

展望を満喫して往路を**宮路山**へ戻ると、陽の傾きが変わり、日の

■鉄道・バス
往路・復路＝名鉄名電赤坂駅が最寄り駅。この場合は、徒歩約20分の赤坂登山口から登るとよい。

■マイカー
東名高速道路音羽蒲郡ICから内山駐車場まで約10分。

■登山適期
春は4～6月の花の時期、秋・冬は特に11月末～12月初旬がよい。

■アドバイス
▽電車を利用する場合、縦走コースで歩くとよい。名電赤坂駅～赤坂登山口～宮路山～五井山～国坂峠～御堂山～砥神山東峰～砥神山西峰～砥神山登山口～JR三河三谷駅のコースがおすすめ。所要、約6時間のコースだ。
▽宮路山もみじまつりは毎年11月下旬の日曜に行われる。

■問合せ先
音羽商工会☎0533・88・2881
（宮路山もみじまつりも主催）

■2万5000分ノ1地形図
御油

短い秋などは先ほどとは違う趣がある。東に向かって下り、左手に**森林浴コース**を見て登り返すと**宮道天神社奥の院本宮**に着く。神社に向かって左手に「富士見スポット」の札がある。立つ地点の高低にかかわら

宮路山山頂。いっきに南側の展望が開け、光る三河湾が目に飛びこんでくる

内山駐車場。水場、トイレはないので図書館生涯学習会館（よらまいかん）周辺で準備していこう

ファミリー向けの宮路山遊歩道入口。横切った豊川市道宮路線を進めば第一駐車場まで車で入れる

第一駐車場にはトイレもあり、宮路山山頂へは15分で行ける。車10台駐車可

山頂に向かうドウダン展望コースにあるりっぱなログハウス調の休憩所

持統天皇行幸を記念したとされる宮路山聖跡の石碑がある宮路山山頂

宮路山山頂から東へ数分の宮道天神社奥の院本宮。新年には初詣の参拝者でにぎわう

ず、針の穴を通すように富士山を見つけたときは何か得した気分になるものだ。宝探しのようなポイント探しの山歩きもおもしろい。

分岐に戻り、森林浴コースを**第一駐車場**に向けて下り、登りで使った宮路山遊歩道を右下に見る尾根道を内山駐車場へ下山する。途中展望の丘のあずまやに立ち寄って展望を楽しむのもよい。

花の森・野鳥の森と通じるこのコースは随所に植物の紹介がされていて、季節の花が楽しめる。4～6月ならコデマリ（小手毬）やヤマツツジ（山躑躅）など、かわいい花が迎えてくれる。晩秋には「ドウダン」とよばれるコアブラツツジが山肌を真紅に染める。古く『万葉集』や『更級日記』にも詠われた花たちだ。地元ではこの時期に合わせて紅葉まつりを開催している。11月末～12月初旬の晴天の1日、三河湾の展望と紅葉を求めて登ってみてはいかがだろう。（渡邊泰夫）

五井山山頂。南向きに、広く三河湾、知多半島、はるか遠州灘を一望する

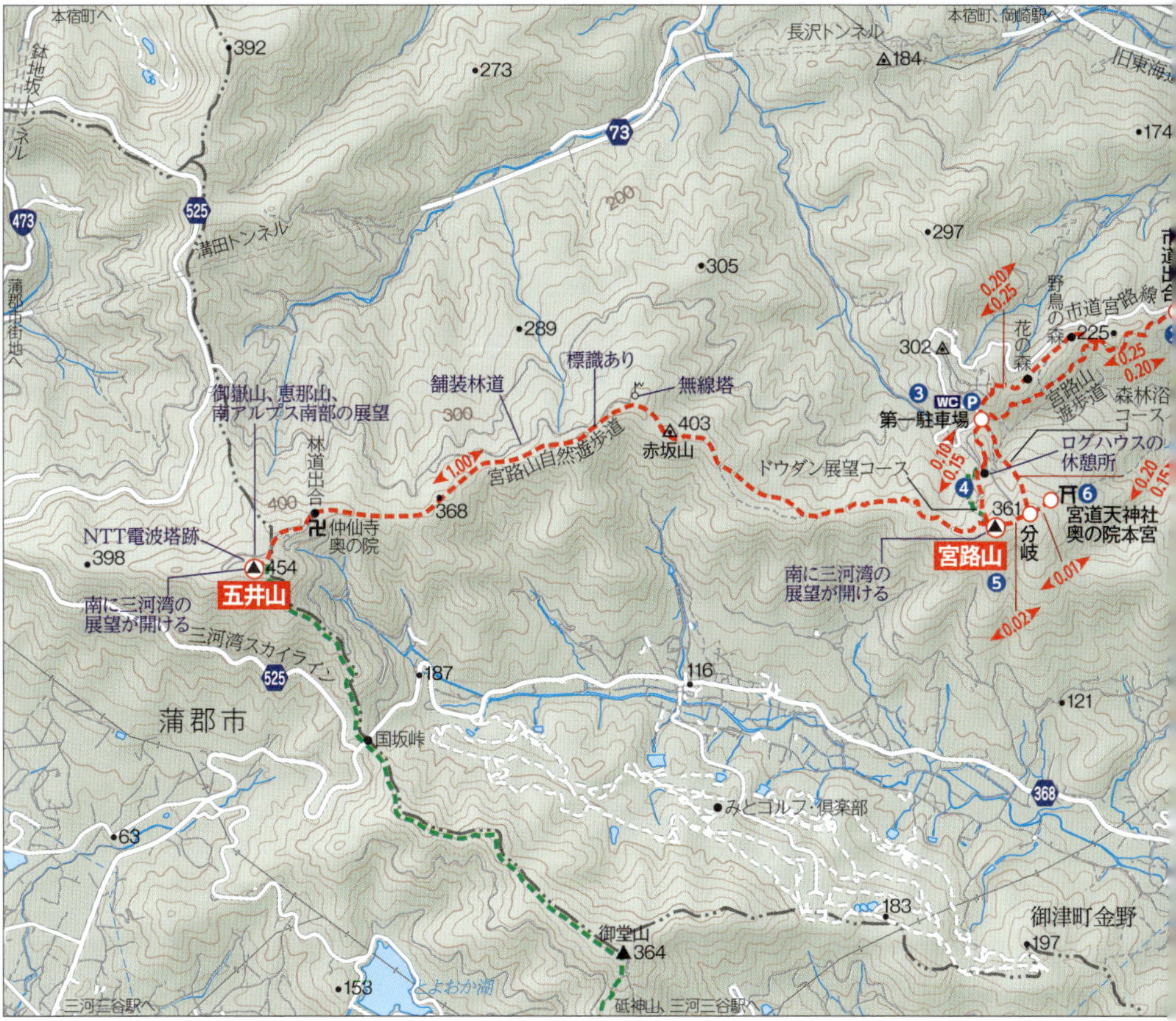

34

冬晴れの日には富士山も見える渥美半島の最高峰

大山

おおやま
328m

日帰り

歩行時間＝3時間10分
歩行距離＝6・2km

技術度
体力度

コース定数＝**13**

標高差＝258m

累積標高差 507m 507m

伊那谷から南下した中央構造線は、天竜川、宇連川、豊川と並行し、豊橋で西に向きを変え、渥美半島にいたっている。赤石山脈南端の弓張山地も、いったんは二川で平地になるが、田原で衣笠山が頭をもたげ、越戸大山に続いている。地質は古生層という固い地層で、岩の露頭が多く見られ、ウバメガシなどの照葉樹林がびっしり生い茂っている。その大山に登って太平洋の大海原を眺めるコンパクトなハイキング・コースを紹介しよう。

山麓から見上げる大山山頂となだらかな稜線

稜線付近で見られるウバメガシ

あつみ大山トンネル北口の駐車場が登山口となる。道標にしたがって、山側に沿った古い林道の廃道に入る。道は雨で荒れている。右に沢の音を聞くようになると細い山道になる。杉の植林だが、林床にはシダ類がびっしり生えて、西南日本の植生を思わせる。

傾斜が強くなると水音もはっきりしてくる。本流は右に分かれ、コース脇の枝沢はもうお湿り程度しかない。この分かれ際にフィックスロープが張られている。大山と椛峠を結ぶ稜線まで苦しい登りを強いられる。

夢中で登りつめた**稜線**の植生はいつしか照葉樹に変わっている。ウバメガシに代表される西南日本の樹種である。この先も急登が続くが、広いので歩きやすい。すぐに小広い平地に着く。左から大山神社の参道が登ってくると、1等三角点本点の**大山**山頂はすぐ先だ。以前は通信施設の向こう側に行けば好展望が得られたが、今は、

■**鉄道・バス**
往路・復路＝登山に利用できる電車、バス便はないので、一般にはマイカー登山者が多い。

■**マイカー**
東名高速道路豊川ICから国道151号、23号、259号などを利用してあつみ大山トンネル北口の駐車場へ。

■**登山適期**
真夏を除く通年。特に冬は晴天率が高く、富士山などの遠望が楽しめる。

■**アドバイス**
▽シデコブシの開花は3月なので、市役所などの情報をチェックしたい。
▽9～10月にかけて、サシバの渡りが見られる。田原市のホームページに渡りの案内がある。
▽健脚者なら大山～雨乞山の縦走もいいだろう。所要時間は休憩を入れて5～6時間といったところ。

■**問合せ先**
田原市役所☎0531・22・1111

■**2万5000分ノ1地形図**
野田

防護ネットで行けず、その代わりに鉄骨の展望台が建っている。

下山は、山頂からいっきに下る。往路の**稜線分岐**を直進、ところどころの突起した岩場で眺めを楽し見ながら、**臍岩**(へそいわ)、**狼煙山**(のろしやま)を経て鉄塔に出合うと**椛峠**はすぐだ。約15分で**シデコブシの自生地**に着き、徒歩25分で**駐車場**に戻る。（西山秀夫）

CHECK POINT

1 おおやまトンネル北口の駐車場から出発する(トイレはない)

2 ウバメガシの稜線に出ると道標がある

3 大山山頂の展望台。上がると、太平洋が見える

4 大山から椛峠への渥美半島横断自然歩道を臍岩に向かう

5 狼煙山から登ってきた大山を振り返る

6 椛峠で稜線を離れ、東にシデコブシ自生地に下る

―サブコース― 達磨岩とタコウド

県道2号から国道259号に入り、石神の信号で左折。和地で右折すると越戸大山が大きくそびえている。椛のシデコブシへ右折して**シデコブシの駐車場**に車を停める。椛峠へのコースは鉄塔巡視路の道を登る。最初の鉄塔まではやや急登だ。右に大きく見えるのは物見岩で右が雨乞山、左は狼煙山である。緩くなった山道を行く。

高圧電線の下の枝尾根から山腹の道になり、分岐で巡視路から右に細道を分ける。直進して急坂を登っていけば、ほどなく**椛峠**に立つ。続いて泉福寺からの道と出合い、急坂を行き、大岩を左から巻くと**稜線の分岐**に着く。まずは右に、雨乞山方向に行くと、すぐに達磨岩だ。大山がよく見える。**物見岩**まで行き、往路を戻って**分岐**を直進すると、弁当岩を経て**タコウド**へ。樹林に囲まれた三角点があるだけの静かな山頂だ。弁当岩まで戻ったら、しばらく周囲の展望を楽しんでいこう。**分岐**からは往路を戻る。

弁当岩からの展望。露岩は達磨岩、向こうは物見岩

35

三河湾に浮かぶミニ富士山と魚料理を堪能する

富士山（佐久島）

ふじやま（さくしま） 31m

コース最高点 38m（ひだまり広場付近）

日帰り

歩行時間＝2時間25分
歩行距離＝4・0km

技術度 体力度

コース定数＝7

標高差＝37m

累積標高差 ↗139m ↘139m

大島の岸辺から、大浦越しに眺めた富士山

佐久島は、三河湾に浮かぶ面積1・81平方㌔、海岸線11・8㌔の小島である。佐久島村から1954年に一色町に編入、2011年に西尾市に編入され、現在にいたっている。

島は標高20～30㍍台の丘状を呈していて、最高点は2等三角点（点名＝佐久島）の38・1㍍峰。紹介する富士山は、島の南に位置する31㍍の独立標高点である。静岡県の公式ホームページには、「全国ふるさと富士」が400座以上紹介されているが、その中で最も標高の低い富士山だ。

一色港から乗船し、佐久島の**東港渡船場**で下船する。船着場の近くに島全体の「佐久島お散歩案内図」と「富士山弘法道6～31番札所」と記された青い道標があり、これにしたがって歩いていこう。

狭い路地裏の道を歩くと竹林に入る。地道を登りきると島の稜線といった感じの道と交わる。道標の札所の番号は変わっていくので高い方の右へ行く。すると二岐になるが、どちらを行ってもよい。左は富士山に直接行き、右は若干遠回りとなる道だ。

右から回っていくと、小高い丘に浅間神社が建っている。冬にはたくさんのツバキが咲く場所だ。ここが**富士山**である。周囲は樹林に囲まれて、眺望はまったくない。

のんびり地道を歩くとセメント敷きの道になり、右へ枝道が分かれる。ここに入れば八剣神社への近道になる。神社からゆっくり下っていくと入ヶ浦の港に着く。再び山道を登ると**ひだまり広場**へと

■鉄道・バス

往路・復路＝名鉄西尾駅から名鉄バスで終点の一色さかな広場下車、所要27分、一色港から西尾市営渡船で佐久島東港渡船場へ。所要25分。

■マイカー

一色港へは東名高速岡崎ICが最も近い。名古屋近郊からは国道23号知立バイパスが便利。豊川市方面からは東名高速音羽蒲郡ICから国道23号を経由してもよい。国道247号から一色港への県道476号を走り、さかな広場の無料駐車場へ。

■登山適期

四季を通じて歩ける。冬は特に水がきれいで晴天に恵まれて暖かく、樹林はツバキが咲き、海岸沿いではツワブキ（石蕗）の花も見られる。

ヤブツバキ

北の海岸沿いに咲くツワブキの花

■アドバイス

▽宿やお土産店の情報は西尾市佐久島公式ホームページを参照。

▽フェリーは自転車の持ち込み可。島内でもレンタルできる。登山を終えたら、波ヶ崎灯台や白浜、外浦、与一の鼻をめぐるのも楽しい。

導かれる。ハイキング道を緩やかに乗越すが、三角点が気になる人は左のいちばん高いと思われるところを探すと2等三角点がある。ここも眺望はない。

下っていくと右に海が見える明るいところに出る。直進する道は椿ロードで、遠田山や大山、白山社などが案内図に紹介されているが、はっきりしたピーク感は得られず、終始樹林の中を歩くだけで眺望はない。ここは左折して**東港渡船場**に戻ることにしよう。

島の楽しみはなんといっても新鮮な魚料理にある。ハイキングは半日程度にして、事前に予約した民宿を訪ねて、料理を楽しむのもよいだろう。

（西山秀夫）

三河湾
外浦
白山社
遠田山 ▲35
佐久島
西尾市
与一の鼻
三角点 ▲38
ひだまり広場 6
展望台
高千谷
星の王子様
佐久島しおさい学校
常運寺
波ヶ崎灯台
波ヶ崎
西港渡船場
弁天サロン
佐久島クラインガルテン
佐久島漁港
白浜
大浦
大浦海水浴場
秋葉神社
入ヶ浦港
入ヶ浦
八剣神社
5 25
市街地
阿弥陀寺
民宿・食堂 1 1m
東港渡船場
Start Goal
2
3 富士山
4 浅間神社 31
大明神
大島 8
1.00
0.50
0.55
0.10
0.25
0.20
一色港、佐久島行き渡船乗り場へ
0 500m
1:25,000

CHECK POINT

1 佐久島渡船のはまかぜから降りる。一色港から25分で佐久島東港に着く

2 東港を出てすぐのところにある看板。案内にしたがって富士山弘法道へ向かう

3 富士山弘法道を歩く

4 富士山山頂の西直下に建つ浅間神社。ツバキは12月

5 八剣神社への近道

6 ひだまり広場

■問合せ先

西尾市役所佐久島振興課☎0563・72・9607、名鉄バス蒲郡営業所☎0533・68・3220、西尾市営渡船☎0563・72・8284（佐久島行き渡船乗り場）

■2万5000分ノ1地形図

佐久島

民宿で出されたゆでだこ。事前に予約が必要

36 スカイラインの通る山上からは三河湾の展望がみごと

三ヶ根山

さんがねさん　321m（350m／最高地点）

日帰り

歩行時間＝3時間40分
歩行距離＝11.5km

技術度
体力度

コース定数＝17

標高差＝318m

累積標高差 646m 664m

JR東海道本線三ヶ根駅を出たら、県道383号を左に進み、すぐの交差点で右に、県道322号に入る。深溝苅谷門の交差点を直進、500メートルほど緩い坂道を登ると、峠状の乗越しになる。右にホテルへの道を見送ったすぐ先に**登山口**の道標がある。県道から直接山道に入るので、入口を見落とさないよう、注意したい。

笹が刈られて幅2メートルくらいの細道が奥へ続いている。いったん谷の奥まった地点から尾根に取り付き、ジグザグの急坂を登ると、10分ほどで尾根に乗る。219メートルの標高点あたりから、前方に三ヶ根山の一角も見えてきて、登り下りを繰り返す。

山麓の形原漁港大橋からの三ヶ根山

展望地からの三河湾の眺め

一度軽く下って登り返すとコンクリートの建屋に着く。かつて愛知県で最初に開業した**三ヶ根ロープウェイの山頂駅跡**だ。跡地からは蒲郡市街地や三河湾を見下ろすことができ、すぐ近くに形原温泉に下る山道の道標がある。

三ヶ根山スカイラインに出たら、車に注意して横断し、ゆうとぴあ三ヶ根に行き、三ヶ根観音まで歩く。比島観音や数々の戦争慰霊碑を見て進むと**第1見晴台**に着く。

そのまま脇道を歩いて行くとアイシン精機の保養施設の前を通過してスカイラインに合流する。アサギマダラ飛来地の案内塔が建っていて、通過車両に注意しながら、再度スカイラインを横断する。荒廃した観光施設の前を通っていけば、ほどなく芝の園地だ。三ヶ根

■鉄道・バス
往路＝JR東海道本線三ヶ根駅。
復路＝名鉄西幡豆駅から帰途につく。

■マイカー
国道23号知立バイパスから国道248号、県道41号を経て大沢へ。登山口には駐車場はないので車道に幅寄せして停める。小型車1台程度。

■登山適期
四季を通じて登られる。

■アドバイス
▽マイカーで来た場合は、県道41号逆川橋の手前か先で大沢集落への道に入り、集落のはずれの路肩に車を停めて三ヶ根山を周回することもできる。ただし、駐車は地元の人にことわること。三ヶ根スカイラインに出合ったら、本文で紹介したコースに入り、殉国七士廟からは、林道をたどる。新緑が美しい道で、秋にはアサギマダラの乱舞を見ることもできる。地図をチェックしながら、往

殉國七士廟と林道の入口付近に埋まる4等三角点310mから林道を下るとアサギマダラの群舞が見られる

山の石碑があり、アジサイや、幹の分かれた珍しい桜がある。その先のコンクリートのベンチがある園地で昼食とするとよい。

左はスカイラインで、広い駐車場がある。右へ殉国七士廟への案内があり、ハイキングコースもここで西幡豆駅と東幡豆駅とに分かれる。目の前の**最高地点**まで往復したあと、右へ広い車道を行き、殉国七士廟に拝していこう。

途中、左の林道への分岐に小野ヶ谷下山道の案内板がある。**殉国七士廟**を拝したらこの分岐まで戻り、小野ヶ谷への長い林道を下っていこう。やがて小野ヶ谷の山麓に着き、川沿いに進めば**西幡豆駅**だ。

（西山秀夫）

CHECK POINT

1 県道322号の峠からわずかに下った地点の右に登山道入口があり、樹林帯に入っていく

2 愛知県で最初のロープウェイの山頂駅跡。いまはコンクリートの残骸だけが残っている

3 山頂部には、三ヶ根観音、比島観音などの施設が並んでいるほか、数軒の廃墟も残っている

4 三ヶ根山最高地点へは殉国烈士廟への道とスカイラインの間を登っていく

5 スカイラインの大駐車場から右に分かれて、殉国烈士廟へ行って、下山路に入ろう

6 小野ヶ谷川沿いの長い林道を下っていけば、国道247号を横切って西幡豆駅へ

路の登山道に合流して出発点に戻る。

■問合せ先
幸田町役場☎0564・62・1111、西尾市役所☎0563・56・2111

■2万5000分ノ1地形図
西尾・幸田・吉田・蒲郡

37

徳川氏ゆかりの松平東照宮から豊田市民に人気の二山へ

六所山・焙烙山

ろくしょさん　611m
ほうろくやま　684m

日帰り

歩行時間＝6時間27分
歩行距離＝12・7km

技術度
体力度

コース定数＝27
標高差＝414m
累積標高差 ↗1109m ↘1109m

天下峯の山頂から見た六所山（右）と焙烙山（左奥）

豊田市の東部に位置する六所山、焙烙山は、北麓に豊田市総合野外センターがあり、5つのハイキング・コースが整っている。各コースともよく整備されているので、ファミリーやシニアでも比較的安心して登れる山である。六所山は山頂からの展望は得られないが、200㍍ほど下ったところに見晴台があり、北西側の展望が開けている。対する焙烙山は「炮烙山」とも書き、山頂の展望塔からはすばらしい展望が広がっている。

松平東照宮から六所山への登山道を、徳川家の始祖とされる松平親氏の巨像を左に見てゆっくり登っていこう。やがて**林道に出合い**、これを横切って直進する。すぐにコンクリート製の展望台に着く。続いて5分ほどで峠道と山道に分岐に出合う。左の山道に入り、浅い谷の急な踏跡を登る。しばらく急登に耐えながら登ると、風の通る尾根に着く。ちょっと一服していこう。

小さなコブを乗り越えると、やがて峠状の地点で**表参道と交差する**。少し下って登り返すと**六所神社入口**で、鳥居が立っている。原生林に覆われた山全体がご神体で、境内に入って参拝していこう。

神社の右に道が続いていて、ほどなく**六所山**山頂に着く。かつては展望台があったが、今は撤去されていて、なにもない山頂だ。北西方向に**見晴台**があるので、時間に余裕があれば行ってみよう。電波反射板が立つ場所で、確かに多少の展望は広がっている。

山頂へ戻ったら、往路を**六所神社入口**まで下り、うさぎコースを行く。しばらくは新しい林道だが、左にうさぎコースへの道標が出てきて、林道をひたすら歩くと**うさぎコースの登山口**に着く。左は野外センターの管理棟などへ行く。

■**鉄道・バス**
往路・復路＝名鉄三河線豊田市駅から、とよたおいでんバス大沼行きで松平郷バス停下車。所要約40分。バス停から松平東照宮まで徒歩15分。

■**マイカー**
東海環状自動車道豊田松平ICから国道301号を走り、松平東照宮へ。所要約15分。

■**登山適期**
四季を通じて登られる。

■**アドバイス**
▽登山口近くに松平氏の菩提寺である高月院がある。
▽毎年2月、松平東照宮で奉納される天下祭は、天下泰平を祈願した松平親氏の偉業をたたえた祭りで、裸の厄男たちの「練り込み」と「玉競り」が見もの。江戸時代に起源を発し、幕府の崩壊とともに姿を消したが、1988年、地元の若者が中心になって復活させている。

■**問合せ先**
豊田市役所☎0565・31・1212、とよたおいでんバス☎0565・74・1110（豊栄交通）

■**2万5000分ノ1地形図**
東大沼

ここは右の道に入る。

　県道361号に出たら、左折して、少し県道を北に行くと**東駐車場**と、焙烙山への車道の入口がある。この車道に入り、しばらく行く。**近道の入口**に出合ったら、車道と分かれ、急な沢沿いの山道を登る。沢の流れを見ていると、水の豊富な山であることがわかる。

　450㍍ほど歩くと林道に出合う。ここが**焙烙山の登山口**だ。ここからは3本のコースがあるが、いちばん左のコースを登る。尾根に着くと風が心地よい。しばらくで高圧線の鉄塔に着き、真ん中のコースと合流する。豊田市街地の眺めがよい。

　植林もなくなり、雑木林に入ると**焙烙山**山頂はすぐだ。3等三角点の山頂で、豊田市の市域が広がる2005年4月1日までは市内最高峰だったが、今はその地位を稲武町の天狗棚（1240㍍）に奪われている。山頂の一画に展望塔があるので登ってみよう。

　下山は左の広めの山道を下っていくと、往路の**登山口**に着く。登りでたどった近道を下る。県道361号を左折し、往路の**うさぎコース登山口**からうさぎコースを経て**六所神社入口**に戻る。

　神社でひと休みしたら**表参道**を下る。樹齢の古い大杉が何本もあり、いかにも神域を想わせる雰囲気に満ちている。**六所苑**の建物が見えると車道になる。振り返ると登ってきた六所山の頂上を見ることができる。車道はすぐに左折して、そのまま若干のアップダウンを越えて進むと、往路で通った**林道出合**に着く。右に行けば、出発地点の**松平東照宮**に戻り着く。　（西山秀夫）

徳川氏ゆかりの松平東照宮に参拝して出発しよう

松平東照宮の池はモネの絵に似ている

CHECK POINT

ここから左の山道に入り、南西尾根の道に行く

木立に囲まれ、ほとんど展望が得られない六所山山頂

時間があれば見晴台を往復してもよいだろう

六所山を下ると焙烙山への道標に出合う

林道を行くと、しばらくで近道に出合う

焙烙山登山口。ここから林内左側の山道を行く

焙烙山山頂。展望はすぐそばの展望塔で得られる

表参道を下ると六所苑に着く。この先で左に向かう

天下峯
360
津島神社
安全寺
南篠平
真垣内
杉ノ木
仁王
219
227
405
514
坂上町
豊松小
六所神社下宮一の鳥居（六所山遥拝所）
宮口橋
東宮口
六所神社
舞台
地蔵院
地蔵堂
石の道標あり
382
401
豊田市
331
地蔵堂橋
緩く越える
462
豊田市総合野外センター
総合野外センター青少年キャンプ場
477
近道入口
焙烙山
684
Start Goal
347m
林道出合
登山口
391
六所苑
表参道（いのししコース）
羽明
203
広い道
林道コース
かもしかコース
きつねコース
往復0.10
見晴台
六所山
611
うさぎコース登山口
東駐車場
焙烙山登山口（ひろいの広場）
林道松平坂上線
原生林
峠を越える
六所神社
名倉
429
350
558
表参道出合
道標
沢連
うさぎコース
在原氏墓所
在原山
306
植林の中を歩く
六所神社入口
496
松平氏居館跡
高月院
松平東照宮
270m
松平親氏立像
林道出合
553
Start Goal
「丑廻り」の山道に入る
松平郷バス停〜松平東照宮間徒歩15分
長福寺
松平郷バス停
松平
展望台
381
国道301号へ
柵ノ沢
236
松平城跡
槙ヶ田和
森下
豊田松平IC・豊田市駅へ
田振へ
1:25,000
0
500m
N

—サブコース—天下峯（てんがみね）で六所山を遥拝し、信仰と歴史と自然の松平郷をめぐる

出発地は六所山の表参道を下った六所苑先の**林道出合**とする。車道を車に注意しながら下ると宮口川にかかる**地蔵堂橋**に着く。すぐ先が六所神社下宮で、本殿、道路をはさんで舞台がある。トイレもあるので、必要なら利用していこう。

神社付近からは宮口川の右岸に中山間地域の美しい田園風景が広がる。苗田のころ、稲田のころ、それぞれの季節に訪れたい。東宮口はどこもしっかりした農家が並んでいるのも特徴だ。やがて鳥居が見えてくる。坂上町金姓の六所神社下宮一の鳥居で、六所山の遥拝所である。鳥居の中にすっぽり六所山がおさまるが、今は樹木がじゃまをしている。さらに下ると宮口橋である。ここからの六所山の眺めもすばらしい。

仁王集落の奥に見える、巨石が点在する天下峯

天下峯の山頂から焙烙山（左）と六所山（右）を眺める

六所神社下宮一の鳥居（六所山遙拝所）

宮口橋から流れに沿う細めの車道を下ると、天下峯登山口のある**仁王**集落に着く。直進し、斜面に建つ家並みを縫って登っていく。松平親氏が天下泰平を祈願するために創建したという安全寺を右に見て、すぐに細い車道に上がり、右へ行くと登山道が見える。直進すれば山頂へ、右は休日なら多くのクライマーが遊ぶ岩登りのゲレンデを経て山頂へ行ける。

天下峯山頂は巨岩で、六所山と焙烙山の眺めがよい。豊田市の市街地も俯瞰できる。

下山は**地蔵道橋**まで戻り、右折して山間地に入っていく。緩やかに乗り越すと羽明への道が分かれる。そのまま登り返すと小さな峠を越え、沢連の山里に下る。山際の道を下れば松平家の遠祖という在原氏の墓所の案内板を右に見る。すぐだから時間があれば立ち寄ってみよう。車道を下ると**松平東照宮**は近い。（西山秀夫）

38 樹齢200年のヤマザクラ咲く神秘にあふれる山

猿投山

さなげやま
629m

日帰り

歩行時間＝4時間30分
歩行距離＝12.0km

技術度
体力度

コース定数＝21
標高差＝409m
累積標高差 887m 957m

東麓の豊田側から見た猿投山

猿投山は、木曽山系の末端に位置し、豊田市と瀬戸市の境界にそびえる愛知の名峰のひとつである。古くから山嶽信仰、巨石信仰の場として崇められてきた山で、山頂には東海自然歩道が通っており、登山道や標識など、全般によく整備されているので、安心して歩くことができる。登山コースは、猿投神社から北上するコース、雲興寺から南下するコースをベースに、さまざまなコースが歩かれており、登山者の体力や体調、好みに合った散策が楽しめる。

大岩展望台に立ち名古屋市街を望む

雲興寺から赤津川を渡ってすぐに左折、道なりに山手に向かい、静かな渓流の音を楽しんで行くと、やがて急登になり、ひと汗かいたころに白山展望ポイントに着く。

続いて、穏やかな尾根道を進むと**鉄塔**に着く。ベンチがあるので休んでいこう。

鉄塔から登り下りを20分ほどで**三叉広場**の分岐に着く。北歩道、ヤマザクラコース、JACコースが選べるが、ここでは右に、東海自然歩道を通るコースに進む。やがてヤマザクラの大木が右前に見えて来たら、左側が**東海自然歩道の入口**になる。整備された道を40分ほど歩くと**赤猿峠**だ。ヤマザクラコースとJACコースがここで合流する。30メートルほど登ると送電線の鉄塔があり、展望が開ける。

西尾根を進み、**北歩道と合流**。少し進むと中央アルプスの展望ポイントがある。ここまでくると、あとひと登りで**猿投山**山頂だ。す

■**鉄道・バス**

往路＝名鉄瀬戸線尾張瀬戸駅の瀬戸駅前バス停から名鉄バス赤津行きを利用、終点で下車し、徒歩10分で雲興寺登山口。

復路＝猿投神社前バス停からとよたおいでんバスで名鉄三河線豊田市駅または名鉄豊田線上豊田駅へ。

■**マイカー**

登山口の雲興寺の駐車場は参詣客用のため、県道33号を東へわずかに進んだ予約制の駐車場へ。車止め駐車スペースの登山口へは、国道155号、248号を走り、高架をくぐって赤津川の不老橋を渡り、道なりに2.5キロ。猿投神社へは、猿投グリーンロード猿投ICから県道349号を左折して猿投神社駐車場へ。約40台駐車できる。また、国道419号の亀首町横枕交差点で県道349号に入り、猿投神社へ。

■**登山適期**

通年。春は、大木のヤマザクラやタムシバ、ツバキ、ツツジが咲く。樹齢200年のヤマザクラは例年4月10日ごろが目安。春～秋は、探鳥ハイクも楽しめる。秋の木の実やキノ

ばらしい展望が開け、ベンチもたくさんあって、四季を通して登山者の姿が絶えることはない。

休憩と展望を楽しんだら、下山は東の宮方向に進む。カエル岩や南アルプス展望ポイントをすぎると、樹齢100年ほどになるエノキの大木が3本立っている。ここが東の宮で、風が吹き抜け、心地よい空間が開けている。

東の宮から10分ほど下ると**自然観察路の分岐**に出合う。そのまま進むと林道と交差し、さらに進むと**自然観察路と合流**し、ほどなく大岩展望台だ。少し下ると**武田道分岐**で、ここは猿投神社の方向に進む。途中林道と交差し、しばらくすると**御門杉**（林道）に出る。御鞍岩、トロミル水車などを経て、猿投川沿いに下っていくと**猿投神社駐車場**に到着する。猿投神社前バス停へは約5分の距離だ。

（木下まさよ）

—サブコース—

①**武田道**　武田道登山口から急坂を登ると城ヶ峰展望ポイントに立つことができる。この先、林道と交差し、左に進むと、約30分で七滝遊歩道を経て赤猿峠にいたる。

②**車止め登山口**　登山口から15分ほどで東海自然歩道登山口へ。

③**物見山登山口**　海上（かいしょ）の森駐車スペースから林道を進み四ツ沢から右手の山側に進み、4等三角点に立つ。雑木林を行くと林道に出て左折、10メートルほど右手に登山口がある。樹林帯に入り、急坂を進むと物見山山頂で、名古屋市街が一望できる。戦国時代に武田信玄が尾張7つの城を見わたせる場所として、のろし台を設けたことから物見山といわれている。

ここから、一部で迷いやすいところもあるが、鉄塔の位置、境界杭、小さな道標などを見ながら進むと赤猿峠に至る。

猿投山からの帰路は東海自然歩道登山口に戻り、車止めを通って200メートルほど林道を行くと、左手に木でつくった入口がある。これを通り抜けて古い林道を歩き、海上砂防池、里山サテライトを経て、海上の森駐車スペースに戻る。

●アクセス　愛知環状鉄道山口駅で下車し、徒歩25分で物見山登山口。マイカーは物見山登山口へは国道155号山口町交差点を右折後、Y字路を右に行き、赤津川を渡って左折、赤津川沿いに500メートルほどで海上の森駐車スペースへ。

コのころ、静かな雪山も楽しい。

■アドバイス

▽軽い散策コースとして、車止め駐車スペース近くの展望コースがおすすめ。カワセミやキツツキの姿を見ることができ、アジサイやヤマモモの花も楽しめる。

▽バスの利用は便数が少ないなど、登山には不利な面が多い。マイカー利用がおすすめ。2台使用すると入・下山口を別にすることができて楽しみが増える。

▽山行後には猿投温泉で汗が流せる。

■問合せ先

瀬戸市役所☎0561・82・7111、豊田市役所☎0565・31・1212、名鉄バス☎052・582・5151、とよたおいでんバス☎0565・43・0158（豊栄交通）、猿投温泉金泉の湯☎0565・45・5800

■2万5000分ノ1地形図

猿投山

CHECK POINT

1 雲興寺から赤津川を渡って山手に入り、静かな尾根を歩く

2 東海自然歩道登山口にあるヤマザクラの大木

3 北歩道合流点。少し進むと中央アルプスの展望地がある

4 1等三角点の猿投山山頂。伊吹山、白山、御嶽山も見える

5 御門杉。猿投山では、登山口と下山口でりっぱな杉が送迎してくれる

6 総門をくぐって参道を歩くと正面に猿投神社社殿がある

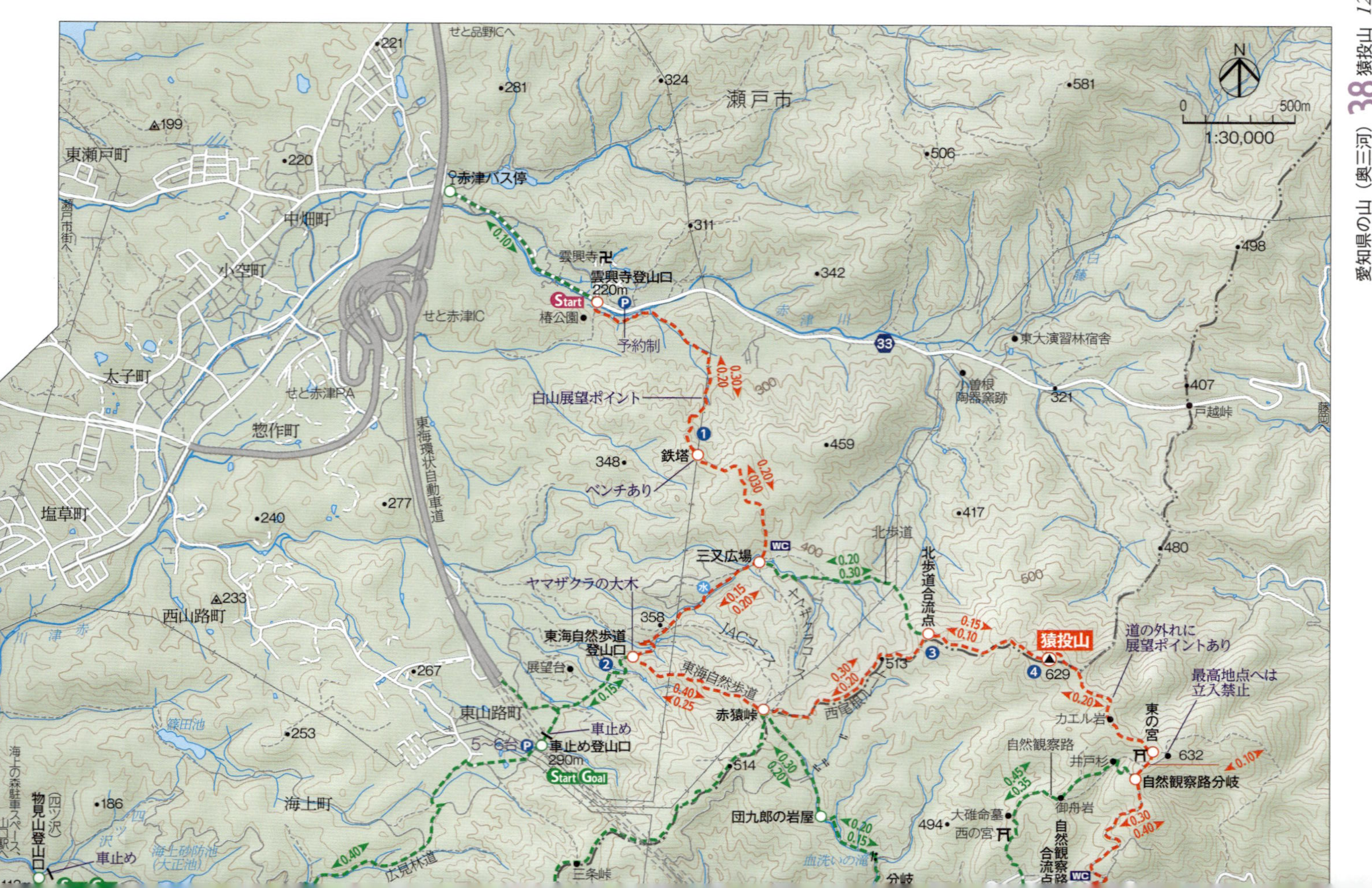
瀬戸市
赤津バス停
雲興寺
雲興寺登山口
220m
椿公園
予約制
せと赤津IC
せと赤津PA
せと品野ICへ
東海環状自動車道
白山展望ポイント
鉄塔
ベンチあり
三叉広場
ヤマザクラの大木
東海自然歩道登山口
展望台
東海自然歩道
赤猿峠
西尾根ルート
北歩道
北歩道合流点
猿投山
629
道の外れに展望ポイントあり
最高地点へは立入禁止
カエル岩
東の宮
632
自然観察路分岐
自然観察路
井戸杉
御舟岩
大碓命墓
西の宮
自然観察路合流点
団九郎の岩屋
血洗いの滝
分岐
三条峠
広見林道
東山路町
車止め
車止め登山口
290m
海上町
西山路町
塩草町
惣作町
太子町
小空町
中畑町
東瀬戸町
物見山登山口
(四ツ沢)
海上の森駐車スペース
篠田池
海上砂防池(大正池)
東大演習林宿舎
小曽根陶器窯跡
戸越峠
1:30,000

4等三角点
分岐
登山道入口
里山サテライト（かたりべの家）
物見山
登山口
西回り登山道
猿投山の球状花崗岩
猿投山トンネル
千丈滝
白露滝
白菊滝
乙女滝
球状花崗岩
分岐
車止め
林道出合
林道猿投一号
大岩展望台
武田道分岐
あずまや
東海自然歩道
御門杉林道
登山口
御門杉
御倉岩
豊田市
猿投温泉
武田道
広沢川
加納川
猿投川
トロミル水車
広沢大滝
城ヶ峰展望ポイント
分岐
城ヶ峰コース
広沢城跡
東昌寺大悲殿
猿投神社駐車場
150m
Goal
猿投神社
ふれあい広場の猿投棒の手
武田道登山口
145m
4～5台
Start Goal
広沢神社
猿投神社前バス停
130m
Start Goal
猿投神社前バス停
四ッ谷
猿投トンネル
猿投グリーンロード
八草東ICへ
広瀬町
市場
阿賀滝
東名古屋カントリー倶楽部
加納IC
加納町
猿投町
猿投IC
猿投東IC
豊田藤岡IC
力石ICへ
豊田勘八ICへ

39

日帰り

東谷山

周囲を古墳に囲まれた名古屋市最高峰

とうごくさん　198m

歩行時間＝1時間25分
歩行距離＝1・6km

技術度
体力度

コース定数＝4
標高差＝128m
累積標高差　135m　135m

歴史の里公園横の大久手池から、古来より信仰の山であった東谷山を遠望する

頂上からは名古屋市内をはじめ、鈴鹿山脈や伊吹山を一望できる

東谷山は名古屋市で最も標高の高い山で、豊かな自然が残されており、市内最大の生育地でもあるシデコブシやサクラバハンノキなどの貴重な植物や、ニホンリス、ムササビといった野生動物も生育しており、四季を通じて多くの人に親しまれている。麓にある東谷山フルーツパークは世界の果物を紹介する施設で、春のシダレザクラも有名だ。周辺は古墳の多さでも知られ、名古屋市は古墳を中心とした「歴史の里公園」として整備を進めている。

東谷山フルーツパーク右手にある**東谷山散策路入口**より登りはじめる。頂上までの距離は750メートルと短いが、500段以上の階段が待ち構えているので、運動不足だと、いささか辛い道となる。

はじめは緩やかな登りだが、やがて階段の連続へ移っていく。両側は常緑樹の多い雑木林が続き、随所に登山口からの距離と、山頂までの残りの距離を示し

■鉄道・バス
往路・復路＝JR中央本線・愛知環状鉄道高蔵寺駅から徒歩約25分。高蔵寺駅からバスを利用する場合は、ゆとりーとラインなら東谷橋バス停下車、徒歩約15分、名古屋市営バスなら東谷山フルーツパークバス停下車、徒歩約13分。

■マイカー
国道155号を東谷橋で南へ、東谷山フルーツパークの駐車場が利用できる。なお休園日（月曜・祝日の場合翌日休、年末年始）は利用できない。

■登山適期
年間を通して楽しむことができる。

■アドバイス
▽豊かな自然に恵まれており、運がよければニホンリスなどに出会うことができ、3月中・下旬には市内で最大規模のシデコブシの花の群落が迎えてくれる。
▽頂上にはバイオトイレがある。
▽山麓には白鳥塚古墳をはじめ、多くの古墳があり、「歴史の里」として整備されている。

■問合せ先
東谷山フルーツパーク☎052・736・3344

■2万5000分ノ1地形図
高蔵寺

た道標が設置されている。

南社古墳をすぎるといったん下り、それからはまっすぐな階段の苦しい登りとなる、やがて**中社古墳**を通り、最後の坂を上がると**東谷山**頂上に着く。頂上の尾張戸神社は古墳を祀る社であり、その歴史は1000年を超えるといわれており、熱田神宮の奥の院としても古くから信仰の対象とされてきた。展望台からは庄内川の流れに沿って、名古屋市内から鈴鹿、養老の各山脈、そして伊吹山を望み、東には猿投山、三国山を望むことができる。神社のすぐ北側には麓にあった古墳の石室でつくったメモリアルオブジェもある。

復路は南に向かって下る表参道の階段を通り、**分岐**から右手に向かい、**尾張戸神社参拝駐車場**に着く。あとは車道を**東谷山散策路入口**まで戻る。

（山本宜則）

CHECK POINT

東谷山の登山は東谷山フルーツパーク右手にある東谷山散策路よりはじまる

道はすぐに階段となる。両側は豊かな自然に囲まれ、充分に自然を満喫することができる

登山道にある標識はしっかりと整備されている。頂上までにある古墳も見ていこう

低い山とはいえ500段を超す階段が待ち構えているので、運動不足の人にはこたえるだろう

頂上の尾張戸神社は平安時代からの歴史があり、熱田神宮の奥の院として信仰を集めていた

登山口の湿地には名古屋市内で最大となるシデコブシの群生地があり、早春にはピンクの花を見せてくれる

40

神域として多くの別社が里を見守る信仰の二山

尾張本宮山・尾張富士

日帰り

歩行時間＝4時間1分
歩行距離＝9・5km

技術度

体力度

おわりほんぐうさん 293m
おわりふじ 275m

QRコードは132ページコース図内に記載

コース定数＝**13**

標高差＝203m

累積標高差 ↗460m ↘460m

入鹿池をはさんで見る本宮山

寒い冬でもわかさぎ釣りでにぎわう入鹿池

色鮮やかな泉浄院の多宝塔

尾張本宮山、尾張富士の二山は、犬山市南部に位置し、古くから信仰の山として崇められ、コース中には多くの別社が点在している。尾張富士は本宮山との高さ比べで負けたことからはじまったといわれる石上げ祭が知られ、東には観光地の明治村、入鹿池がある。一方の尾張本宮山は尾張富士の南にあり、登る場合は南側の泉浄院に立ち寄ることをおすすめする。今回は大宮浅間神社を起点に二山を周遊するコースを歩いてみよう。

大宮浅間神社の駐車場で身支度を整えたら、神社を正面に、右手に献石の文字が刻まれた石塔群の間を登っていくと中宮に着く。振り返ると正面に伊吹山が見え、神域の空気を感じる。さらに急坂を

■**鉄道・バス**

往路・復路＝名鉄犬山駅から明治村行きの岐阜バスで長者町団地バス停下車。大宮浅間神社へ徒歩10分。明治村へは名鉄バスセンターから名鉄の直通バスが運行されている。

■**マイカー**

大宮浅間神社へは中央自動車道小牧東ICから県道16号で10分程度。駐車場にトイレもある。

■**登山適期**

暑い7・8月は避けた方がよい。寒い晴れた日には展望が期待できる。

■**アドバイス**

▽5月には国指定天然記念物ヒトツバタゴが白い花を咲かせる

▽尾張富士、本宮山、白山（224メートル）を「尾張三山」とよぶ。ゆっくりと一山ずつ登るのもよい。尾張富士は大宮浅間神社～奥宮～金明水～銀明水～大宮浅間神社のコース。本宮山は大縣神社～泉浄院～本宮山～大縣神社のコース。白山は小牧市温水プール～白山社～白山～小牧市温水プールのコースを行くとよい。

■**問合せ先**

博物館明治村☎0568・67・0314、大宮浅間神社☎0568・67・0037、岐阜バス☎058・370・8833、名鉄バス☎052・582・5151

■**2万5000分ノ1地形図**

小牧・犬山

登ると**尾張富士**山頂の奥宮で、願いごとが書かれた数多くの石が置かれている。社殿の裏手に回ると名古屋方面の展望が得られる。

社殿右手の石段を下ると舗装林道に出て、そのまま南に下り、道がヘアピンカーブするところでまっすぐにのびる未舗装の林道へ入る。送電線に沿って下っていくと入鹿池が近づき、なおも下るとまもなく**明治村大駐車場**の脇へ出る。次に目指す本宮山へは、車道脇を歩くことになる。

下っていくと、左に入鹿池、さらに進むと右手に本宮山が見えてくる。**池野のT字路**で県道453号を南西に向かい、反対車線の墓地をすぎたあたりで、右手のコンクリート打ちっ放しの廃墟となった建造物に向かって行き、愛知用水を渡り、**分岐**を左に行くと国指定天然記念物**ヒトツバタゴ自生地**に着く。

自生地からはわずかに往路を戻ると、右手に赤テープがつけられた木があり、ここから登山道に入る。鉄塔に出て、尾根道を登っていくとやがて林道に合流し、右に進む。林道をたどるとT字路に出て、これを左に行くとすぐに信貴山参道の入口に着く。参道を上がると真紅の**多宝塔**が艶やかだ。石の参道は左に続き、左に泉浄院を見て右手に本宮山への道を見るが、先ずは本堂へ向かう。尾張信貴山に立つ本堂からは白山が正面に見える。

参道を戻り、本宮山に向かうと、右からヒトツバタゴ自生地から上がってくる道を交え、NHKの鉄塔を仰ぐ手前で**分岐**を右に入ると、鳥居をくぐって石段となり、本宮山への登りがはじまる。途中の雨宮社（あまみやしゃ）の右奥の岩の上からは、東から南の展望があり、先ほど立ち寄った泉浄院の建造物が見える。さらに登りきると**本宮山**山頂だ。大縣（おおあがた）神社奥宮の裏に回りこむと1等三角点があり、一部だが、展望が得られる。

下山は下り口に印はないが、奥宮から右手に下りはじめると、石仏のある道となる。東に向かって尾根道を下ると愛知用水に出て、**分岐**で登りの道と出合う。あとは**大宮浅間神社の駐車場**を目指して車道脇を歩き、帰途につく。人目のない道脇の不法投棄のゴミに残念な気持ちにさせられることもあるが、山は決して期待を裏切らない。

（渡邊泰夫）

CHECK POINT

1 大宮浅間神社。向かって右の急坂を行く

2 尾張富士山頂の大宮浅間神社奥宮

3 奥宮から下って出た林道を入鹿池方面へ下っていく

4 下り着いた駐車場からは池野のT字路に向かう

5 本宮山南麓の国指定天然記念物ヒトツバタゴ自生地

6 左の石の参道は泉浄院本堂へ、右の道は本宮山へ

7 泉浄院本堂の前から東に展望があり、正面に白山が見える

8 ＮＨＫ鉄塔の手前を右に入って奥の鳥居をくぐり、石段を登って本宮山へ

9 尾張本宮山山頂にある大縣神社奥宮裏手のりっぱな1等三角点

尾張富士
尾張本宮山
Start Goal
大宮浅間神社
駐車場
90m
毎年8月第1日曜に
石上げ祭が開催される
大宮浅間神社
長者町団地
バス停
富士バス停
平日のみで
便数も少ない
長者町
富士
犬山駅へ
金明水
銀明水
中宮
奥宮
275
池ノ
裏山
安楽寺
安楽寺バス停
明治村
明治村バス停
明治村大駐車場
入鹿池
入鹿橋
犬山市
池野小
池野T字路
神尾バス停
小牧東ICへ
尾根すじの道
下りはじめると
石仏がある
南、東の展望あり
雨宮の夜
鳥居、石の階段
NHKアンテナ塔
展望台
分岐
大縣神社
楽田駅へ
本堂
(尾張信貴山)
泉浄院
多宝塔
参道入口
相澤山
ヒトツバタゴ自生地
西洞池
西洞上池
本宮山近道入口
小牧市
愛知用水
白山
白山社
環境センター
温水プール前バス停
温水プール
東京
名古屋
1:20,000

―コラム―黒部源流の山々を映画に撮影した 名古屋の登山家・伊藤孝一

■出自

伊藤孝一は、尾張藩に仕えた御用商人、京屋吉兵衛の7代目として生まれた。日本山岳会の機関誌『山岳』の新入会員の一覧表を見ると、大正5年7月に入会。会員番号481。氏名の前に「特別」とあり、多額の寄付をしたことがうかがえる。住所は名古屋市西区玉屋町4―9。玉屋町は徳川家康が名古屋城を築城した際、「清須越し」の商人が大挙して転居した場所だ。今は中区錦三丁目で、旧東海銀行本店の本町通り周辺にあたる。

林董一『名古屋商人史』（昭和41年／中部経済新聞社）によると、玉屋町に京屋吉兵衛（伊藤吉兵衛）の名がある。資格は御勝手御用達格で上位になる。明治4年、維新で生き残った商人の一覧表にもあり、京屋吉兵衛は実在していた人物だ。

■夏から冬の黒部の山へ

伊藤孝一は当時の大阪朝日新聞で、俳人・河東碧梧桐の北アルプス登山の記事を読んで黒部に関心をもったようだ。25歳で日本山岳会に入会。大町市対山館の百瀬慎太郎の人柄にひかれ、夏の黒部の山や沢登りの案内を通じて親交を深めている。以来、燕山荘の赤沼千尋も加えて、30年にわたる交流が続いている。

スキーの練習を通じて登山は冬山になった。雪山の縦走だけでなく、映画の撮影も企てている。大正12年1月から入山するが、2月に吹雪のため大沢小屋で停滞。大町側から越中側への横断は撤退する。

その後越中側に回り、立山登山、黒部川源流部を横断し、針ノ木越えを果たす。半年後、有峰に入り、真川の源流に拠点となる豪華な山小屋を建設。上ノ岳（北ノ俣岳）、黒部五郎岳にも山小屋を建設、薬師岳の初スキー登山の記録をつくった。上ノ岳から黒部五郎岳、鷲羽岳、槍ヶ岳、上高地への縦走の拠点とし、天気のいい日だけ行動したようだ。

■山岳（記録）映画の評価

大正12年夏、『雪の立山・針ノ木越え』を公開。東京、大阪、名古屋、富山、松本、金沢の各地で上映会を開催すると超満員の観客があったという。一般大衆にも映像で山岳景観のすばらしさを知らせるとともに、この映画は皇室へも献上された。

しかし、当時の山岳界からは、彼の登山記録は無視され、昭和40年に映像メディアに造詣の深い研究者に再発掘されるまでは忘れられた存在だった。現在、映画は長野県や岐阜県の山のイベントで上映されることがある。

この映画の公開に前後して、伊藤孝一は中川運河建設のため名古屋市へ土地を売却。翌年、売却金額に相当する課税に立腹し、訴訟を起こす。その後、伊藤は万策つきて、昭和6年に破産。一説には1回の登山に、当時の金額で20万円を拠出したとされる。現在の20億円に相当する。

伊藤は昭和26年に三鷹市に転居後、昭和29年4月17日享年62で他界。墓はJR中央本線西荻窪駅に近い西教寺にある。多磨霊園の裏、武蔵野の雑木林の一角に眠る。

文＝西山秀夫

概説 岐阜県の山

島田 靖

●山域の特徴

岐阜県は、飛騨と美濃の二国からなる。両地方が地形、気候はもとより、人々の生活文化も著しく異なるのは、山また山が連なる飛騨地方の山岳地帯と、そこを源とした飛騨川や長良川といった大河川の下流に濃尾平野をもつ美濃地方との、対称的な地形から来るものであろう。このことが、「飛山濃水」といわれる所以である。

飛騨は、その名の通り飛騨山脈の南部が位置し、槍・穂高連峰をはじめとする日本の高峰が数多く存在する。我が国には標高が3000メートルを越す山が21山あるが、そのうちの9山が飛騨にあることは、飛騨の誇りとするところである。いずれも長野県との県境と接する中で、一歩離れてすべてが岐阜県内に存在する笠ヶ岳は、標高こそ3000メートルにおよばぬものの、どの方向から眺めても端正な笠の形を崩さない日本百名山の名峰だ。眺望絶佳の頂きから東方雲海の上に天を突くようにそびえる槍ヶ岳の姿に、播隆上人は槍ヶ岳開山を決意したのだろう。

岐阜県は7つの県に囲まれ数少ない海をもたない県だが、日本の屋根を形成する飛騨山脈や両白山地を源流とする木曽川、揖斐川、長良川の「木曽三川」が濃尾平野に向かって流れ下り、県の最南部は伊勢湾に近い河口付近まで収めている。これらの河川は、美濃地方に肥沃な平野をもたらしている。飛騨山脈からの河川は乗鞍岳に来てはじめて分水嶺を形成し、南に続くこの尾根によって気象条件を異にしている。美濃も県境沿いに山地がのび、各山々は四季の変化を演出する自然が極めて豊かである。

●飛騨の山

飛騨はすべて山国だ。飛騨盆地の中心都市・高山市の丘に登ると、東に乗鞍岳、北に槍・穂高連峰、笠ヶ岳、黒部五郎岳といった北アルプス中部〜南部の山々、西には白山、南に御嶽山と、名だたる山々に囲まれていることがわかる。高山は3000メートルを越す山々が10峰も望まれるが、この景観は全国どこの都市にもないものである。これらの山々は本格的な登山対象の山であり、本書では飛騨側のルートを紹介する。

東の飛騨山脈と西の白山を盟主とする両白山地の間には富山湾に注ぐ神通川と庄川が流れ、その2つの河川に挟まれた飛騨高地と呼ばれるこの地域はブナの原生を残す山々が多い。その代表格である籾糠山と白木峰を取り上げた。

飛騨南部の山は、乗鞍岳から西にのびた分水嶺以南に位置する。この分水嶺上には、「位山三山」と称される位山と川上岳、船山（本書では紹介していない）がある。飛騨山脈最南端の霊峰・御嶽山は、温泉で知られる下呂市など南部の地域の山の中心である。

●美濃の山

美濃の山は、河川が集中する県南部の濃尾平野を囲むように扇状

日本で最も手軽に登れる3000峰・乗鞍岳

岐阜県のみに属する山では最も標高が高い笠ヶ岳

に広がる。

東濃とよばれる、県南東部の愛知、長野県境は木曽山脈の南端にあたり、その中心はなんといっても美濃の名山で、日本百名山の恵那山だ。そしてその北側には、御嶽山を取り巻く阿寺山系の山々が連なる。代表的な山として、日本二百名山の小秀山があげられる。

石川、福井、滋賀、三重、愛知と県境を接する県南西部の西濃地域に目をやると、北西部の福井県境から滋賀県境にかけての分水嶺に、日本二百名山の大日ヶ岳や白山連峰南部の銚子ヶ岳、西濃の代表格・能郷白山、さらにその先に冠山や金草岳、三周ヶ岳、三国岳といった山々が続いている。西濃ではほかにも美濃中央部の高賀三山（瓢ヶ岳・今淵ヶ岳・高賀山）や舟伏山といった山々もあるが、本書では養老山地北部の主峰・養老山を取り上げている。

●山行上の注意

飛騨へは近年は東海北陸道の全通や中部縦貫道が高山市街までのびてアクセスがしやすくなったが、移動距離自体は結構長いので、登山の際は無理なスケジュールを組まないようにしたい。

美濃の山は林道が山奥まで通じている反面、バスやタクシーといった公共交通機関に恵まれておらず、マイカー利用が前提の山が多い。その際は、林道での運転に注意する。とくに能郷白山に短時間で登れる温見峠への国道157号は悪路が多く、細心の注意を払う必要がある。また、登山口やゲートに駐車場がないこともあるので、車を置く位置に気を使うこと。

美濃の山では3～5月、飛騨の山では5～6月に雪解けとなる。北アルプスはさらに遅く、7月上旬でも槍・穂高への右俣、笠・双六方面の左俣の道ともに、7月上旬でも残雪を見ることがある。これらの沢では視界不良時での道迷いや増水に注意したい。

平成26（2014）年に噴火により多くの犠牲者を出した御嶽山だが、令和6（2024）年現在は頂上の剣ヶ峰への登山が期間限定で可能になっている。

岐阜県は条例により北アルプスと御嶽山、乗鞍岳、白山に登る際の登山届の提出が義務づけられている。罰則もあるので必ず実行すること。もちろん義務付けられていない山でも、提出しておくに越したことはない。

●気候

気象は、おおまかには飛騨中央部を横断する分水嶺によって岐阜県の表と裏、北部と南部に分けられる。

飛騨北部はおおむね日本海型気候で、冬は多湿、豪雪となる。逆に南部は内陸性気候で低温小雪だが、冬は厳しい気象条件であることは変わらない。分水嶺に近い高山市まで南下すると、内陸性気候に近くなるため、かなり乾いた雪となって、厳しい冬の生活となる。

飛騨山脈最南部の御嶽山は独立峰のため、寒冷、強風が極めて著しく、とくに冬は強風帯にある木の標識が強風のため数年で風化してしまうほどだ。県西部の福井県境では、典型的な日本海型気候の両白山地の東側に当たるため、かなりの豪雪をもたらすが、その反面、豊富な水の恵みとブナの原生林など豊かな森林が育つ。

美濃地方の南部は冬でも晴天が続くが、東濃や西濃の北部は冬期の積雪が多い。夏は、北部は比較的すごしやすいが、平野部（とくに東濃）は夏には日本でも屈指の高温となる。美濃地方は標高が低い山が多いだけに、盛夏の登山に向かない山が多い。

いのたに
有峰湖
薬師岳
富山県
高瀬ダム
大糸線
しなのときわ
聖山
49 白木峰
49 小白木峰
寺地山
北ノ俣岳
しなのまつかわ
池田町
麻績IC
さかきた
金剛堂山
うつぼ
47 黒部五郎岳
47 三俣蓮華岳
燕岳
松川村
筑北村
にしじょう
三ヶ辻山
47 双六岳
大天井岳
天蓋山
さかかみ
流葵山
43 槍ヶ岳
奥丸山
南岳
常念岳
つのがわ
観音山
46 笠ヶ岳
新穂高温泉
安曇野市
安曇野IC
なかがや
ひだほそえ
錫杖岳
44 奥穂高岳
飛騨トンネル
下小鳥ダム
ひだふるかわ
栃尾温泉
西穂高岳
松本あさま
50 籾糠山
飛騨市
高山本線
福地山
松本IC
松本市
まつもと
御前岳
宇津江四十八滝
福地温泉
45 焼岳
飛騨大鍾乳洞
猪臥山
平湯温泉
扉温泉
中部縦貫道
高山IC
しんしましま
飛騨清見IC
たかやま
白骨温泉
塩尻IC
鉢伏山
御母衣湖
高山市
五色ヶ原
ひろおか
塩尻市
東海北陸自動車道
乗鞍高原温泉
丸黒山
朝日村
ひだいちのみや
41 乗鞍岳
奈川渡ダム
しおじり
せば
みどりこ
塩尻IC
岡谷IC
乗鞍高原
奈川温泉
鉢盛山
秋神ダム
休暇村乗鞍高原
岡谷市
くぐの
51 位山
ひでしお
船山
高根第一ダム
しなのかわしま
荘川IC
岡谷JCT
たつの
かわぎし
52 川上岳
なぎさ
にえかわ
秋神温泉
辰野町
みやき
ならい
きそ
ひらさわ
ひだおさか
鷲ヶ岳
明宝温泉
ひだみやだ
桑沢山
下島温泉
開田高原
木祖村
伊北IC
じょうろ
やぶはら
濁河温泉
木曽温泉
湯屋温泉
箕輪町
いなまつしま
ひだはぎわら
48 御嶽山
はらの
みやのこし
南箕輪村
きたとの
御前山
伊那IC
ぜんしょうじ
木曽町
築谷山
きそふくしま
三浦ダム
下呂市
伊那市
いなし
郡上八幡IC
げろ
下呂温泉
牧尾ダム
飯田線
美和ダム
郡上市
王滝村
木曽駒ヶ岳
郡上温泉
白草山
59 小秀山
あげまつ
上松町
宮田村
くじょうはちまん
岩屋ダム
長野県
寝覚の床
みやだ
長良川鉄道
やけいし
くらもと
駒ヶ根IC
こまがね
空木岳
駒ヶ根市
美並IC
奥三界岳
すはら
のじり
中央本線
飯島町
金山温泉
ひだかなやま
大桑村
いいじま
越原温泉
長良川
飛騨川
しもゆい
じゅうにかね
安平路山
たかとおばら
中川村
東白川村
付知温泉
南木曽町
小渋ダム
ただち
なぎそ
松川IC
松川町
しらかわぐち
白川町
二ツ森山
南木曽岳
いなおおしま
大鹿村
納古山
さかした
高森町
障子山
富加関IC
七宗町
かみあそう
256
兀岳
飯田市
豊丘村
大西山
富加町
川辺町
清内路峠
おちあいがわ
笠置山
いいだ
もとぜんこうじ
美濃加茂市
八百津町
なかつがわ
木曽川
中津川市
昼神温泉
園原IC
飯田IC
喬木村
小渋温泉
中津川IC
恵那IC
恵那山トンネル
げが
飯田上久堅・喬木富田IC
地蔵峠
御嵩町
かわじ
可児市
みたけ
土岐JCT
恵那市
60 恵那山
阿智村
きんの
坂祝町
瑞浪IC
中央自動車道
たけなみ
寒原峠
みのおおた
土岐IC
かまど
下條村
からかさ
美濃加茂市
瑞浪市
いわむら
泰阜村
入鹿池
土岐市
かどしま
阿南町
ぬくた
多治見市
小牧東IC
東海環状自動車道
平谷村
光岳
じょうこうじ
あけぢ
売木村
天龍村
せと品野IC
春日井市
瀬戸市
矢作第一ダム
根羽村
せとし
茶臼山
静岡県
新野峠
尾張旭市
猿投山
笹戸温泉
夏焼温泉
長久手市
榊野温泉
こわだ
おおぞれ
日進JCT
豊田藤岡IC
茶臼山高原道路
水窪ダム
寸又峡温泉
名古屋IC
日進市
段戸山
みさくぼ
愛知県
東名三好IC
豊田勘八IC
豊根村

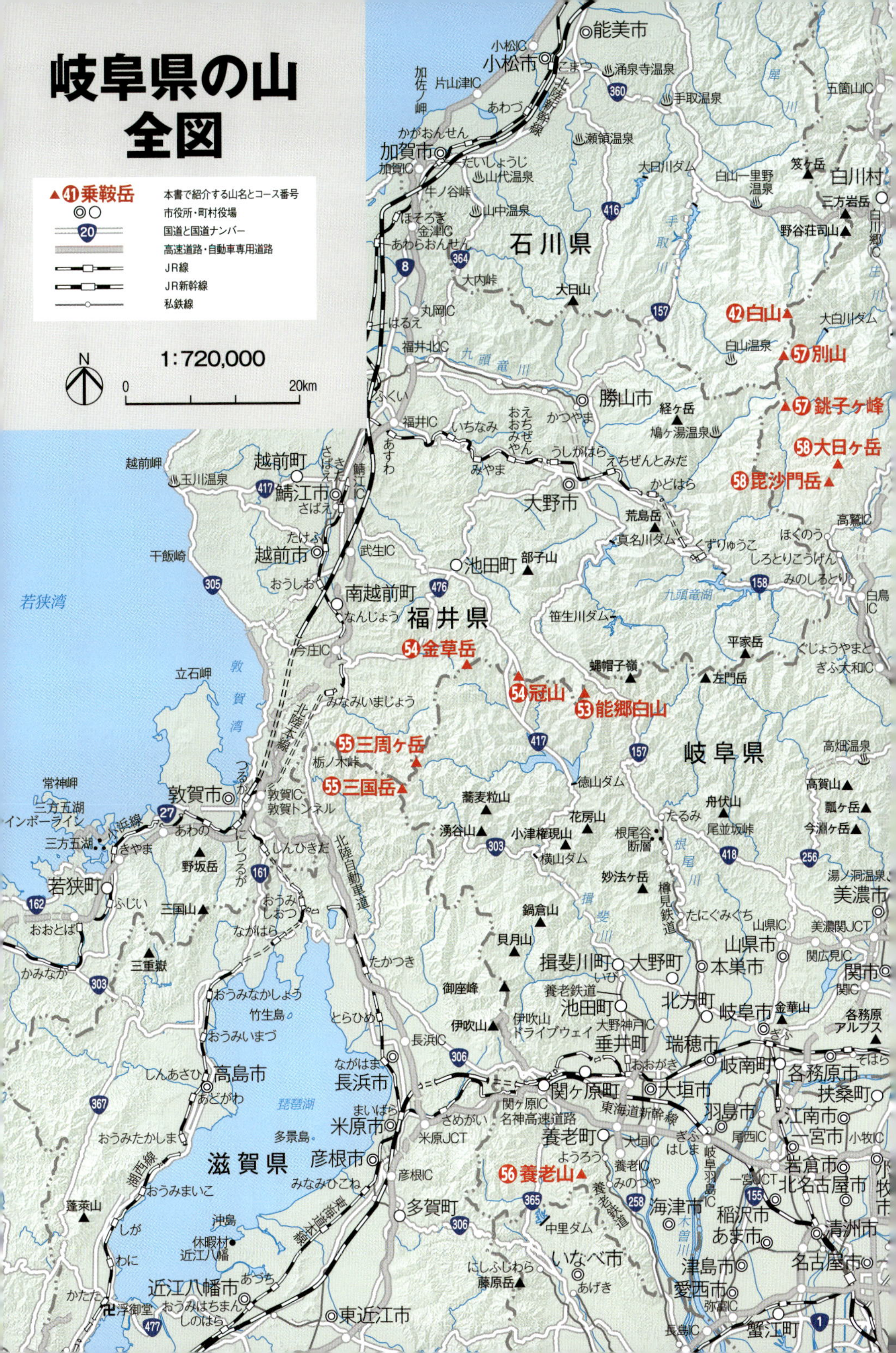

岐阜県の山
全図
41 乗鞍岳 本書で紹介する山名とコース番号
市役所・町村役場
20 国道と国道ナンバー
高速道路・自動車専用道路
JR線
JR新幹線
私鉄線
N
1:720,000
0
20km
石川県
福井県
岐阜県
滋賀県
42 白山
57 別山
57 銚子ヶ峰
58 大日ヶ岳
58 毘沙門岳
54 金草岳
54 冠山
53 能郷白山
55 三周ヶ岳
55 三国岳
56 養老山
能美市
小松市
加賀市
勝山市
大野市
越前町
鯖江市
越前市
池田町
南越前町
敦賀市
若狭町
白川村
山県市
本巣市
関市
美濃市
揖斐川町
大野町
池田町
北方町
岐阜市
瑞穂市
垂井町
関ケ原町
大垣市
岐南町
各務原市
扶桑町
羽島市
江南市
一宮市
岩倉市
北名古屋市
稲沢市
清洲市
あま市
名古屋市
津島市
愛西市
蟹江町
海津市
養老町
いなべ市
高島市
長浜市
米原市
彦根市
多賀町
近江八幡市
東近江市
若狭湾
敦賀湾
琵琶湖
九頭竜湖
大日山
経ヶ岳
荒島岳
部子山
平家岳
左門岳
蠅帽子嶺
蕎麦粒山
花房山
湧谷山
小津権現山
妙法ヶ岳
鍋倉山
貝月山
御座峰
伊吹山
藤原岳
野坂岳
三国山
三重嶽
蓬莱山
笈ヶ岳
三方岩岳
野谷荘司山
高賀山
瓢ヶ岳
今淵ヶ岳
金華山
各務原アルプス

41

乗鞍岳

大展望が広がる広大な頂上部は標高3000メートルの楽園

日帰り

のりくらだけ
3026m（剣ヶ峰）

歩行時間＝2時間40分
歩行距離＝5・9km

技術度 体力度

コース定数＝11

標高差＝324m

累積標高差 ↗419m ↘419m

肩ノ小屋に向かう車道からの乗鞍岳の頂上部（左から剣ヶ峰、蚕玉岳、朝日岳）

高山市街越しに望む乗鞍岳

巨大な山体を誇る乗鞍岳は、北アルプスおよび中部山岳国立公園の最南端に位置する。膨大な頂上部は、名前の付く峰だけでも23を数え、さらに12の池、8つの原を擁する。なだらかな山容は、信州、飛騨双方から見ても馬の背に鞍を置いたように見えることから、この名が付いたとされる。とくに麓の高山市からは最も間近に眺められ、朝夕の変化や四季折々の姿が美しく望まれることから、近隣の学校校歌には乗鞍が必ず出てくる。

乗鞍岳の魅力はなんといっても車道では日本最高所となる標高2702メートルの畳平まで乗鞍スカイラインが通じ、わが国の3000メートル峰の中では北アルプスの立山と並び手軽に高山帯に達することができることだ。頂上へ

■鉄道・バス
往路・復路＝JR高山本線高山駅から濃飛バスでほおのき平または平湯温泉へ。濃飛バスまたはアルピコバスに乗り換え乗鞍山頂（畳平）へ。

■マイカー
登山口の畳平へは通年マイカー規制が敷かれているため、平湯またはほおのき平で濃飛バスに乗り換える。ほおのき平へは中部縦貫道高山ICから国道158号で約29キロ。さらに約7キロで平湯のあかんだな駐車場。あかんだな駐車場から平湯温泉バス停へは徒歩約10分。乗鞍山頂へのバスはシーズン中には30分間隔で運行。

■登山適期
6月～10月。5月中は残雪が多く畳平周辺の散策が中心で、登山は雪上歩行の装備が必要である。

■アドバイス
▽標高2702メートルの畳平にはバスターミナルをはじめホテルや食堂、郵便局、神社、公衆トイレなどがある。
▽乗鞍岳は植物の垂直分布が顕著で、スカイラインの車窓からは標高2500メートル付近で亜高山帯から高山帯に変化する様子を楽しく観察することができる。また、乗鞍岳はハイマツ原の美しい山でもある。桔梗ヶ原や位ヶ原などに、みごとな大ハイマツ原がある。
▽バスターミナルのある平湯温泉は奥飛騨で最も歴史のある温泉街。付

↑摩利支天岳頂上の旧コロナ観測所のドーム
←乗鞍岳のピークのひとつ富士見岳（右）と大黒岳。ともに登山口から30分以内に登れる山だ

の道はよく整備され、標高差も３００㍍強のため、1時間半ほどで登ることができる。畳平周辺には魔王岳や大黒岳、富士見岳、摩利支天岳などたくさんの峰があり、それぞれに花や眺望を楽しむことができる。なお、乗鞍スカイラインは通年マイカー規制のため、バス、タクシー、自転車以外は登ることができない。

■畳平から剣ヶ峰

畳平のバスターミナルの東端から鶴ヶ池に沿うように広い道を進む。左右はお花畑で、とくに池畔の砂礫地ではコマクサの可憐な花が迎えてくれる。大黒岳と富士見岳鞍部の県境から肩ノ小屋への車道を進む。畳平のお花畑に降りてから不消ヶ池への沢をつめて車道に出るコースもあるが、最後は少し登りがきつくなる。

富士見岳登山口を過ぎ、右に摩利支天岳への道を分け、左に進んで信州側に出ると、位ヶ原の美しいハイマツの斜面や剣ヶ峰の眺望が広がる。30分ほどで**肩ノ小屋**に着く。ここには公衆トイレもあり、小屋のカフェでひと休みできる。

ここからいよいよ山道の登りとなる。外輪山のひとつ朝日岳の東側を斜上するが、最初はザクの道で石が多く、すべりやすい。やがて朝日岳の鞍部に着く。ここに来て初めて西側の展望が開け、眼下には権現池の水面が光る。次の蚕玉岳の先で道は二手に分かれる。左に進み、尾根を回りこむと頂上小屋がある。少しの登りで乗鞍岳最高点の**剣ヶ峰**頂上だ。

頂上には信州側の朝日権現社と飛騨側の乗鞍本宮が背中合わせで建っている。眺望は360度で、南方には間近に御嶽山、北には穂高連峰から北アの主稜線が続く。

下山は**畳平**まで1時間ほど。

■頂上付近のコース

●魔王岳　畳平から直接登る最も手軽なコースで、乗鞍岳の頂上に行かない人の大半はこの山に登る。畳平を真下に見下ろし、亀ヶ池も見られる。登り15分、下り10分。

●大黒岳　鶴ヶ池東面にあり、長野との県境から登る。頂上には休憩舎がある。この山はコマクサが多く、また、北の桔梗ヶ原方面へ

車道沿いに咲くコマクサ

近には平湯大滝やネズコの巨木などがある。平湯温泉では、平湯の湯（☎0578・89・3339）、神の湯（令和6年現在休業中）、ひらゆの森（☎0578・89・3338）などで立ち寄り入浴ができる。

■問合せ先

高山市観光課☎0577・32・3333、濃飛バス☎0577・32・1160、アルピコ交通（バス）☎0263・92・2511、乗鞍スカイライン管理事務所☎0577・79・2012

■2万5000分ノ1地形図

乗鞍岳

＊コース図は141㌻を参照。

富士見岳の下りからの畳平の全容。左から恵比須岳、魔王岳、大丹生岳、四ッ岳。右奥は北アルプス

登山者で賑わう剣ヶ峰頂上。奥は乗鞍本宮奥宮

の道を歩けばライチョウに出会う確率も高い。登り30分、下り20分。

●富士見岳　大黒岳の南にある県境稜線の山で、登るのは車道を歩いて南側（富士見岳登山口）から登るのがよい。きつい傾斜はなく、楽な登山が楽しめる。眼下の鶴ヶ池や畳平の眺めがよい。車道から登り30分、下り20分。

●摩利支天岳　肩ノ小屋への車道を途中で右に入り、展望のよい頂上部まで車道を歩く。分岐から登り20分、下り15分。

■その他の乗鞍登山道

かつては乗鞍岳を取りまく周囲の集落から、多くの登山道が付けられていた。その数は13本にも及び、現在は信州側も含めて6本の登山道が残るが、整備の行き届かない道が多い。

●阿多野口　高山市高根町阿多野のAIMIX南乗鞍から登り、中洞権現で千町尾根に合流。登り4時間30分、下り3時間40分（荒廃）。

●子ノ原口　レンゲツツジの名所・子ノ原高原から登り、奥千町で千町尾根に合流（通行止め）。

●青屋口　行者・上牧太郎之助が大正期に開いた道で、一丁ごとに

位ヶ原に広がる大ハイマツ原とエコーライン

注：平湯方面から畳平へのバスは乗鞍スカイラインの崩落により2024年の運行未定（長野県側の乗鞍高原からのバスは運行）。

石仏がある。青屋から九蔵本谷を登り千町ヶ原で千町尾根に合流。登り6時間30分、下り5時間30分。

●日影平口　西麓の国立乗鞍青少年交流の家が起点、丸黒山を経由して千町尾根を登る。途中避難小屋が2カ所ある。登り8時間20分、下り6時間10分（荒廃）。

●平湯口　北面の平湯スキー場から金山岩を経由し、大丹生岳でスカイラインに合流する。登り5時間30分、下り4時間。

（島田　靖）

1 畳平のバスターミナル広場から広い道を県境に向けて歩きだす

2 しばらく進むと右から畳平からの別の道が合流する

3 旧コロナ観測所への分岐。剣ヶ峰へは直進する

4 肩ノ小屋は6月下旬〜10月上旬の営業

5 肩ノ小屋から登山道に入る。しばらくは石屑の歩きづらい道だ

6 朝日岳の鞍部に出ると山上湖のひとつ権現池が見える

7 目指す剣ヶ峰の頂上を眼前にする蚕玉岳の頂上

8 蚕玉岳先の分岐を左に進むと売店のみ営業の頂上小屋がある

奥宮登拝の拠点となる白山比咩神社の室堂祈祷殿

42 壮大なスケールで包み込む、山岳信仰の聖地

白山

はくさん
2702m（御前峰）

一泊二日

第1日　歩行時間＝4時間10分　歩行距離＝5・6km
第2日　歩行時間＝4時間　歩行距離＝7・2km

技術度
体力度

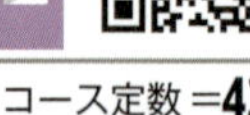

コース定数＝43

標高差＝1464m

累積標高差 ↗1642m ↘1642m

　冬期、日本海側の高山はヒマラヤの南北を迂回してきたジェット気流が収斂し、世界一の強風域となる。加えてシベリアからの寒気が対馬（つしま）暖流の暖かく湿った空気を豊富に抱え、ぶつかった脊梁（せきりょう）山脈で大量の雪を降らせ有数の多雪地帯を生む。石川・富山県境の北方稜線から、福井県に跨り岐阜県の美濃（みの）に至る南北約70キロに及ぶ、それが白山連峰である。その大量の雪と日本海側特有の気象条件がゆえの自然環境下、この地で早くから高山植物の研究が進み、ハクサンの冠を科す植物は20種を数える。高山帯の多彩な表情とともに、山麓のブナやミズナラなどを代表とする原生林の深淵な佇まいは、訪れるものを圧倒し魅了する。

　古来から霊峰として崇められてきた白山は、養老元（717）年に僧・泰澄（たいちょう）によって開山された信仰の山である。山岳信仰の高まりとともに修験の霊場として登拝するための禅定（ぜんじょう）道が発展し、今でも日本各地に約2700社の白山神社があり、白山比咩（ひめ）神社（石川県白山市）はその総本社となっている。深田久弥『日本百名山』での冒頭、氏の「故郷の守護神のような山」や「世相が変わってもその山だけは昔のままで〝あたたかく〟故郷の人を迎えてくれる」という

■鉄道・バス
往路・復路＝名古屋名鉄バスセンターから岐阜バス高速白川郷線（要予約）で白川郷（荻町）へ。濃飛バス牧行きに乗り換えて平瀬温泉へ。平瀬温泉から大白川へはタクシーを利用する。平瀬温泉へはほかにJR高山本線高山駅からの濃飛バスも運行している。

■マイカー
東海北陸道白川郷ICから国道156号で荘川方面へ。平瀬・大白川橋付近の交差点で右折し、県道451号で大白川登山口の駐車場（無料）へ。トイレ、水場あり。県道451号は気象状況により通行止めとなることがある。大雨が予想される場合は登山を控えるなど十分注意すること（問合せ先・岐阜県高山土木事務所☎0577・33・1111）。

■登山適期
大白川への車道が開通するのは6月以降となる。花の季節は7〜8月上旬がよい。秋の紅葉時はブナ帯特有の優美さを誇る。

■アドバイス
▽平瀬道はよく整備された道だが、毎年部分的に崩壊する箇所などもあるので気をつけて通過したい。また、このコースには水場がないので、登山口で準備すること。
▽大白川には飲食や休憩ができる白山レイクサイドロッジ（7月中旬〜

大汝峰から見た御前峰（右）と剣ヶ峰の姿は翠ヶ池を湛えて最も美しく見える場所のひとつ。4500年前の大崩壊と約2900年前の噴火を経た姿だ

語りが、多くの人が惹かれ続ける心象としての白山を象徴している。

ここでは、岐阜県側の登山拠点として人気の、みごとな原生林が広がる大白川口を起点とする平瀬道（大倉尾根コース）を紹介する。

第1日 平瀬温泉から大白川沿いの道をタクシーかマイカーで40分、平瀬道の**登山口**にはダム湖畔の大白川温泉や大駐車場がある。登山はブナやミズナラ、トチノキなどの大木などを縫う、よく整備された階段道からはじまる。ダケカンバも混じり、樹間から白水湖を眺めながらひと汗かいて尾根に出ると、傾斜は緩くなり眺望も開けてくる。主峰の御前峰や剣ヶ峰も見えてくる。

御前峰頂上からの室堂平。周辺部も数万年前に流れ出た溶岩上にある

10月下旬）、大白川露天風呂（6月中旬〜10月下旬）がある。登山口に近いブナ林の中に白山ブナの森キャンプ場がある（7月中旬〜10月下旬開設・☎090・6380・1790、営業期間外はトヨタ白川郷自然學校☎05769・6・1187へ）。

▽白山室堂の営業は5月1日〜6月30日（自炊のみ）、7月1日〜10月15日（食事可）。宿泊の際は要予約。併設施設に売店、金沢大学医学類白山室堂診療所などがある（開設時期限定）。

▽平瀬地区には温泉旅館、民宿が数軒あり、道の駅飛騨白山には大白川温泉しらみずの湯（☎05769・5・4126）もある。

▽登山口の手前には落差72メートルの名瀑・白水ノ滝があり、付近には遊歩道が整備されている。

■問合せ先

白川村観光振興課☎05769・6・1311、白川郷観光協会☎05769・6・1013、岐阜バス☎058・201・0489、濃飛バス☎0577・32・1160、白山タクシー☎05769・5・2341、白山室堂☎076・273・1001、白山レイクサイドロッジ☎05769・6・1311

■2万5000分ノ1地形図

白山

クロユリやハクサンフウロなどが咲き競うお花畑の向こうに、かつて「登り千人、下り千人」といわれた別山から石徹白(いとしろ)への尾根が連なる。白山連峰らしいのびやかで広大な景色だ

南側が崩壊した見晴らしのよい尾根を進み、大倉山の頂上付近を通過して、**大倉山避難小屋**に着く。トイレはないが、丸太づくりの立派な小屋で、荒天の時にはありがたい存在だ。ここから鞍部まで下り、大倉尾根の最後の登りにかかる。このあたりは早い時期には残雪があるので気をつけよう。

花の多い道を登ると、やがて右手にカンクラ雪渓が現れ、剣ヶ峰や御前峰も間近に迫って見える。エメラルドグリーンの白水湖を眼下に見ながら急坂を登りきると平坦な道となり、賽ノ河原(さいのかわら)とよばれるあたりで、尾根上の展望歩道と合流する。ここから先、盛期にはクロユリのみごとな群落を堪能できる。お花畑を進むと**室堂**(むろどう)に着く。室堂にはビジターセンターや診療所、大規模な宿泊施設などがある。センターで受付を済ませ、今日はここで泊ろう。

第2日　早朝、宿舎からは御来光を見る人がいっせいに頂上を目指す。神官の指導のもと**御前峰**でご来拝したあとは**室堂**に戻り、朝食後は剣ヶ峰の周辺湖や大汝(おおなんじ)峰をめぐり、天空の楽園を堪能しよう。

下山は往路を戻るが、所々にすべりやすい箇所もあるので気をつけたい。大白川温泉に着いたら露天風呂が待っている。時間に余裕があれば、名瀑・白水ノ滝を見て帰りたい。

(原　弘展)

CHECK POINT

1

大駐車場の奥にある白山レイクサイドロッジ。左奥へ進むと露天風呂がある

2

古くからある大倉尾根の玄関口。大駐車場からは左にある建物の右際から登る

3

階段状に整備された登山道を登るとすぐにミズナラなどの巨木群と出会う

4

大倉尾根の南斜面にひときわ大きなダケカンバが美しい間合いで林立する

5

変化のある尾根歩きを楽しんでいると立派な大倉山避難小屋に到着する

6

大汝峰が分かつ禅定道は、白山比咩神社(石川県白山市)に至る祈りの道だ

※⑥はサブコース

(左上から時計回りに)イワギキョウ、シナノオトギリ、シモツケソウ、ハクサントリカブト

北竜ヶ馬場へ
北弥陀ヶ原へ
2416
中宮道
ヒルバオ雪渓
2083
1763
大汝神社
大汝峰
2684
白山のピークのひとつ。北アルプスなどの展望
2244
ガス時迷いやすい
翠ヶ池
紺屋ヶ池
血ノ池
剣ヶ峰
2677
白山のピークのひとつだが登山道はない
小カンクラ雪渓
2188
岐阜県
白川村
お池めぐり分岐
通過注意
白山
お花畑
千蛇ヶ池
御前峰
2702
白山の最高点。360度の大展望
1911
転法輪谷
小白水谷
1326
2470
白山比咩神社奥宮
高天原
2489
山頂池めぐりコース
お花畑
大カンクラ雪渓
2000
2100
2200
2300
2400
大倉山避難小屋
北面を巻く
大白水谷
1407
白山比咩神社祈祷殿
室堂
白山室堂
ビジターセンター併設
お花畑
展望歩道分岐
ガレ場
大倉尾根
1.40
1.10
2039
大倉山
トイレはない
鞍部
ブナやミズナラの巨木林
白山レイクサイドロッジ
Start Goal
1238m
登山口
平瀬温泉 国道156号へ
南斜面のみごとなダケカンバ林
平瀬道
2.30
1.40
451
1238
別当出合へ
弥陀ヶ原
トンビ岩コース（石徹白道）
トンビ岩
アルプス展望台
2199
大白川温泉露天風呂
白水ノ滝
大白川ダム
石川県
白山市
エコーライン
展望歩道
1500
白水湖
万才谷
南竜休憩所
南竜山荘
ヤケ谷
ソロ谷
1388
地獄谷
1255
南竜道
2086
南竜ヶ馬場
南竜ヶ馬場野営場ケビン
別山へ
N
0
500m
1:30,000

主稜線に出ると威風堂々たる槍の穂先が姿を現す

槍ヶ岳頂上。周囲は360度の展望

槍ヶ岳山荘と雲海に浮かびはじめた笠ヶ岳

43 槍ヶ岳

万人の富士、岳人の槍、天を衝く憧憬の形

やりがたけ
3180m

一泊二日

第1日　歩行時間＝9時間10分　歩行距離＝13・5km
第2日　歩行時間＝7時間25分　歩行距離＝13・8km

技術度
体力度

コース定数＝62

標高差＝2090m

累積標高差 ↗2243m ↘2243m

その神々しい尖峰からの胸の透く高度感と大眺望。北へ屹立し険を連ねる岩稜帯、西に続く二重山稜に広がる雪田植物群落、加えて多様な地形と地質とが織り成す槍ヶ岳の魅力は尽きない。山岳史上数々のエピソードが宿る、敬愛と孤高の存在でもある。かつて一帯に起こった巨大噴火で大量の火山噴出物を吐き出して以後、顕著な造山運動とともに、当時1000メートルほどだった山の高まりを、一気に3000メートルへと仕立てたと聞く。長年の浸食や岩体崩壊などを経て、氷期の最終局面で氷河は沢地形を大胆に発達させた一方で、堅牢で個性的な四陵を形成していった。槍の穂先はその集束点ではあるが、周囲と異なる礫混じりの固い地質、直下で起こった東西を走る断層の働き、プレートの動きが影響したとされる東への顕著な傾きなど、その成因は極めて複雑だ。

新穂高からの飛騨沢コースは、槍ヶ岳を最短時間で登頂できる。

第1日　**新穂高温泉バス停**から右俣の林道に入り、**白出沢出合**ま

■鉄道・バス
往路・復路＝JR高山本線高山駅から濃飛バスで新穂高温泉へ。

■マイカー
中部縦貫道高山ICから国道158号を平湯方面へ。平湯からは新穂高温泉の駐車場へ。周辺には複数の駐車場がある。無料の新穂高第3駐車場はスノーシェッド中間より左の深山荘へ下り、右奥に進んだ蒲田川沿いの左岸にある。簡易トイレあり。

■登山適期
7月中旬～10月初旬。残雪時は朝晩の冷え込みでアイゼンが必要。

■アドバイス

で広葉樹の多い明るい道を歩く。白出沢を渡って山道に入り、平坦な道を進む。チビ谷を過ぎ、オオシラビソ林を抜けると避難小屋がある**滝谷出合**に出る。滝谷の上流には雄滝、その上部には北穂ドームの大岩壁が威圧する。対岸に渡ると藤木九三のレリーフがある。

道は右俣谷の左岸の上部をへつるように登り、南沢を渡って樹林帯の木道を抜けると**槍平小屋**に着く。ここからは飛騨沢の左岸沿いに登る。最後の水場をすぎて大喰岳西尾根の末端を折り返して登ると、宝の木とよばれるダケカンバの大木のある台地に着く。道はここから長いジグザグの登りとなる。千丈沢乗越への道を分け、上部のカール状の地形をすぎると、標高3000メートル・日本最高所の峠である飛騨乗越に着く。稜線を左へ折れ、幕営地を進むと宿泊地の**槍ヶ岳山荘**に到着する。

第2日　山荘の前で御来光を拝んだら、朝食前に槍の穂先に挑戦しよう。ストックは小屋に置いていく。取り付きから三点支持に徹し、安定したホールドを確実に抑えつつ、慎重にゆっくり登っていく。登りは左ルート、下りは右ルートを必ず守る。平行に並ぶ頂上直下の鉄バシゴも同様だ。適度な緊張を保ちつつ最後のハシゴを越えればいよいよピークに出る。ひと際高度感のある**槍ヶ岳**の頂上は、360度の大展望が広がる。

下山は往路を戻るが、時間が許せば、梓川源流部の槍沢上部、標高2500メートル付近の天狗原には天狗池があり、氷河公園とよばれる圏谷（カール）地形にも足をのばしたい。なお、増水時には各沢の状況を槍ヶ岳山荘や槍平小屋で確認しておこう。　　（原　弘展）

南へのびる縦走路の先に穂高連峰が峻険さを極める

標高差120メートル、ハシゴが連続する槍の穂先頂上直下の登り。三点支持に徹しよう

▽白出谷は通常水流はないが、増水時は大変危険。滝谷も同様。絶対に無理をしないこと。近年開設された左俣へ通じる奥丸山からの道は、エスケープルートとしても使うことができる。槍平小屋で情報を得たい。

▽槍ヶ岳山荘（4月下旬～11月初旬営業）は北アルプス南部最大の小屋で、夏期には東京慈恵医科大の夏山診療所が開設される。山荘では槍ヶ岳を開山した播隆上人を偲んで、毎年9月第1土曜日に播隆祭が行われる。

▽穂高平避難小屋は7月中旬～10月中旬営業（9月以降は週末・祝日のみ）。槍平小屋は7月上旬～スポーツの日営業。

▽滝谷出合にある藤木レリーフの藤木九三は、大正13（1924）年、RCCを結成、わが国で最初に岩登りを普及させた人だ。翌年滝谷の初登攀を早大隊と競ったことは有名。

■問合せ先

高山市観光課☎0577・32・3333、新穂高登山指導センター☎0578・89・3610、濃飛バス☎0577・32・1160、槍ヶ岳山荘☎090・2641・1911、槍平小屋☎090・8863・3021、穂高平避難小屋☎0578・89・2842

■2万5000分ノ1地形図

笠ヶ岳・槍ヶ岳

＊コース図は148・149ページを参照。

大町市
槍ヶ岳山荘
槍ヶ岳
3180
2734
西鎌尾根
千丈沢乗越
1:30
1:00
0:30
ハシゴの連続
槍ヶ岳殺生ヒュッテ
飛騨乗越
東鎌尾根
2884
ヒュッテ大槍
水俣乗越へ
槍沢ロッヂ・横尾へ
千丈沢乗越分岐
大喰岳
3101
播隆窟
グリーンバンド
天狗原分岐
2段のハシゴ
中岳
3084
2:10
2:20
天狗池
2524
天狗原
2986
下山時右の旧道に入らないこと
ハシゴの連続
天狗原稜線分岐
1:10
1:45
天狗のコル
0:10
0:15
西尾根
2631
南岳新道
南岳
3033
4:00
3:00
0:15
0:10
南岳小屋
獅子鼻展望台
滝谷、穂高連峰の眺めがよい
2748
大キレット最低鞍部
雄滝
雌滝
滝谷
ナメリ滝
長谷川ピーク
2841
2479
北穂池
A沢のコル
長野県
松本市
北穂高小屋
北峰
北穂高岳
南峰
3106
東稜
南稜
ドーム
蒲田富士
2742
涸沢槍
涸沢岳
3103
3110
2553
涸沢小屋
白出のコル
ザイテングラード
パノラマコース
穂高岳山荘
2326
涸沢ヒュッテ
奥穂高岳
3190
ジャンダルム
3163
吊尾根
天狗のコル
北尾根
2909
天狗岩
扇沢
天狗沢
前穂高岳
3090
2907
間ノ岳

CHECK POINT

槍・穂高連峰、笠ヶ岳、双六岳などの起点となる登山指導センター。登山届の提出やトイレ、水の補給ができる

奥穂高岳への道を右に分け、白出沢を対岸に渡る。増水時は要注意

トウヒやコメツガの林が広がる右俣沿いの林道を滝谷へ向かう

滝谷の徒渉。増水時は潔くあきらめるか、十分に水が引くまで渡らないこと

徒渉した先には滝谷を初登攀した藤木九三をたたえる彼のレリーフがある

南沢をすぎればまもなく木道が現れ、水が豊富な槍平小屋に到着する

最後の水場をすぎると、いよいよ飛騨沢づめの佳境に入る

飛騨沢を登りつめ、ようやく槍・穂高稜線上の飛騨乗越にたどり着く。東に常念岳、蝶ヶ岳の稜線が望める

初日は槍ヶ岳山荘で宿をとる。到着時間と天候次第で穂先の登攀を当日か翌日か判断する

氷河公園の天狗池に映る逆さ槍。紅葉の時期はとくにすばらしい景観が広がる

※⑩はサブコース

鏡平山荘
双六小屋へ
鏡池
鏡平
シシウドヶ原
2303
2667
秩父平
イタドリヶ原
小池新道
秩父岩
2792
抜戸岳
2813
岐阜県
高山市
奥丸山登山口
下丸山
1852
小池新道入口
ブナ、トチノキ
コメツガ、ネズコ林
奥丸新道
ここまで林道歩き
中崎尾根主稜線
北アルプスでも群を抜く急登。上部は木の根がからみ歩きづらい
ブナ林の道
わさび平小屋
笠新道
笠新道登山口
1816
中崎尾根
1670
中崎橋
中崎山
1744
左俣林道
お助け風穴
1650
飛騨沢増水時のエスケープルート
2388
最後の水場
奥丸山分岐
標識
山の神
槍平小屋
2440
奥丸山
2355
東側が切れ落ちている
2294
藤木レリーフ
増水時注意
滝谷出合
滝谷避難小屋
増水時注意
白出沢出合
白出小屋跡
増水時注意
右俣林道
荷継小屋跡
近道
穂高平避難小屋
穂高平
新穂高温泉駅
ゲート
中崎山荘
奥飛騨の湯
新穂高温泉バス停
1090m
鍋平高原駅
しらかば平駅
新穂高ロープウェイ
登山指導センター
無料
Start Goal
平湯、高山駅へ
西穂高岳へ
双六小屋へ
笠ヶ岳へ
杓子平
2472
1:40,000

44 奥穂高岳

飛騨側のルートで北アルプスの最高峰に立つ

おくほたかだけ　3190m

一泊二日

第1日　歩行時間＝8時間30分　歩行距離＝8・8km
第2日　歩行時間＝7時間50分　歩行距離＝10・0km

技術度
体力度

コース定数＝**59**

標高差＝2100m

累積標高差　↗2220m　↘2220m

白出のコルに建つ穂高岳山荘。背後は涸沢岳

北アルプスの最高峰である奥穂高岳は穂高連峰の中軸に位置し、西穂高岳に続く南側の稜線に前衛峰のジャンダルムの大岩峰をしたがえ堂々とそびえる。「飛騨（ひだ）の名ガイド」今田重太郎が、標高2996メートルの白出（しらだし）のコルに最初に穂高岳山荘を建てたのは大正13（1924）年のこと。以来、奥穂高岳登山にこの小屋の果たしてきた役割は大きい。飛騨側唯一のルートである白出沢からの道は、小屋の建設資材を担ぎ上げた歴史あるコース。途中に山小屋はなく、上部の岩塊上の道も長いが、そのぶん静かな山旅を味わうことができる。

第1日　新穂高温泉でバスを下りたら、登山指導センターで登山届を提出しよう。右俣（みぎまた）林道に入り、穂高平避難小屋へ。サワクルミやブナの林が続く林道を進み、**白出小屋跡**で標識にしたがい右へ。

本格的な山道となり、シラビソの樹林の道を登っていく。西穂沢の出合をすぎ、白出沢に沿うように進む。両岸を岩壁に阻まれたところで**白出沢の橋**を渡る。対岸の岩壁を砕いて付けられた道は、「重太郎の岩切道（がんきりみち）」とよばれ、クサリ

白出沢上部はカタツムリ岩などがあるガレ場の急登が続く

■鉄道・バス
146ページ・「槍ヶ岳」を参照。
■マイカー
146ページ・「槍ヶ岳」を参照。
■登山適期
7月～10月。白出沢の橋が架けられるのは7月から。白出沢上部のセバ

奥穂高岳頂上付近からのジャンダルム（3163㍍・左）と笠ヶ岳

をつたいながら慎重に通過していく。このあたりは天狗（てんぐ）沢と鉱石（こうせき）沢、白出沢が交わり、三俣ともいわれる複雑な地形になっている。

左の鉱石沢に入り、途中から右手の尾根に移る。木の根の張った階段状の急登を抜けると、**荷継（につぎ）小屋跡**に出る。ここから右手の白出本沢に入っていくが、左の荷継沢に迷いこむ人もいるので要注意。

ナナカマドの多い岩ばかりの道を登り続けると、右から**セバ谷**が食いこんでいる。このあたりは毎谷付近の雪渓に注意したい。白出沢の状況については穂高岳山荘のホームページもしくは山荘へ問合せを。

白出のコルから涸沢へのザイテングラートを見下ろす

■アドバイス

穂高平避難小屋は7月中旬～10月中旬（9月以降週末、祝日のみ）営業。穂高岳山荘は4月下旬～11月初旬営業で、夏期には岐阜大学医学部診療所が開設される。

▽最後の水場は鉱石沢で、必ず水を補給しておく。その鉱石沢は、上部から落石があるので注意。また、白出沢上部の岩塊の道は判然としない箇所が多いので、慎重に歩くこと。

▽ジャンダルムへは穂高岳山荘から片道1時間半ほどで行けるが、途中馬の背、ロバの耳などの難所があり、初級者は立ち入らないこと。

▽頂上から長野県側の涸沢、横尾を経由して上高地に下山する場合は約6時間30分、前穂吊尾根、重太郎新道経由で上高地に下山する場合は約7時間20分の行程。

■問合せ先

高山市観光課☎0577・32・3333、新穂高登山指導センター☎0578・89・3610、濃飛バス☎0577・32・1160、穂高岳山荘☎090・7869・0045、穂高平避難小屋☎0578・89・2842

■2万5000分ノ1地形図

笠ヶ岳・穂高岳

＊コース図は153㌻を参照。

CHECK POINT

1 右俣林道を進むと、小鍋谷に架かる橋の手前にゲートがある。通過して進む

2 穂高平避難小屋。営業期間中は管理人が常駐する。基本的には素泊まりだ

3 新穂高から約2時間で白出小屋跡へ。ここで林道を離れ右の登山道に入る

4 シラビソの樹林からヒロハカツラのトンネルに変わる

5 白出沢に架かる木橋と重太郎の岩切道。増水時は橋が流されることがある

6 鉱石沢は落石に注意。登りの際はここから右の樹林に入っていく

7 荷継小屋跡。登りの際は間違って左の荷継沢に入りこまないようにしたい

8 セバ谷出合。雪が遅くまで残ることがある

9 間違い尾根は残雪時などには名前の通り進行方向を誤りやすい。標識やペンキ印を注視すること

10 展望盤と石づくりの穂高神社嶺社が建つ奥穂高岳頂上。抜群の展望を誇る

奥穂高岳への登りからの涸沢岳（左）、北穂高岳（右）、槍ヶ岳（中央奥）

穂高岳山荘は薪ストーブやオーディオが設置されたロビーや図書室などがある

年遅くまで雪渓が残るところだ。

やがて稜線上に建つ穂高岳山荘の石垣が見えてくるが、いつまでも歩きづらい岩の登りが続く。カタツムリ岩をすぎてしばらく登ると、ようやく**穂高岳山荘**にたどり着く。

第2日　奥穂高岳への道は山荘の南側から岩壁に取り付くが、いきなり鉄ハシゴの急峻な登りだ。すれ違いができないので、登り口でよく見極めてから登りたい。

上部稜線に出るとなだらかな道となり、間違い尾根を越えると眼前にジャンダルムの巨大な岩峰の威容が見えてくる。

登り着いた**奥穂高岳**の頂上には穂高神社嶺社が建ち、その脇の高みには展望盤が設置されている。

大展望を楽しんだら往路を下るが、**穂高岳山荘**手前での岩場の下降に気をつける。また、白出沢は終始岩場歩きだけに、ゆっくり慎重に下ること。増水時には穂高岳山荘で白出沢の橋の情報を確認しておこう。（島田　靖）

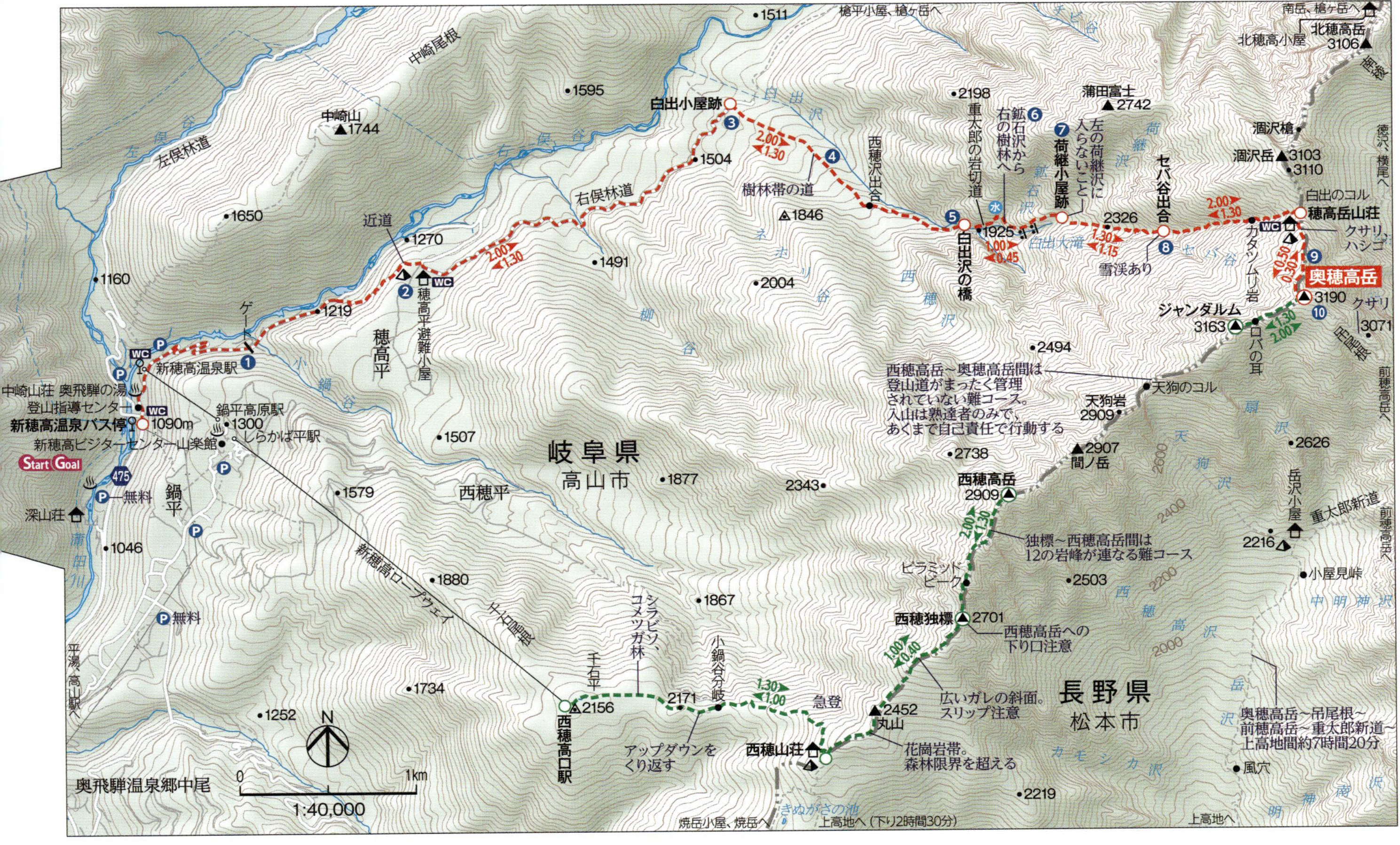

Start Goal
新穂高温泉バス停
中崎山荘 奥飛騨の湯
登山指導センター
新穂高ビジターセンター山楽館
新穂高温泉駅
鍋平高原駅
しらかば平駅
1090m
1300
深山荘
無料
鍋平
平湯・高山駅へ
奥飛騨温泉郷中尾
新穂高ロープウェイ
西穂高口駅
1:40,000
0
1km
ゲート
近道
穂高平
穂高平避難小屋
左俣林道
右俣林道
中崎尾根
中崎山
1744
白出小屋跡
樹林帯の道
西穂沢出合
白出沢の橋
重太郎の岩切道
右の鉱石沢から樹林へ
荷継小屋跡
左の荷継沢に入らないこと
白出大滝
雪渓あり
セバ谷出合
蒲田富士
2742
涸沢槍
涸沢岳
3103
3110
白出のコル
穂高岳山荘
クサリ、ハシゴ
カタツムリ岩
奥穂高岳
3190
クサリ
3071
吊尾根
ジャンダルム
3163
ロバの耳
天狗のコル
天狗岩
2909
間ノ岳
2907
西穂高岳～奥穂高岳間は登山道がまったく管理されていない難コース。入山は熟達者のみで、あくまで自己責任で行動する
西穂高岳
2909
独標～西穂高岳間は12の岩峰が連なる難コース
ピラミッドピーク
西穂独標
2701
西穂高岳への下り口注意
広いガレの斜面。スリップ注意
丸山
2452
花崗岩帯。森林限界を超える
急登
西穂山荘
きぬがさの池
上高地へ（下り2時間30分）
焼岳小屋、焼岳へ
小鍋谷分岐
2171
アップダウンをくり返す
シラビソ、コメツガ林
千石平
千石尾根
2156
西穂平
岐阜県
高山市
長野県
松本市
岳沢小屋
重太郎新道
2216
小屋見峠
風穴
奥穂高岳～吊尾根～前穂高岳～重太郎新道～上高地間約7時間20分
上高地へ
前穂高岳へ
北穂高小屋
北穂高岳
3106
南岳、槍ヶ岳へ
槍平小屋、槍ヶ岳へ
徳沢、横尾へ
1511
1595
1650
1160
1270
1219
1491
1504
1846
2004
2198
1925
2326
2494
2738
2626
2503
2343
1877
1507
1579
1046
1880
1867
1734
1252
2219
2:00
1:30
1:00
0:45
1:15
0:50
0:30
0:40

45

焼岳

類稀な景観をつくった上高地の際立つ立役者

やけだけ
北峰2444m（最高点＝南峰2455m）

日帰り

歩行時間＝7時間30分
歩行距離＝10.1km

技術度
体力度

コース定数＝31
標高差＝1289m
累積標高差 1333m 1333m

上高地から仰ぐ目覚めの焼岳。山肌を縦に刻む上堀沢や中堀沢などの壁には、当時の火砕サージ（高温・高速の火山ガス）の痕が積層となって残る

頂上部の特徴的な丸い形状は2300年前の噴火により形成された溶岩円頂丘だ。昭和新山や雲仙・普賢岳と並び、粘性の高いマグマの性質を表している。北峰からは、硫黄分を含む水蒸気が今なお噴出する活火山である。

焼岳の歴史は上高地一帯の山岳景観を担う噴火の歴史でもある。

北峰頂上。笠ヶ岳など360度の眺望が開ける

かつて世界規模の巨大噴火を引き起こした火山がここにあった。やがて飛騨山脈での地殻変動による急激な隆起が収束すると、そこへ焼岳火山群・白谷山―アカンダナ火山の活動がはじまる。2度の氷河期は堅牢な岩を削り、今の穂高

北峰からの南峰や頂上火口の正賀池などの眺め

■鉄道・バス
往路・復路＝JR高山本線高山駅から濃飛バスで中尾高原口へ。登山口までは約3キロ・約50分。

■マイカー
中部縦貫道高山ICから国道158号を平湯温泉方面へ。平湯温泉からは新穂高温泉方面へ進み、トンネルを出たところで、右の中尾温泉方面への道に入る。中尾温泉街をすぎ、砂防道路に入ったすぐ左に登山者用無料駐車場がある。15台程度駐車可。登山口へは徒歩20分。

■登山適期
6月からが登山シーズン。初夏の山麓ではキビタキやコマドリのさえずりが森に響く。ブナが色づく秋には、上部は白い霜が草木を覆い、澄んだ空気の中ひときわ眺望が広がる。

■アドバイス
▽現在登ることができるのは北峰のみで、本峰の南峰は危険で登ることができない。また、火口湖の正賀池へは下りてはならない。
▽展望台は新旧中尾峠間の台地で、展望は抜群。ここまででも十分満足できる。
▽鍋助横手は昔、鍋助という人物が滑落死した場所で、ササ原の急斜面は転落したら止まらないので要注意。ここでは休憩しないこと。
▽焼岳へは紹介コースのほか最短路の中の湯旅館、代表的な上高地、西

CHECK POINT

1 砂防林道を進んだ先に掲げられた焼岳登山口看板。割谷を渡って登りはじめる

2 三木秀綱を祀る秀綱神社が岩とともにひっそりと佇む(鳥居は撤去ずみ)

3 旧中尾峠を右に折れ、北峰への急登にとりかかる。ザレた道でのスリップに注意

4 頂上直下は水蒸気の噴出口の右を慎重に攀じる。復路も後ろ向きに下りること

5 新中尾峠に建つ焼岳小屋。山小屋の風情に愛好者は多い

※⑤はサブコース

頂上からの穂高連峰と上高地。梓川の流れも左右からの大量の土砂によって変えられた様がわかるようだ

連峰の山容が整いはじめる。その後、この火山群の噴出物などにより、当時は飛騨方面に流れていた梓川も流路を断たれ、数千年に及ぶ上高地の貯水がはじまる。これが類稀かつ美しい景観をつくりだしたとされる。今我々が目にする上高地は、数々のダイナミックな地球史を経つつ、百数十万年以上かけてできあがった姿として思いをめぐらせたい場所でもある。

頂上への登山は噴火の危険があり長い間禁止され、展望台までしか行けなかったが、現在は北峰頂上への登山が可能だ。本峰である南峰は登山禁止となっている。登山道は稜線からの道を含め5本が通じていたが、旧中の湯温泉からの直登ルートは現在廃道に近い。

紹介する飛騨側からの道は、古くより中尾から信州に通じていた旧鎌倉街道で、歩きやすい道だ。バス利用の場合は中尾高原口バス停から、マイカーの場合は**登山者用駐車場**から車道を歩き、焼岳の**登山口**に向かう。

標識にしたがって右の小谷を渡ると、すぐに登りとなる。水場はここが最後だ。15分ほどで平坦な台地に出ると、ブナの原生林がみごとだ。緩い登りで林道を横切り、ブナの大木が林立する広い斜面をジグザグに高度を上げる。途中、白水ノ滝展望所から大きく右に回りこむと鍋助横手だ。ここから西面に移ると、ダケカンバが多くなり、針葉樹帯へと変わっていく。

穂山荘からの計4本のコースがある。上高地からの道は登り約5時間、中の湯旅館へは下り約3時間。

▽近年、焼岳周辺での群発地震や火山性微動が多発している。入山前に気象庁の情報をチェックして、活動状況や噴火警戒レベルなどを必ず確認してほしい。

▽戦国時代、高山の松倉城主・三木秀綱は秀吉の命を受けた金森長近に攻められ、旧鎌倉街道の中尾峠を通って信州へ逃れ自害した。秀綱神社は秀綱を祀る岩屋の祠だ。

▽中尾温泉には立ち寄り入浴できる宿が多数。問合せは奥飛騨温泉郷観光案内所(☎0578・89・2458)へ。

■問合せ先

高山市観光課☎0577・32・3333、新穂高登山指導センター☎0578・89・3610、濃飛バス☎0577・32・1160、焼岳小屋☎090・2753・2560

■2万5000分ノ1地形図

笠ケ岳・焼岳

ブナなどの巨木が立ち並ぶ登山道

コメツガやトウヒの林をジグザグに登りつめると、平坦になったところに雨量観測所があり、すぐ左手の大岩の下に秀綱神社が建つ。ここからオオシラビソの林を涸れ沢沿いに進むと、道は左右に分かれる。左は焼岳小屋の建つ新中尾峠への道だ。

右に進み、ササ原の中に立ち枯れの木が目立つようになると、右上方に焼岳頂上部が現れる。やがて明るい**中尾峠**に着く。旧焼岳小屋跡のすぐ北側に展望台がある。

峠からは見晴らしのよい登りとなる。溶岩の露出した急な登りはすべりやすいので慎重に行動する。頭上の覆いかぶさるような溶岩壁を左に回りこんで肩に出る。ここで中の湯への道が分岐する。右へ噴煙の上がる岩壁の道を乗り越すと、焼岳**北峰**に出る。

頂上からは、火口湖の正賀池と隠居穴を眼下に、北東に六百山・霞沢岳、西に白山、やや北寄りに笠ヶ岳を望む。北方には槍の穂先の向こうに野口五郎岳から続く裏銀座の山並みが薬師岳の雄姿と重なる。手前の稜線をたどれば穂高連峰が目の前だ。優美な吊尾根を中心とする明神岳～西穂高岳、上高地一帯を賞翫するのに、対面の霞沢岳と並び、これほど優れた場所はほかに見あたらない。

下山は往路を戻る。

（原　弘展）

46

岐阜県が誇る名峰は雲海と槍・穂高の展望台

笠ヶ岳

かさがたけ 2898m

一泊二日

第1日 歩行時間＝7時間55分 歩行距離＝10・9㎞
第2日 歩行時間＝5時間20分 歩行距離＝7・0㎞

技術度
体力度

コース定数＝53

標高差＝1928m

累積標高差 2172m 2280m

抜戸岳の稜線からの笠ヶ岳。右の小ピークは小笠

祠が建つ笠ヶ岳北側のピーク

北アルプスの主稜から離れてそびえる笠ヶ岳。他の県との県境に接しない山では岐阜県内の最高峰で、どこから眺めても笠の姿を崩さない優美な山容は、県が誇る名山である。古くから信仰の対象とされてきた山で、文政年間に修行僧・播隆が数回の登頂を果たし、頂上に阿弥陀仏を奉納したとされる。その際、東方に天を衝く鋭鋒の姿に感動して、槍ヶ岳開山を決意したといわれている。

笠ヶ岳の登山道は歴史とともに変遷してきている。播隆の登った笠谷や打込谷、穴毛谷、クリヤ谷などの道が付けられたが、現在使われているのは弓折岳からの稜線の道とクリヤ谷の道、そして昭和40（1965）年の岐阜国体山岳競技のために開かれた、左俣林道からの笠新道である。

笠ヶ岳のすばらしいところは、何といっても蒲田川の谷を埋め尽くす雲海と、その上に屏風のように連なる槍・穂高の西面の姿であろう。ブロッケンが見られるのも、この雲海があるからこその幸運だ。

ここでは、笠新道を登って頂上に立ち、歴史あるクリヤ谷の道を下山するコースを紹介する。

■鉄道・バス
往路＝146ページ・「槍ヶ岳」を参照。復路＝中尾高原口から濃飛バスで高山駅へ。

■マイカー
146ページ・「槍ヶ岳」を参照。下山地の中尾高原口にも駐車場がある。

■登山適期
6月下旬～10月。

■アドバイス
▽笠新道は急登が長いので、鏡平を経由し、2泊3日で歩いてもよい。
▽クリヤ谷の徒渉は増水時危険。
▽蒲田川上流部は朝晩に雲海が発生しやすく、ブロッケン現象が見られるチャンスも多い。笠ヶ岳山荘から雲海越しに見る槍・穂高のシルエットは絶景。西の白山もすばらしい。
▽秘湯の一軒宿である槍見の湯槍見舘（☎0578・89・2808）は10～14時の間外来入浴ができる。

■問合せ先
高山市観光課☎0577・32・3333、新穂高登山指導センター☎0578・89・3610、濃飛バス☎0577・32・1160、笠ヶ岳山荘☎090・7020・5666

■2万5000分ノ1地形図
笠ヶ岳・三俣蓮華岳

第1日 新穂高温泉バス停の一角にある登山指導センターで登山

届を提出して出発する。左俣林道に入り、やがて左から穴毛谷が出合うと笠ヶ岳東面の複雑な地形が姿を現わす。中崎橋で右岸に渡り、ヘリポート広場の先の左手に**笠新道の登山口**がある。水が引いてあるので、補給しておこう。

笠新道に入ると、ブナ林の中の長い登りがはじまる。標高1800㍍あたりよりシラビソの樹林に変わる。左手の尾根に回りこみ、高度を上げていくと展望が開ける。対岸の穂高の嶺を振り返りながらひたすら登っていき、標高2450㍍の抜戸南尾根を越えると景色が一変し、眼前に杓子平のカールが広がるようになる。

お花畑の中央の尾根を登り、抜戸岳頂上付近で**稜線**の道に出る。左に折れると、展望の稜線歩きとなる。正面に笠ヶ岳の勇姿を見ながら進み、抜戸岩の奇岩をくぐると登りにかかる。キャンプ地をすぎ、石畳の道を進むと**笠ヶ岳山荘**に到着。山荘からは東面の絶景が、山荘裏手に出れば白山に沈む夕日を見ることができる。

第2日　山荘から**笠ヶ岳**の頂上に登る。わずか15分ほどである。

絶景に満足したら、南側の尾根に向けて下っていく。稜線から右の笠谷側に出て、ハイマツの中の巻道を進む。雷鳥岩をすぎ、展望のよいクリヤの頭からササの多いクリヤ谷に下りていく。途中、左手に水場がある。

蜂ノ巣岩をすぎ、しばらくしてブナ林に入るとクリヤ谷沿いの道になる。さらに下るとクリヤの岩小屋がある。相当広いので、天候急変による増水時など、いざという時に安心だ。ここで左岸に移り、錫杖沢出合へ。ここから眺めるブナ林越しの錫杖岳前衛フェースの大岩壁には圧倒される。

穴滝上部でクリヤ谷を渡ったら、大木場ノ辻の東斜面を横切るように下る。最後の急斜面を下ると**槍見温泉**に出る。**中尾高原口バス停**へは5分ほどなので、その前に汗を流そう。

（島田　靖）

稜線からの穂高連峰の眺めはすばらしい

穴滝上部のクリヤ谷徒渉点。増水時には注意

CHECK POINT

1 笠新道の下部はブナ林の急登がえんえんと続く

2 抜戸岳南尾根に出ると杓子平のカールが展開する

3 抜戸岩はその名の通り岩の間を抜けていく

4 笠ヶ岳と小笠の鞍部に建つ笠ヶ岳山荘。下部にはテント場もある

5 クリヤの頭まで来ると視界が開け、槍・穂高が正面だ

6 錫杖沢出合からは錫杖岳の岩峰が眺められる

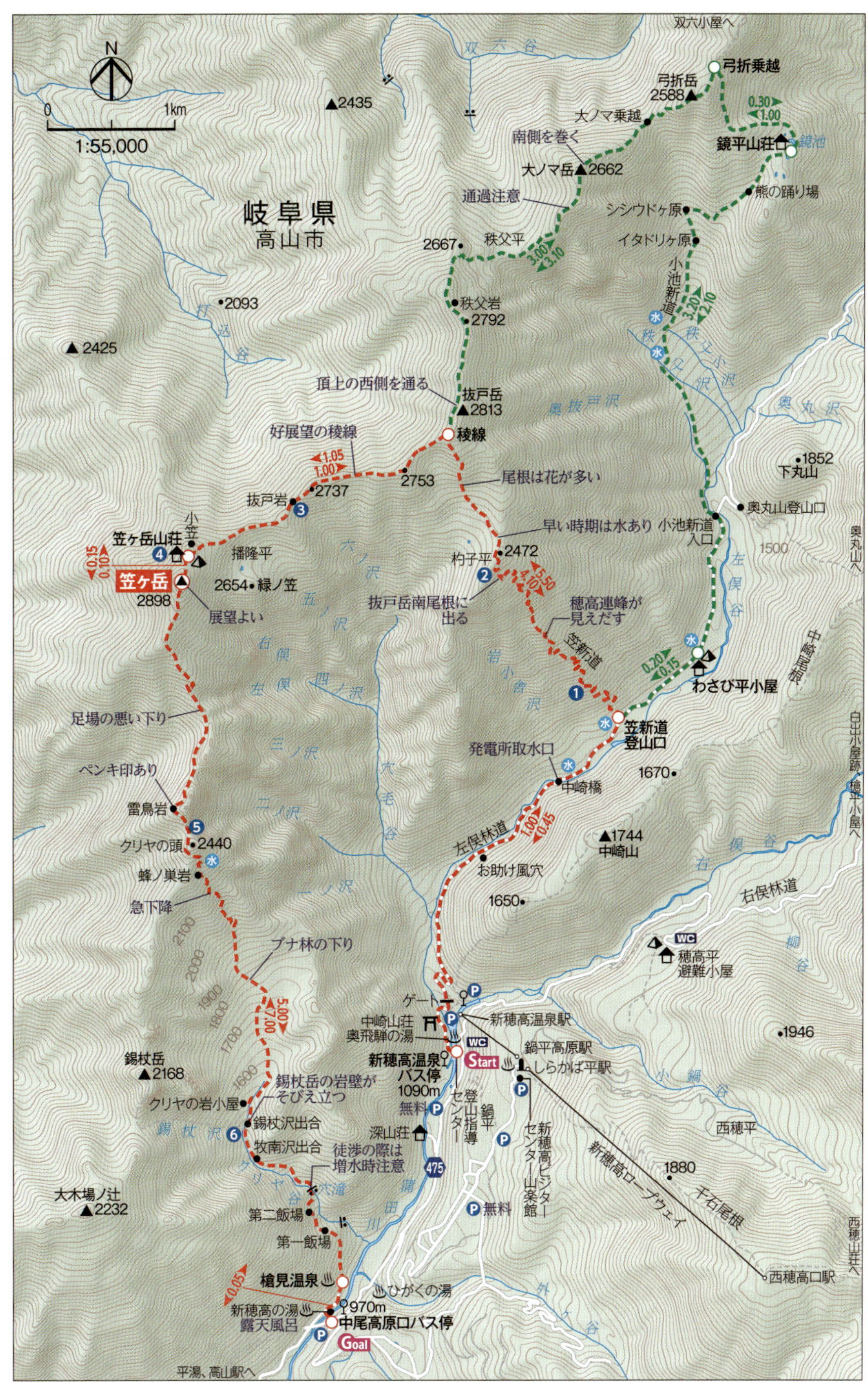
岐阜県
高山市
1:55,000
0
1km
N
双六小屋へ
双六谷
弓折乗越
弓折岳
2588
大ノマ乗越
南側を巻く
鏡平山荘
鏡池
0.30
1.00
大ノマ岳
2662
熊の踊り場
通過注意
シシウドヶ原
イタドリヶ原
2667
秩父平
3.00
3.10
小池新道
3.20
2.10
秩父岩
2792
2435
2093
2425
打込谷
秩父小沢
頂上の西側を通る
抜戸岳
2813
奥抜戸沢
奥丸沢
稜線
好展望の稜線
1.05
1.00
2753
尾根は花が多い
1852
下丸山
抜戸岩
2737
奥丸山登山口
早い時期は水あり
小池新道入口
笠ヶ岳山荘
小笠
播隆平
杓子平
2472
1500
0.15
0.10
笠ヶ岳
2898
2654
緑ノ笠
抜戸岳南尾根に出る
5.50
4.10
左俣谷
展望よい
穂高連峰が見えだす
笠新道
0.20
0.15
わさび平小屋
奥丸山へ
中崎尾根
足場の悪い下り
笠新道登山口
発電所取水口
1670
中崎橋
ペンキ印あり
雷鳥岩
クリヤの頭
2440
左俣林道
1.00
0.45
1744
中崎山
蜂ノ巣岩
お助け風穴
右俣谷
急下降
1650
右俣林道
白出小屋跡・槍平小屋へ
ブナ林の下り
穂高平避難小屋
柳谷
WC
ゲート
5.00
7.00
中崎山荘
奥飛騨の湯
新穂高温泉駅
鍋平高原駅
しらかば平駅
1946
新穂高温泉バス停
1090m
Start
錫杖岳
2168
錫杖岳の岩壁がそびえ立つ
クリヤの岩小屋
無料
登山指導センター
鍋平
新穂高ビジターセンター山楽館
小鍋谷
錫杖沢出合
深山荘
西穂平
錫杖沢
牧南沢出合
徒渉の際は増水時注意
475
1880
新穂高ロープウェイ
千石尾根
大木場ノ辻
2232
穴滝
蒲田川
無料
第二飯場
第一飯場
クリヤ谷
槍見温泉
0.05
ひがくの湯
西穂高口駅
西穂山荘へ
新穂高の湯露天風呂
970m
中尾高原口バス停
Goal
外ヶ谷
平湯、高山駅へ

カールを抱いた山容が特徴的な黒部五郎岳

47 双六岳・三俣蓮華岳・黒部五郎岳

展望と花園、のびやかな稜線漫歩が満喫できる山旅

二泊三日

第1日 歩行時間＝7時間5分 歩行距離＝13.0km
第2日 歩行時間＝7時間35分 歩行距離＝12.5km
第3日 歩行時間＝8時間50分 歩行距離＝19.1km

すごろくだけ 2860m
みつまたれんげだけ 2841m
くろべごろうだけ 2840m

技術度 ■■□□□
体力度 ■■■■■

コース定数＝**94**

標高差＝1770m

累積標高差 ↗3598m ↘3598m

飛騨側の玄関口・新穂高温泉バスターミナルは、蒲田川が二股に分かれ、右俣谷は槍・穂高への道、左俣谷は、笠ヶ岳、双六岳方面への道がのびていく。ここでは、左俣谷を進み、双六岳、さらに三俣蓮華岳、最後に黒部川源流部の黒部五郎岳の頂上に立つ、2泊3日のプランを紹介する。

このコースには、北アルプス最奥の地へと続く様々な魅力がある。何といっても、弓折稜線上の豊富な花と槍・穂高の展望のすばらしさは絶品である。ほかにも、

花見平は山々を見渡す稜線漫歩

小川が流れ、花が咲く黒部五郎カール

■**鉄道・バス**
146ページ・「槍ヶ岳」を参照。

■**マイカー**
146ページ・「槍ヶ岳」を参照。

■**登山適期**
7月中旬から10月初旬の間が一般的。残雪時は道を見失いやすいので注意が必要。ワサビ平のブナ林の新緑が美しいのは6月。花の季節は7月からで、弓折稜線や双六の稜線、黒部五郎カールの中は、花景色と百名山の山々の展望がすばらしい。秋の紅葉は9月下旬からで、弓折稜線や鏡平、五郎カールなどのナナカマドがみごと。

■**アドバイス**
▽各山小屋の営業期間は、年にもよるが、わさび平小屋が7月10日～10月20日、鏡平山荘が7月10日～10月15日、双六小屋が7月10日～10月20日、黒部五郎小舎が7月10日～10月15日（いずれも要予約）。
▽秩父沢の橋は7月に架けられる。小池新道の下部は6月中にはたくさんの雪渓が残り、視界のない時は道迷いに注意。秩父沢の雪渓には春道が付けられ、上部を巻く。弓折の巻道にも直上する春道が付けられる。双六岳への道も、中道からの春道がある。
▽西鎌尾根の樅沢岳は槍ヶ岳の絶好の撮影ポイント。双六小屋から30分ほどで登れるので行ってみたい。

鏡池の展望デッキからは槍・穂高のすばらしい眺めが楽しめる

双六頂上台地からの双六岳

ひょうたん池畔に建つ鏡平山荘

双六岳からも美しい槍の展望、コバイケイソウの大群落の黒部五郎岳など、好天に恵まれれば、最高級の景色に浸ることができる。そして、周囲に名だたる百名山に囲まれた黒部川最源流への山旅は、山歩きのすべての楽しみを満たし、日本のどの山よりも勝る喜びを味わわせてくれることだろう。

山小屋も多く、ブナ林の中のわさび平小屋、池が点在する秘境の中の鏡平山荘、双六小屋、三俣山荘、黒部五郎小舎と、選択肢が豊富。また、このコースの山小屋は人情味も豊かで、食事のおいしさにも定評がある。

第1日　新穂高温泉でバスを降りたら、登山指導センターで登山届を提出しよう。左俣谷に沿って林道を進み、橋を渡って右岸に移る。笠新道の登山口あたりからブナの林が目立つようになってくると、まもなく**わさび平小屋**に着く。周囲のブナは平坦地の林が特徴的で、イワガラミなどツル植物の花がブナの木にからんでいる。対岸の奥丸尾根から抜戸南尾根の東面にかけて、広範囲にブナ林帯が続く。

そのブナ林を抜け、下抜戸沢をすぎて橋の手前から小池新道に入る。河原に下りたら左手へ進み、奥抜戸沢のゴーロの中を行く。岩塊流の斜面を横切るあたりから槍や穂高も見えてくる。その先で秩父沢の橋を渡るが、次の秩父小沢とともに最後の水場なので、必ず給水していこう。

岩の多い道はいくつかの沢を横切りながら、チボ岩、イタドリヶ原、シシウドヶ原と進んでいく。大ノマ谷の分岐から右に折れ、鏡沢に入っていく。熊の踊り場をすぎて右手に登りつめると鏡平で、美しい鏡池に映る槍・穂高の姿は神秘的だ。そのすぐ先に**鏡平山荘**が建っている。

名物のかき氷を食べてひと休みして出発する。池の橋を渡り、急登を終えると弓折岳の中段に出る。ここから右に斜上し、稜線に上がったところが**弓折乗越**だ。

ここからは花と展望のすばらしい道となる。東には槍・穂高連峰が屏風のようにそびえる。途中の花見平は絶好の休憩ポイント。その先の黒ユリベンチをすぎて双六池へと下ると、鞍部に建つ**双六小**

＊コース図は162・163ジペーを参照。

▽新穂高温泉には日帰り入浴施設の中崎山荘奥飛騨の湯（☎0578・89・2021）がある。

■問合せ先
高山市観光課☎0577・32・3333、新穂高登山指導センター☎0578・89・3610、濃飛バス☎0577・32・1160、双六小屋・わさび平小屋・鏡平山荘・黒部五郎小舎☎0577・34・6268、奥飛騨温泉郷観光案内所☎0578・89・2458

■2万5000分ノ1地形図
笠ヶ岳・三俣蓮華岳

黒部五郎岳
(中ノ俣岳)
2840
黒部五郎の肩
北ノ俣岳、太郎平小屋へ
黒部五郎カール
お花畑
草原
黒部五郎小舎
五郎平
飛騨市
富山県
富山市
チングルマ平
巻道分岐
三俣蓮華岳
2841
三俣山荘
三俣蓮華岳～三俣山荘間
40分（逆コース50分）
丸山
2854
中道
巻道コース
長野県
大町市
双六岳
2860
槍ヶ岳の眺めがよい
双六南峰
2819
双六小屋
樅沢岳
2755
槍ヶ岳の撮影ポイント
西鎌尾根
硫黄乗越
岐阜県
高山市
弓折乗越
弓折岳
2588
大ノマ乗越
大ノマ岳
2662
秩父平
花見平
鏡平山荘
鏡平
鏡池に映る槍ヶ岳が美しい
熊の踊り場
シシウドヶ原
イタドリヶ原

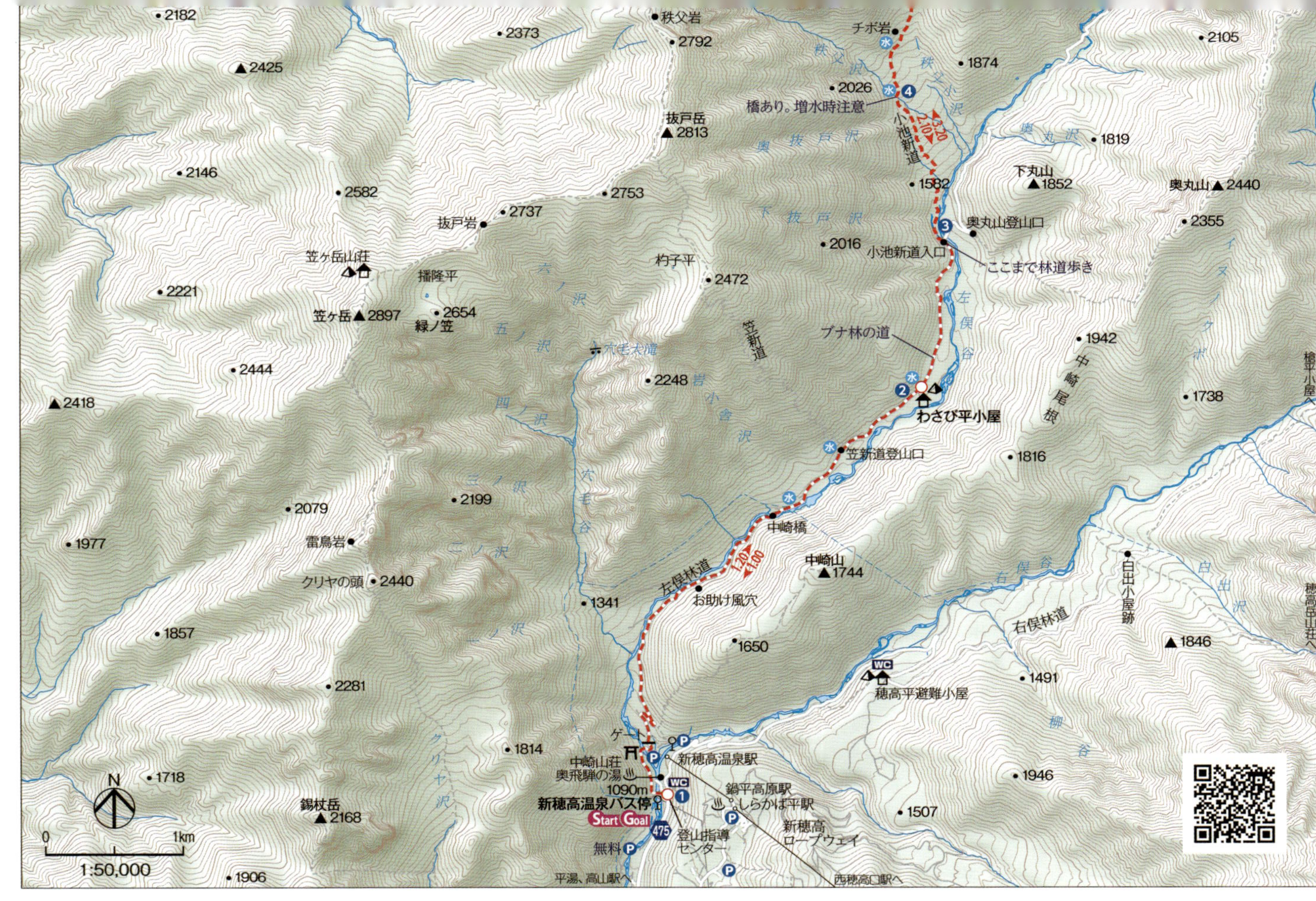

2182
秩父岩
2373
2792
チボ岩
2105
▲2425
1874
2026
橋あり。増水時注意
抜戸岳
▲2813
小池新道
1819
2146
2582
2753
1582
下丸山
▲1852
奥丸山▲2440
抜戸岩
2737
奥丸山登山口
2355
2016
小池新道入口
ここまで林道歩き
笠ヶ岳山荘
杓子平
播隆平
2472
2221
笠ヶ岳▲2897
2654
緑ノ笠
ブナ林の道
笠新道
1942
中崎尾根
2444
2248
▲2418
わさび平小屋
1738
笠新道登山口
1816
2199
2079
中崎橋
1977
雷鳥岩
中崎山
▲1744
クリヤの頭
2440
左俣林道
1341
お助け風穴
白出小屋跡
右俣林道
1857
▲1846
1650
1491
2281
穂高平避難小屋
ゲート
1814
新穂高温泉駅
中崎山荘
奥飛騨の湯
1718
鍋平高原駅
1090m
しらかば平駅
1946
新穂高温泉バス停
錫杖岳
▲2168
1507
Start
Goal
新穂高ロープウェイ
475
登山指導センター
無料
1:50,000
0
1km
N
1906
平湯、高山駅へ
西穂高口駅へ
1:20
1:00
2:10
3:20

CHECK POINT

1 新穂高温泉バスターミナルの一角には登山指導センターがある

2 新穂高温泉から約1時間半でわさび平小屋に着く

3 林道が終わると小池新道に入り、河原へと下っていく

4 秩父沢に架かる橋を渡る。増水時は要注意

5 休憩ポイントのシシウドヶ原

6 鏡池から急登やトラバースを経て稜線上の弓折乗越へ

7 双六岳の頂上台地を背に建つ双六小屋

8 双六岳頂上。槍ヶ岳をはじめ360度の大展望

9 岐阜・富山・長野の三県境をなす三俣蓮華岳

10 最奥の地に建つ特徴的な建物の黒部五郎小舎

11 岩が積み重なった黒部五郎岳頂上。すばらしい展望だ

12 帰路はアップダウンの少ない中道経由で双六小屋へ

双六小屋が見えてくると背後に鷲羽岳が大きく望まれる

屋に着く。ここは裏銀座コース縦走路の交差点でもある。初日は双六小屋泊まりとする。

第2日　小屋から急登で上の段へ登ると、道は3本に分かれる。三俣山荘への巻道と双六丸山（まるやま）への中道、そして双六山頂上を経由する尾根道だ、ここは尾根道を進む。

広くなだらかな風衝台地を歩いて**双六岳**の頂上へ。ここからは目指す黒部五郎岳がよく望まれる。

頂上からはライチョウの遊ぶ道を下り、双六丸山へ。そして**三俣蓮華岳**で左の黒部五郎岳や立山（たてやま）への稜線に入る。黒部五郎小舎までは下り一方だ。

チングルマ平をすぎ、急な樹林の坂を下ると五郎平に建つ**黒部五郎小舎**に着く。小屋に荷物を置き、黒部五郎岳を往復してこよう。小川が流れる黒部五郎カールの中の道はまさに花園で、チングルマやコバイケイソウなどの花が咲き乱れ、雲上の楽園そのものだ。

カールから急斜面を登り、尾根を行くと**黒部五郎岳**頂上に着く。

北アルプス最奥の大自然を満喫し、今日は**黒部五郎小舎**に泊まる。

第3日　早立ちすれば、この日のうちに**新穂高温泉**まで下ることができる。双六丸山からは花の多い中道を歩くのが最も楽だ。遅くなっても、途中**鏡平山荘**、**わさび平小屋**（ともに要予約）もあるので安心だ。

（島田　靖）

追分付近からの御嶽山。左から継子岳、摩利支天山、剣ヶ峰、継母岳

摩利支天山からは剣ヶ峰や継母岳の眺めがよい

48

コマクサや山上湖が彩る北御嶽に遊ぶ
御嶽山

おんたけさん 3067m（剣ヶ峰）

一泊二日

第1日　歩行時間＝7時間30分　歩行距離＝10・0km
第2日　歩行時間＝4時間55分　歩行距離＝7・5km

技術度
体力度

コース定数＝46

標高差＝1287m

累積標高差 ↗1723m ↘1721m

飛騨山脈の最南部に位置する御嶽山は、巨大な山体を持つ活火山である。頂上部は南北4㌔にもおよぶ長い頂稜となっている。飛騨頂上がある北部・北御嶽は特に花が豊富で眺望にも優れ、ご来光や夕日を見るのにも適している。

広い頂上部には、最高点の剣ヶ峰をはじめ、摩利支天山、継母岳、継子岳などが連なり、いくつもの山上湖が存在する。頂上の外輪山に囲まれた一ノ池は東側が切れて水はすべて二ノ池に流れこむ。その二ノ池は標高2905㍍にあり、国内最高所の湖とされる。満々と水を湛える三ノ池はその深さが13・3㍍もあり、池の水は御神水とされている。四ノ池は水こそないものの、中央を静かに小川が流れ、高山植物の園となっている。その流れは東に幻の大滝となって切れ落ちている。五ノ池は小さくても花の種類が多く、ライチョウの遊ぶ池でもある。

頂稜部の北部は火口に近い南部の希薄な植物相に対し、実に花が豊富だ。なかでも継子岳西面の砂礫地や継子二峰の周辺では、コマクサの大群落を見ることができる。7月下旬頃の最盛期には、砂礫地一面にピンクの花と淡い緑の葉の鮮やかな模様が広がる。

この山は、昭和54（1979）年10月28日未明に突然大噴火を起こした。有史以来噴火の記録がなく、死火山といわれていた御嶽山の噴火により、それまでの火山の概念が変わり、すべて火山に統一されることになった。それから35年後の平成26（2014）年9月27日午前11時52分に、再び大噴火が起こった。たまたま週末の昼時であったこともあり、63名もの犠牲者を出す、痛ましい結果となってしまった。平成29年8月、気象庁は噴火警戒レベルを2から1に

＊コース図は168・169㌻を参照。

引き下げ噴火警報を解除し、その後は平成30年9月より長野県側の黒沢口のみ頂上の剣ヶ峰への登山が可能になった（令和6年現在王滝口も通行可）。

ここでは、火口から離れて影響の少ない北部の飛騨頂上を含む、花や池の多い北御嶽を楽しむコースを紹介する。日帰りは厳しいので、飛騨頂上直下にあるアットホームな山小屋・五の池小屋に宿泊して歩いてみよう。

第1日　起点の**濁河温泉**は、標高約1800ﾒｰﾄﾙにある日本最高所の温泉街だ。旅館街の最上部に駐車場のほか、公衆トイレもある。

登山口は平成30年6月の豪雨で草木谷の吊橋が流失したため、ここからは旧遊歩道で左手の尾根まで登り、右に折れて新設された道を登って**旧道に合流**する。

シラビソやトウヒなどの樹林の中、右手の尾根に出ると**湯の花峠**だ。草木谷に噴出する温泉の香りが通り抜けることから、この名がついた。コメツガが多くなり、胡桃島からの道が合流すると、すぐ先に**のぞき岩**がある。岩の上に立つと、草木谷の幻の滝が望まれる。

足下のカニコウモリやゴゼンタチバナなど樹陰の花を愛でながら登っていくと、八合目の**お助け水**（水はない）に着く。このあたりか

摩利支天山中腹からの三ノ池。中央アルプスや南アルプス、富士山が望まれる

小川が流れる四ノ池の湿原とお花畑

二ノ池。信仰の山だけに畔には霊場がある

■**鉄道・バス**
往路・復路＝濁河温泉へのバス便はなく、JR高山本線飛騨小坂駅またはJR中央本線木曽福島駅からタクシーでアクセスする。

■**マイカー**
岐阜県側は国道41号で下呂市小坂より県道437・441・435号、または中部縦貫道高山ICより国道361号、県道435（秋神、岳見峠）・441号経由、長野県側からは国道19号で木曽福島より国道361号、県道463・435号経由で濁河温泉へ。濁河温泉に駐車場がある。

■**登山適期**
岐阜県側の山開きは6月15日で、こ

飛騨頂上には飛騨頂上神社（右上）、その下に展望デッキと薪ストーブが人気の五の池小屋がある

摩利支天乗越への登路からの継子岳。その奥に乗鞍岳や北アルプスが見えている

ら樹木は徐々に低くなり、ダケカンバの大木が出てくると森林限界だ。眼下に濁河温泉が望まれる。

継子岳の斜面を右に斜上して行くと**五の池小屋**に着く。小屋のすぐ上は飛騨頂上で、立派な社が建っている。小屋でひと休みしたら、頂上の剣ヶ峰まで往復してこよう。

三ノ池を左に見ながら摩利支天山の東側を巻くと、**賽の河原避難小屋**に出る。そこから無数の石塔のある賽の河原に下り、岩場を越して上の台地に出て**二ノ池**畔に立つと望む剣ヶ峰は近い。登り着いた**剣ヶ峰**頂上は360度の大展望が広がっている。

帰りは摩利支天乗越を経て**摩利支天山**を往復する。岩尾根の先端の頂上からは剣ヶ峰や継母岳がよく望まれる。乗越に戻って摩利支天山の北斜面を下り、宿泊地となる**五の池小屋**に戻る。小屋前からは西の白山に沈む夕日が美しい。

第2日　朝起きたら、まずは小屋の裏手に出て御来光を眺めよう。朝食をとったら出発し、北面の継子岳を目指す。飛騨頂上からコマクサの群生地を通り抜ける。岩のトンネルをくぐり、岩小屋、針の山を経て**継子岳**に着く。継子岳は剣ヶ峰や開田高原の展望台だ。

南に下った継子二峰の風衝地の構造土にはコマクサの大群落がある。**四ノ池**に下り、小川のほとりのお花畑を愛でながら進むが、幻の大滝は残念ながら岩壁にはばまれて見ることができない。

コケモモの尾根を登り、三ノ池の縁に上がる。満々と水を湛え美しい三ノ池から**開田頂上**を経て**五の池小屋**に戻る。

ひと休みしたら、**濁河温泉**へ往路を下山する。時間に余裕があったら、野趣あふれる露天風呂（4月〜11月開設、8月以外の第2・4水曜休）で汗を流していこう。

（島田　靖）

の時期はまだ上部には雪が残る。長野側の山開きは7月1日。花は7月上旬から8月中旬が最盛期。秋の紅葉はナナカマドが美しく、上部は9月下旬だが、中腹は10月中旬までが見ごろ。

■アドバイス

▽五ノ池を中心とした北御嶽は、花と湖と眺望がすばらしい。ぜひ宿泊を伴って、ゆっくり楽しみたい。

▽岐阜県の御嶽山の登山道はほかに胡桃島口、日和田口がある。長野県側は王滝口、黒沢口、開田口がある。

▽頂上部の小屋は噴火により大半が取り壊され、五の池小屋（5月下旬〜10月中旬）と二ノ池山荘（7月1日〜10月スポーツの日）、二の池ヒュッテ（7月1日〜10月中旬）が営業。

▽濁河温泉には旅館が約5軒と、入浴施設の下呂市営露天風呂がある。

■問合せ先

下呂市観光課☎0576・24・2222、はとタクシー小坂営業所☎0576・62・2163、おんたけタクシー（木曽福島駅）☎0264・22・2525、木曽交通（タクシー・木曽福島駅）☎0264・22・3666、飛騨頂上五の池小屋☎090・7612・2458、二ノ池山荘☎090・4668・7000、二の池ヒュッテ☎090・4368・1787

■2万5000分ノ1地形図

胡桃島・御嶽山

注：本項の黒沢十字路～剣ヶ峰間は7月上旬～10月中旬の規制緩和期間のみ通行可。詳細は御嶽山火山防災協議会ホームページへ。

CHECK POINT

1 駐車場横の橋の手前にバイオトイレがある

2 湯の花峠。下の草木谷からの温泉の香りが抜ける

3 のぞき岩。草木谷の幻の滝が望まれる

4 名前に反して水のないお助け水

5 森林限界を超えると濁河温泉や白山などが見渡せる

6 薪ストーブカフェがある五の池小屋。快適な山小屋だ

7 賽の河原を行く。右に二ノ池への台地が続いている

8 摩利支天乗越。西側の摩利支天山へは往復30分ほど

9 継子岳への登り。岩のトンネルなどの岩場を越える

10 継子岳頂上。剣ヶ峰や開田高原などが一望できる

11 継子二峰への道にはコマクサの群落地がある

12 三ノ池の南にある開田頂上には三ノ池避難小屋が建つ

飛騨小坂駅、国道41号へ
胡桃島ロッジへ
六合目
飛騨御嶽高地トレーニングセンター
小坂町
落合
435
新道
0.40
0.30
濁河温泉
1780m
1768
Start
Goal
市営露天風呂
緋の滝
嶽橋
WC
1
濁河温泉
御嶽神社里宮
旧道は通行止め
仙人滝
仙人橋
1918
旧道合流点
2040
0.40
0.30
七合目
ジョーズ岩
草木谷
湯の花峠
2
2000
2100
かえる岩
のぞき岩
避難小屋
3
0.40
0.25
のぞき岩
0.40
0.30
八合目・
お助け水
2428
4
5
水はない
0.50
0.40
2200
2300
1934
湯ノ谷
2287
2236
2400
2116
2500
2600
2658
2700
2800
展望よい
2900
岐阜県
下呂市
摩利支天山
2959
2567
2745
シン谷
日本最高所の滝
2218
2806
尺ナンゾ谷
2658
2494
2224
お鉢めぐりコース
継母岳
2867
2858
N
長野県
王滝村
0
500m
1:25,000
2647

49

高層湿原と眺望の飛越国境の山

白木峰・小白木峰

日帰り

歩行時間＝6時間5分
歩行距離＝12・8㎞

しらきみね 1596m
こしらきみね 1437m

技術度

体力度

コース定数＝**24**

標高差＝534m

累積標高差 858m 858m

頂上北東側の池塘群。夏にはニッコウキスゲやワタスゲなどで賑わう

北アルプスの大パノラマが広がる白木峰頂上

日本三百名山の白木峰は、飛越国境にある飛騨最北の山として、小白木峰をしたがえ、北方にいくつもの尾根が連なる山だ。越中・飛騨両国の国境領有争いは、遠く鎌倉時代からあり、越中桜井庄安養寺と飛州千光寺の寺領争いに遡るとされる。長い論争の末、昭和45（1970）年にようやく境界が確認され決着を迎えた。その稜線上はチシマザサに覆われた疑似高山帯を成し、高層湿原に池塘が点在する独特ののびやかな山容とともに、初夏から盛夏にかけて咲き誇るニッコウキスゲや純白のワタスゲなどは見ごたえがあり、多くの人を惹きつけている。

白木峰へは、万波平から小坂谷に入り、小白木峰登山口から小白木峰経由で登る。登山口まではマイカーを利用する。国道360号の飛騨市宮川町打保で西に折れ、大谷林道を11キロ、約40分で万波平に入る。万波川に沿って進むと右に林道の続く**分岐**に出る。すぐ上部にゲートがあり、道脇駐車を避けるなら、マイカーは数台置けるここに駐車する。しばらく林道を歩き、次のゲートをすぎると**小白木峰登山道入口**の看板がある。歩きはじめて約1・6キロだ。

■鉄道・バス
公共交通機関がなく、JR高山本線飛騨古川駅よりタクシー利用となる。

■マイカー
国道360号飛騨市宮川町打保のJA打保ストアを左折、大谷林道へ。林道終点のT字路を左折、万波平を経て、堆肥舎を左に見て道なりに進むと三叉路に至る。数台駐車可。すぐ先にも新設の駐車場がある。

■登山適期
雪解け後は、イワウチワ、キクザキイチゲなどの花々や、ブナの芽吹きも美しい。夏の白木峰北側湿原には、ニッコウキスゲの群落が見られる。秋にはブナ帯特有の黄葉がみごと。澄んだ北アルプス全容の眺めは、この山最大の魅力であろう。

■アドバイス
▽万波平は宮川町の農家が高冷地野菜をつくっており、キャベツやソバ畑が広がる。ここは16世紀前半、加賀藩の金山として栄えた時期があった。戦後飛騨側から開拓者が入り集落をつくっていたが、気象の厳しさに耐えきれず廃村となっていた。

■問合せ先
飛騨市観光課☎0577・73・2111、古川タクシー☎0577・73・2010、メディクスタクシー古川営業所☎0577・73・2321

■2万5000分ノ1地形図
白木峰・打保

ススキの原の中の道はすぐに右に折れ、登りにかかる。典型的なブナ帯を進みながら30分ほど登ると、傾斜が緩やかな尾根になり、ブナの木もしだいに低くなる。ナナカマドのトンネルを抜けると稜線に出る。左へ少し下ったところには草地が開け、小さな池塘がある。小白木峰の頂上へは右に行く。

矮小化したブナに混じり、サラサドウダンなどが生い茂る。**小白木峰**は標識のみで、高みはないが、北アルプス南部の山々を望む。

北方の白木峰へは稜線伝いにブナのトンネルを下り、広い低木林帯に出る。さらに進んで左に折れ、いったん鞍部に下り、小さな池塘をすぎる。ブナの林をもう一度登り返すと、いよいよ白木峰の長い登りにかかる。あたりはイワウチワ、アカモノなどが咲く。

やがてブナもさらに低くなり、ネバリノギランが群生する道を登り着いたところに地蔵堂がある。**白木峰**へは木道を5分ほど進む。何もさえぎるものがないすばらしい大展望が待っている。剱岳、毛勝三山など北方の山々に白馬連山も望まれ、北には富山湾、金剛堂山も間近だ。頂上北部には浮島で知られる湿原が広がり、池塘群がある。富山県側からは頂上近くまで車道がのびる。

（原 弘展）

ガスに包まれた幻想的なブナ林

CHECK POINT

1 林道分岐に車を停め、「白木峰登山口」の標柱にしたがい歩きだす

▼

2 ゲートをすぎ大きくカーブを曲がった先に白木峰の登山道入口がある

▼

3 植生が高木からウラジロナナカマドなどの低木へ移ると、ほどなく小白木峰に着く

▼

4 木道を進み分岐を右に向かうと、まもなく白木峰の頂上に到着する

▼

5 ニッコウキスゲは白木峰の代名詞。頂上一帯が大群生地となる

50

伝説に彩られた神秘の湿原と悠久の森

籾糠山

もみぬかやま
1744m

日帰り

歩行時間＝5時間20分
歩行距離＝8・5km

技術度
体力度

コース定数＝**20**
標高差＝455m
累積標高差 ↗729m ↘729m

飛騨高地の中央部を東西の里山から望むと、稜線上に三角形に少し尖った山容の山が見てとれる。

ひっそりと佇む天生湿原。季節ごとに彩りを添える

それが籾糠山だ。籾糠山の名は、飛騨の匠伝説「鳥仏師」（「アドバイス」参照）に由来する。飛騨市河合町の伝説によると、鳥は神通力で木彫りの人形に魂を入れ水田を耕作させた。秋には臼で籾をすり、玄米と籾糠を風で分けたところ、籾糠が毎年うず高く積もって籾糠山になったとされる。一方白川村の伝説では、鳥にあたる人物は山姥の子で、その子が飛騨の甚五郎（左甚五郎）となる。左甚五郎の代表作は日光東照宮の眠り猫などで知られる。鳥仏師も左甚五郎も「飛騨の匠」の流れをくむことは同じとされる。

その籾糠山へは、河合と白川村境界の**天生峠**から登る。峠の広い駐車場には、トイレと水場がある。駐車場の右手にある登山道入口には簡易テントがあり、天生県立自然公園協議会のスタッフが常駐し、登山道の状況や自然の見どころを教えてくれる。

カラ谷の象徴、カツラ門の巨木たち

登山道に入

■**鉄道・バス**
往路・復路＝JR高山本線飛騨古川駅または白川郷からからタクシーで天生峠へ。
■**マイカー**
国道41号から飛騨市河合町経由で国道360号を天生峠へ。または、東海北陸道白川郷ICから国道156・360号経由で天生峠へ。天生峠駐車場は広く、トイレ、水場あり。
■**登山適期**
6月上旬～11月上旬。国道360号の降雪状況、道路の補修などにより開始・終了時期について変更あり。
■**アドバイス**
▽籾糠山は天生県立自然公園で、自然公園協議会（飛騨市河合振興事務所内・白川村役場観光課内）が公園の管理運営を行っている。入山にあたっては任意の森林環境整備推進協

三方岩岳中腹より望む三角形の籾糠山（中央やや左の突起）。右は猿ヶ馬場山

り尾根上を進むと、しばらくして**天生湿原**に出る。湿原にはミズバショウ、シラヒゲソウ、ミツガシワなど多くの花が季節を彩る。湿原から少し下り、天生谷川の源流部の渓流に出る。トチノキやカツラの巨木が混じる中、春先の林床には、ニリンソウ、サンカヨウ、エンレイソウなどの春先の花々が咲き競う。

谷沿いにしばらく行くと道が分岐する（**木平湿原分岐**）。左はブナ原生林がより自然な状態で残る木平湿原への道だ。登りは谷沿いのカラ谷登山道を進む。巨木を見ながら登ると木平湿原への**分岐**に出て、右へ進む。急な尾根を登り、上部に出るとオオシラビソが目立つようになる。少し下って登り返したところで頂上が見えてきて、コメツガの混じる最後の急登を登りきると、**籾糠山**頂上に着く。北アルプスの山々、眼下にはブナの森が広がる。

帰路は山の右を巻くブナ探勝路か、湿原の中に小丘が点在する**木平湿原**を経由しよう。**天生湿原**の中の匠屋敷跡には匠神社があるので、帰りに立ち寄りたい。

（原　弘展）

CHECK POINT

1 籾糠山登山道入口。ここで山の情報を得てから入山しよう

2 天生湿原の中央部にある匠神社。時間があれば立ち寄ってみよう

3 最後の急登の先に籾糠山頂上がある。広くはないが眺望は利く

4 小さな丘が神秘的な木平湿原。ダケカンバも魅力のひとつ

5 ブナ探勝路を下る（あるいは登路に使う）のもおすすめだ

※⑤はサブコース

力金として一人500円を徴収している。自然観察や登山ガイドの希望者は予約制なので事前の申し込みが必要。問合せは飛騨市・白川郷自然案内人協会（☎0577・65・2211）へ。

▽登山道の要所には持参した携帯トイレを利用できるテントブースが配置されている。

▽鳥仏師は上利（とり）仏師ともよばれ、法隆寺（奈良県）の釈迦三尊像などの作者とされる飛鳥時代の仏師。飛騨にその生誕伝説が残る。

■問合せ先

飛騨市観光課☎0577・73・2111、飛騨市観光協会☎0577・74・1192、古川タクシー☎0577・73・2010、メディクスタクシー古川営業所☎0577・73・2321、白山タクシー（白川村）☎05769・5・2341

■2万5000分ノ1地形図

平瀬・鳩谷

51

位山

くらいやま
1529m

飛騨三名山の要にして天孫降臨伝説の残る霊山

日帰り

歩行時間＝3時間30分
歩行距離＝9・1km

技術度
体力度

コース定数＝**16**	
標高差＝624m	
累積標高差	↗663m
	↘663m

初秋の位山の奥にそびえる笠ヶ岳や槍・穂高連峰

位山頂上。周辺の至るところで展望が開ける

位山は、古来霊山として崇められてきた山で、天岩戸にまつわる日本誕生伝説によると、ここは天孫降臨の地であり、天照大神が最後につくったとされる都「高天ヶ原」であるという言い伝えもある。東の船山、西の川上岳と位山の3山は、飛騨の三霊山とも位山三山ともいわれ、伝説も多い。とくに位山は宮川の水源として古くから飛騨の人々の崇拝の対象となってきた。頂上は飛騨一宮水無神社の奥宮となっている。乗鞍岳から続く分水嶺の尾根は、位山、川上岳を通って飛騨を横断し、福井県境へとのびている。この尾根により、飛騨の北と南は気象条件も大きく異なってくる。

時間に余裕があるなら、稜線上に並ぶ、飛騨随一の展望の山として知られる川上岳への縦走路「天空遊歩道」のトレッキングコースを歩けば、往復約24キロものロング山行を堪能できる。

標高885メートルの分水嶺・苅安峠には道の駅「モンデウス飛騨位山」がある。センターハウスの正面に出てスキー場の右側に進めば**登山口**の標識がある。しばらくはスキー場の脇を縫うように牧草地の中を進む。少し高度を上げると北アルプスの山々が望める。急な登りで**リフト終点**に着くと大展望が広がる。

ここから落葉広葉樹林帯へ入る。少し登ると、1233メートルの三角点のある太奈山に着く。ヒメコマツやウラジロモミなどの亜高山帯針葉樹林からヒノキの植林に変わると小さな祠がある。道は尾根の左を巻いて進む。所々に位山特有の大岩があり、それぞれに名前も付けられている。

やがて広い尾根に出てオオシラビソが多くなると、**鏡岩の分岐点**に着く。ダナ平林道からの道がここで合流し、裏手には天の岩戸がある。さらに南西へ進み、樹林の

■鉄道・バス
往路・復路＝JR高山本線高山駅か同久々野駅からタクシーでモンデウスパークスキー場へ。
■マイカー
東海北陸道清見IC経由の中部縦貫道高山ICから国道41号を下呂方面へ南下。高山市一之宮町交差点を右折し、県道98号をモンデウスパークスキー場まで進む。スキー場の大駐車場（無料）に車を停める。

天の岩戸。天孫降臨伝説が息づく空気に包まれる不思議な空間だ

中の湿地帯を抜けると、天の泉(てん いずみ)への分岐があり、サラサドウダンの群生する平原状の頂上部をしばらく進むと庭園のような**位山**の頂上に着く。少し手前の右へ続く道は川上岳への縦走路だ。

下山は苅安林道コースをとればトイレ休憩を兼ねて天の泉で天然水を飲むこともできる。また、ダナ平コースは比較的急だが、やはり短時間で林道まで下れる、いずれも約1・5キロの最短ルートとなっている。　（原　弘展）

CHECK POINT

1 大駐車場からセンターハウスの脇を通った先にある位山登山口

2 リフト終点。トイレの左から登山道が続く。すぐに広葉樹林に入る

3 様々な大岩が次から次へと現れ、霊山に踏み入った雰囲気が漂う

4 鏡岩のある分岐点。頂上へは左へ進む。裏に回りこむと天の岩戸がある

5 頂上を少し下り、右へ進んだところにある天の泉。位山の御神水だ

6 ダナ平林道からの登山口。ここからは最短で頂上に立てる

※⑥はサブコース

■**登山適期**　サラサドウダンが開花する6月中旬がとくによい。秋の紅葉もすばらしい。積雪期はスキー場からの山スキー入門コースとして手ごろだ。

■**アドバイス**　▽位山一帯は公園として整備され、頂上直下にはトイレがつくられている。すぐ脇には天の泉の水場がある。▽古来、朝廷へ位山のアララギを笏木として献上した。朝廷はこの木に一位の位を贈り、以後この山を位山とよんだと伝えられる。▽スキー場右側から山稜の西側にのびるダナ平林道（約5・8キロ）終点から、位山巨石群登山道を歩くと約1・5キロ、1時間で頂上に立てる。▽道の駅「モンデウス飛騨位山」には広い駐車場とトイレがあり、水も補給できる。▽位山は日本二百名山に選定されている。

■**問合せ先**　高山市観光課☎0577・32・3333、久々野タクシー（久々野駅）☎0577・52・2500、はとタクシー（高山駅）☎0577・32・0246、山都タクシー（高山駅）☎0577・32・2323

■**2万5000分ノ1地形図**　位山

＊コース図は176・177ジペーを参照。

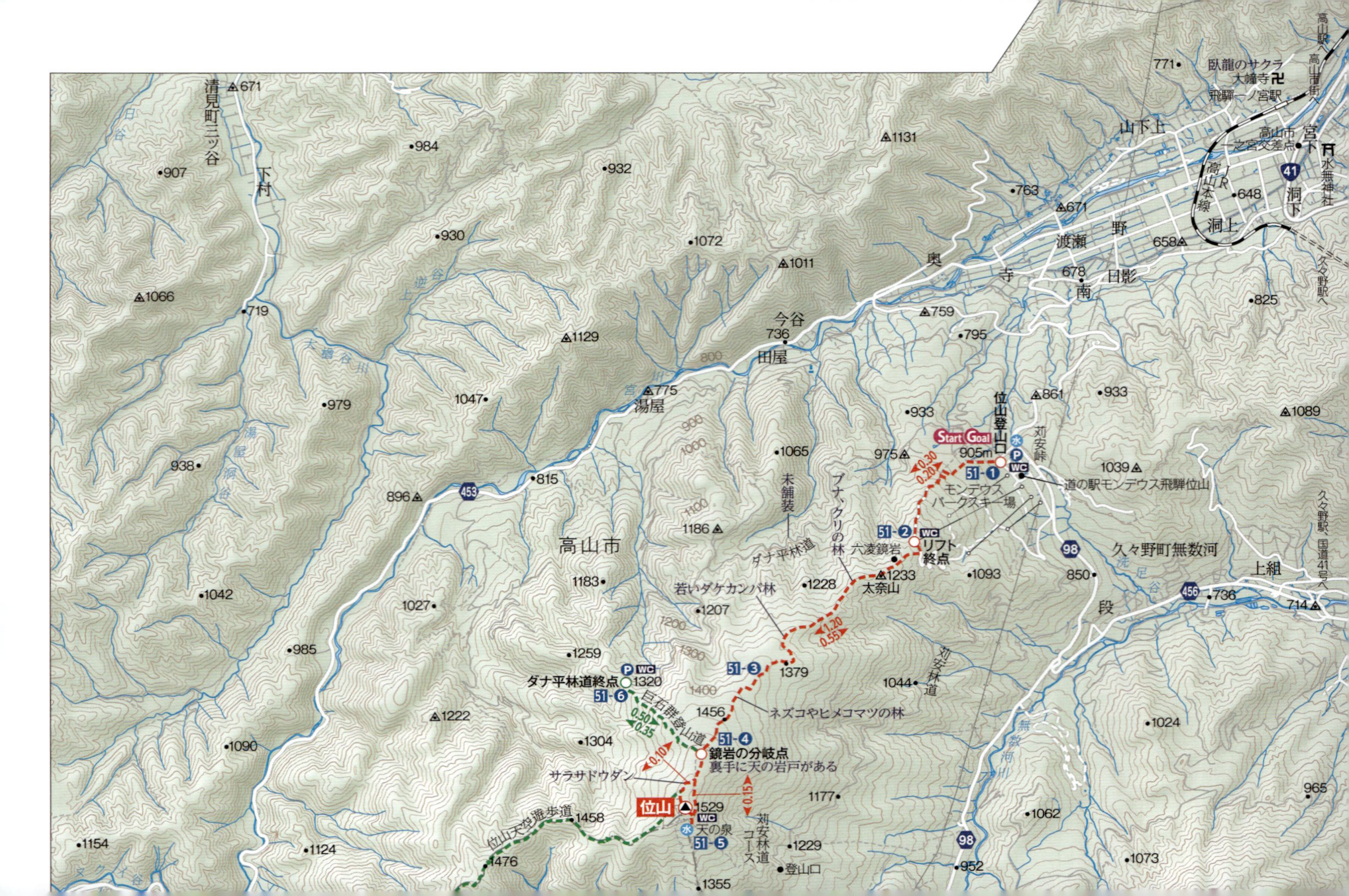

位山
位山登山口
Start Goal
905m
道の駅モンデウス飛騨位山
モンデウスパークスキー場
リフト終点
六凌鏡岩
太奈山
ブナ、クリの林
ダナ平林道
未舗装
若いダケカンバ林
ネズコやヒメコマツの林
鏡岩の分岐点
裏手に天の岩戸がある
巨石群登山道
ダナ平林道終点
サラサドウダン
天の泉
位山天空遊歩道
刈安林道コース
刈安林道
登山口
刈安峠
高山市
湯屋
田屋
今谷
奥
寺
南
日影
渡瀬
野
洞上
洞下
宮
山下上
飛騨一ノ宮駅
大幢寺
臥龍のサクラ
高山市一之宮支所
水無神社
高山本線
高山駅へ
高山市街へ
久々野駅へ
久々野駅、国道41号へ
久々野町無数河
段
上組
清見町三ツ谷
下村
大鳴谷川
湯屋洞谷
無数河川
宮川
453
98
456
41

川上岳
1625
展望よい
ササ原
1617
サラサドウダン
ツメタ谷へ
ツメタ谷登山口、国道257号へ
宮の大イチイ
位山分水嶺遊歩道
2:00
2:30
片道12kmのロングトレッキングコース
1449
ブナ林
周囲の山が見えてくる
2:10
2:45
植林帯の急登
登山口
899m
Start
Goal
山之口林道
1:00
登山口まで荒れた林道。車で走行の際は注意
下呂市
上之田
旧青木屋・上之田バス停
萩原町山之口
中央
カジヤ
中切
飛騨萩原駅、国道41号へ
駐車スペース
位山峠
ブナ原生林
1:50
1:30
アララギ湖分岐
小ピークを8つ越える。足元にはツルリンドウやホトトギスなどの花々
ミズナラの巨木
休憩舎
0:30
船山
1479
船山神社
無線中継棟が林立
山頂公園
「あと500m」の標識
久々野防災ダム
アララギ湖
あららぎパークキャンプ場
管理棟
公園
島脇谷山
滝上牧場
51は51位山のCHECK POINT番号です
52は52川上岳のCHECK POINT番号です
N
0
1km
1:50,000

52

郷里を育む、たおやかな源流の山

川上岳

かおれだけ
1625m

日帰り

歩行時間＝4時間55分
歩行距離＝9・1km

技術度
体力度

コース定数＝21

標高差＝726m

累積標高差 ↗901m ↘901m

日本三百名山の川上岳は、東の位山、船山とともに「位山三山」とよばれるが、3山の中で最も標高が高く、頂上からの眺望は飛騨を一望できるすばらしさだ。3山にまつわる伝説によると、神代の昔、川上岳には美しい女神が住んでおり、位山の男神をめぐって船山の女神と争った末、位山の男神と結ばれた。川上岳と位山を結ぶなべつる尾根は、位山の男神の心を射止めた川上岳の女神が通う道だったと伝えられる。この縦走路は、今、天空遊歩道として整備されて、毎年市民登山やトレイルランニング大会も行われている。

いくつかの登山道の中でも、最も一般的な、下呂市萩原町上之田からのコースを紹介する。

マイカーなら山之口川に沿って林道のゲートまで進む。バス利用なら、旧青木屋・上之田バス停から登山口までの林道歩きで1時間を要する。

大足谷の橋を渡って左手が**登山口**だ。水場で補給してから登ろう。杉林の中を進み、大足谷を渡る。ここからジグザグの急登となる。広葉樹林からスギの植林地になって、やがて尾根上に出ると、周囲も明るく開けてくる。

カエデの仲間やナナカマドが多

■鉄道・バス
往路・復路＝JR高山本線飛騨萩原駅からげろバスで旧青木屋・上之田へ。登山口へは徒歩1時間。

■マイカー
下呂市萩原町から県道98号で山之口地区へ。公民館前で位山峠を経て高山市方面への県道と分かれ、民宿位山荘（休業）の前の山之口林道を直進する。この林道は登山口ゲートの近くまで車で入れるため、メインルートになっているが、相当に路面状況が荒れており、慎重な運転が必要。

■登山適期
頂上付近はサラサドウダンの群生地で、6月中旬が見ごろ。秋にはツツジやナナカマドの紅葉が鮮やかな彩りを見せる。

■アドバイス
▽げろバスは平日が7本、土・日曜、祝日は4本。旧青木屋・上之田バス停の最終便は平日が18時49分、土・日曜、祝日は16時50分。
▽旧一之宮町ツメタ谷からの道は林道歩きが長いが、途中「宮ツメタ谷檜林木遺伝資源保存林」があり、林内には林野庁「森の巨木たち百選」の樹齢2千年の大イチイがある。
▽アララギ湖と山之口との間には、旧官道の石畳が残る中部北陸自然歩道が通る。

■問合せ先
下呂市萩原振興事務所☎0576・

↑頂上周辺にはイブキザサが繁茂している
←主稜線上からは穏やかな姿の川上岳が見える

乗鞍岳（右奥）や北アルプスなど360度の大眺望が広がる川上岳の頂上

い緩やかな起伏を進み、尾根の右側を巻くようになると美しいブナ林に入る。トラバース気味に進み稜線を見上げると、たおやかな山容の川上岳の頂上部が望める。

少し下って大足谷の源頭部に出ると細い沢が流れている。ここから右に折れ、最後の頂上部への登りとなる。山麓にはミヤマクマザサが見られるが、稜線はイブキザサに変わる。初夏ならササユリが多く咲く。

1617メートルピークに着くと、ツメタ谷からの道が合流する。道は北に折れて、主稜線を約15分で**川上岳**の頂上だ。広い草地で、さえぎるものは何もない。

360度の大眺望を楽しんだら往路を戻る。（原　弘展）

52・2000、下呂市観光課☎0576・24・2222、濃飛バス下呂営業所（げろバス）☎0576・25・2126、ヒダタクシー萩原営業所☎0576・52・4404

■2万5000分ノ1地形図
位山・山之口

CHECK POINT

1 川上岳へ向かう山之口地区の分岐。登山口へは左の道を1時間歩く

2 山之口林道の終点には駐車場と水場がある。ここから登山道がはじまる

3 大足谷にかかる丸太橋は、増水時には渡れないこともある

4 登りはじめてすぐに急斜面が続く。淡々と歩を進めよう

5 尾根に取り付きようやく急傾斜から解放されると、美しいブナ林が迎えてくれる

6 ツメタ谷との分岐は迷って直進しないよう注意したい。頂上へは右に進む

＊コース図は176・177ページを参照。

53

能郷白山

のうごうはくさん 1617m

温見峠からの最短コースで頂上に立つ

日帰り

歩行時間＝4時間
歩行距離＝4・4㎞

技術度

体力度

コース定数＝**15**

標高差＝602m

累積標高差 ↗648m ↘648m

尾根左斜面の谷の源頭にはシシウドやマルバダケブキなどのお花畑が広がる

能郷白山は奥美濃の最高峰で、積雪期に濃尾平野から望まれるどっしりとした姿は「白山」の名にふさわしい。かつて頂上への登山道は南面の能郷谷からのコースのみだったが、昭和63（1988）年に国道157号上の温見峠から岐阜・福井県境尾根伝いに登山道が整備され、短時間で登れることから近年はこちらの人気が高い。

温見峠にある登山口からしばらくは、若いブナ林の比較的緩やかな尾根道が続く。標高1100㍍をすぎると下のガラガラ坂の看板がある岩場が現れ、固定ロープの張られているところもある。

急な尾根が続き、ロープが固定されている崩壊箇所を登りきると、根尾谷が望まれる展望ポイントがある。ここでひと息つける。右か

■**鉄道・バス**
登山口の温見峠への公共交通機関はなく、マイカー利用に限られる。

■**マイカー**
岐阜方面から国道157号で登山口の温見峠へ。登山口付近の路肩に縦列駐車することになる。能郷以遠は冬期通行止め。冬期以外も降水などの影響で通行止めになることが多いので、根尾分庁舎に要確認。

■**登山適期**
5月から11月。早い時期には残雪がある。

■**アドバイス**
▽国道157号の岐阜県側は、能郷をすぎると黒津までの約5㌔が断崖の幅の狭い道になる。「落ちたら死ぬぞ！」の看板も立つほどの恐ろしい道だ。苦手な人は遠回りになるが、国道157号の樽見から県道255号に迂回し、梶尾越波経由で国道157号に合流するとよい。また、福井県側は急ではあるが道の状況は岐阜県側よりも良好。
▽本巣市根尾にある根尾谷地震断層観察館（☎0581・38・3560）では、明治24（1891）年に発生した濃尾地震で生じた根尾谷断層を観察できる。

■**問合せ先**
本巣市商工観光課☎058・323・7756、本巣市観光協会☎0581・34・3988、本巣市根尾分

CHECK POINT

1 登山口の温見峠から若いブナの林に入っていく

2 固定ロープのある岩場。小規模ではあるが、慎重に通過すること

3 1492㍍ピークへの登りの途中からは花が多くなってくる

4 頂上付近から白山権現の祠を望む。左奥にうっすら見えるピークは磯倉（1541㍍）

5 能郷白山頂上から白山権現へは爽快な道をたどる

らの尾根と合流すると灌木帯となり、日陰がなくなる。夏期には熱中症に注意が必要だ。このあたりから花も多くなる。

コロンブスピークの看板がある**1492㍍ピーク**を越え、その先の鞍部のあたりは水たまりが多く歩きにくい。広い笹尾根の左斜面には何箇所か急な谷が切れ込んでおり、その斜面にシシウドやマルバダケブキなどのお花畑が広がっている。

断層跡や、幹が地面を這うような臥龍（がりゅう）ダケカンバを見ながら、小ピークを越える。草原の小道のような緩やかな登りをこなすと、**能郷白山**の頂上に到着する。

帰路は往路を引き返す。中間部の急な下りは慎重に通過すること。

（石際　淳）

頂上部にあった白山権現の祠。現在はレスキューボックス兼用の金属製の物に変わっている

庁舎（道路状況）☎0581・38・2511

■2万5000分ノ1地形図　能郷・能郷白山

54

奥美濃唯一の岩峰と奥深い静かなやぶ山を1日で満喫

冠山・金草岳

かんむりやま 1257m
かなくさだけ 1227m

日帰り

Ⓐ冠山 歩行時間＝2時間40分 歩行距離＝4・5㎞
Ⓑ金草岳 歩行時間＝4時間10分 歩行距離＝7・5㎞

技術度
技術度
体力度
体力度

コース定数＝Ⓐ11 Ⓑ17

標高差＝Ⓐ206m Ⓑ176m

累積標高差 Ⓐ↗435m ↘435m Ⓑ↗698m ↘698m

堂々とした姿を見せる林道冠山線からの冠山

奥美濃（みの）登山のバイブル的な存在であった『秘境・奥美濃の山旅』（ナカニシヤ出版）の表紙に写る冠山は印象的だ。旧徳山（とくやま）村の奥にそびえ、奥美濃の象徴ともいえるこの山は、徳山ダム建設のため道路が改良されたことにより、マイカーで気楽にハイキングできる山となった。ダムの湖畔道路から林道冠山線に入り峠に近付くと、右手に見えてくる岩壁をもったピークが冠山だ。上写真の烏帽子（えぼし）のような特徴ある姿は、冠山峠方面から見たものだ。冠山のみでは歩き足らない人は、峠の西の稜線上にある金草岳を往復するとよい。こちらは福井県側からの登山道と合流する檜尾（ひのきお）峠をすぎてもピークが見えず、標高差の割には奥深く大きな山を登った印象を与える静かな山だ。

展望のよい金草岳の頂上

Ⓐ冠山　冠山峠の大きな石碑の横から、広く刈り払われた登山道に入る。道には階段が付けられ遊歩道のようだ。1156㍍の小ピークを越えると、ほとんど標高を変えることなく大きなブナ林の道を歩く。途中2箇所に池塘も見られる。樹林を抜けると左手の草原状の冠平に着く。広い切り開きの脇に遭難碑がある。6月下旬にはニッコウキスゲのお花畑となるとこ

■鉄道・バス
冠山峠への公共交通機関はない。
■マイカー
岐阜市方面から国道303・417号を揖斐川沿いに北上し、徳山ダムに至る。417号をさらに進み、徳山ダムの最奥から林道冠山線を経て冠山峠へ（駐車スペースあり）。11月中旬から翌年6月上旬までの期間は積雪による冬期通行止めとなる。
■登山適期
6月から11月にかけて。
■アドバイス
▽草原状の冠平で昼食にするのも楽しい。
▽金草岳は峠からの標高差は小さいが、アップダウンが多いので思ったより体力を使う。

白倉山への登り。思いのほかきつい道だ

▽国道303号沿いの道の駅星のふる里ふじはし内に、いび川温泉藤橋の湯（☎0585・52・1126）がある。
■問合せ先
揖斐川町藤橋振興事務所☎0585・52・2111

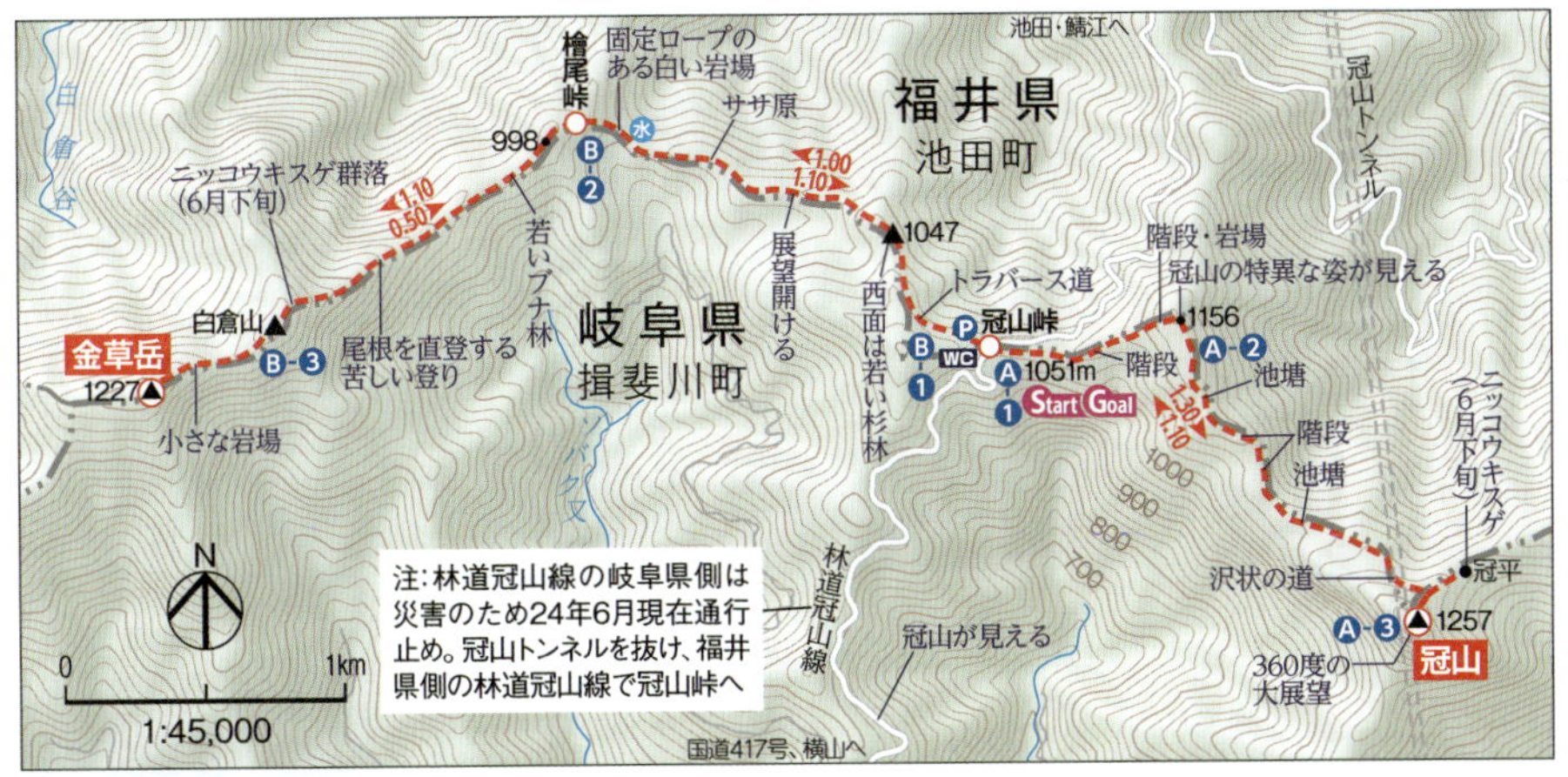

ろだ。

冠山への登りには古い固定ロープの張られた岩場があり慎重に登ろう。たどり着いた**冠山**の頂上は峠からの姿通りの露岩のピークで、美濃側は絶壁となり、遠く伊吹山が望まれる。北には白山まで山並みが続き、見飽きることのない展望である。

帰路は、岩場のルートファインディングに気をつけて下る。

Ⓑ金草岳　最初から2座を登る計画であれば、朝日の差す午前中に金草岳を登るほうがよい写真が撮れるだろう。

冠山峠からすぐブナの大木のある尾根を横切って行く道を進む。トラバースが終わると左手は杉の若い植林となる。1047メートルピークをすぎ、緩やかな尾根を下るとササ原となり、展望が開ける。

檜尾峠へは固定ロープのある岩場を登る。岩場右手の谷へ少し下ると水場がある。998メートルピークを越えると尾根はまっすぐ前衛峰の白倉山までのびている。急斜面の直登で白倉山を越えると、初めて金草岳が姿を現す。鞍部にいったん下り、小さな岩場を経て**金草岳**の頂上に至る。

（石際 淳）

■2万5000分ノ1地形図
冠山・古木

広々とした休憩適地の冠平

CHECK POINT

Ⓐ冠山

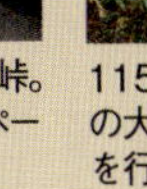

1 標高約1050メートルの冠山峠。約30台が駐車できるスペースやトイレなどがある

2 1156メートルピークをすぎ、ブナの大木がある平坦な尾根道を行く

3 冠山の頂上直下は固定ロープのあるスラブ状の岩場となっている

Ⓑ金草岳

1 登りはじめは尾根北面のトラバース道を進んでいく

2 檜尾峠。「ピノキオ」ではなく「ひのきお」が正しい

3 白倉山をすぎると目指す金草岳が見えるが、登り返しがあり結構きつい

55

夜叉姫伝説の池を経て奥美濃のやぶ山に挑む

三周ヶ岳・三国岳

さんしゅうがたけ　1292m
みくにだけ　1209m

日帰り

Ⓐ三周ヶ岳　歩行時間＝4時間50分　歩行距離＝8.7km
Ⓑ三国岳　歩行時間＝7時間10分　歩行距離＝9.6km

技術度　体力度

コース定数＝Ⓐ22 Ⓑ27

標高差＝Ⓐ532m Ⓑ449m

累積標高差　Ⓐ↗1026m ↘1026m　Ⓑ↗1101m ↘1101m

夜叉丸からの夜叉ヶ池と三周ヶ岳（左奥のピーク）

夜叉ヶ池は、岐阜・福井県境の稜線上にある神秘的な池だ。奥美濃の山を挟んで両県に同じ地名が現れることは珍しくない。古くからこの山地を越えて交流のあった証であろう。この池を挟んで2キロほど南北に三周ヶ岳と三国岳は位置する。ともにササと灌木に囲まれた稜線上の小ピークにすぎないが、地元の岳人はこのやぶ山の雰囲気を愛してきた。1等三角点があり展望のよい三周ヶ岳には定期的に登山者が訪れ、踏跡もしっかりしている。一方、三角点も展望もない三国岳は不遇の山をかこち静寂を保っている。奥美濃のやぶ山本来の雰囲気を味わうのなら三国岳を登ってみるとよい。

夜叉姫が身を清めたといわれる幽玄ノ滝

Ⓐ三周ヶ岳　**駐車場**最奥から階段を下り登山道へ。数回谷を渡ると尾根のジグザグの急登となる。標高差100メートルほど登ると平らな道となる。りっぱなブナが多くなると、夜叉壁が大きく見えてくる。池ノ又谷の源流を2回渡り返すと右手に昇龍ノ滝が細く落ちている。固定ロープのあるスラブ状の岩場は水が流れていることも多くスリップに注意して登ろう。稜線直下の岩場を回りこむと、県境尾根上の**夜叉ヶ池のコル**に到着する。

夜叉ヶ池を左に見て三周ヶ岳を目指す。ササ原の踏跡をたどり、白い岩場のピークは右から巻く。切り開きがある次のピークをすぎると高いサ

■**鉄道・バス**
登山に適した公共交通機関はない。

■**マイカー**
岐阜方面から国道303号を進み、揖斐川町坂内川上から町道池ノ又線に入る。坂内バイクランドまでは広い道だ。管理棟にはトイレと登山届提出箱がある。椀戸谷出合のダム湖を過ぎると狭い道となるので、対向車に注意。登山口の駐車場は、50台は置けそうな広大なもので、手前にトイレもある。なお、11月中旬から翌年6月上旬までの期間は積雪により冬期通行止めとなる。

■**登山適期**
6月から11月。

■**アドバイス**
▽夜叉ヶ池まで道はよく整備されている。以遠は登山道にササが被るので軍手は必携である。熱中症に留意したうえで肌の露出をなるべく少なくすること。とくに三国岳へはやぶ山でのナビゲーションの基本的技術が必要である。
▽国道303号沿いの道の駅星のふる里ふじはし内に、いび川温泉藤橋の湯（☎0585・52・1126）がある。

■**問合せ先**
揖斐川町坂内振興事務所☎0585・53・2111

■**2万5000分ノ1地形図**
広野・美濃川上

サをかき分けて進む。ジャンクションピークからはササが低くなり展望がよくなる。ブナ林へいったん降りて再度ササのトンネルを抜けると、ポコンと突き出た**三周ヶ岳**の頂上に出る。

帰路は往路を引き返す。

B三国岳　三国岳に向かうには2万5000分の1の地形図、コンパスが必携。地形は比較的単純なので読図としては難しくないコースだが、やぶ山に慣れていないと時間がかかり、体力を消耗する。

夜叉ヶ池のコルから、まずは南西にいきなりやせ尾根となってせりあがる夜叉丸を目指す。高度感のある岩場は、とくに下降の際は要注意。夜叉丸頂上には切り開きがあり、ここで引き返す登山者が多い。尾根が南に方向を変えると、ササは背丈を超すようになる。

ブナ林の1206㍍ピークで尾根は右に90度向きを変える。このあたりから踏跡は不明瞭となる。赤布も所々に残るが、あてにならない。最低鞍部を過ぎ三国岳への登りにかかったらなるべく東寄りにルートをとり、左の急な谷とのコンタクトラインを進むとやぶがひどくなく効率的だ。

尾根上の湿原を通過し、所々に残る踏跡をつなぐと、**三国岳**のピークに着く。

（石際　淳）

注：登山口への町道池ノ又線は工事のため、2025年6月中旬まで通行止め。詳細は揖斐川町坂内振興事務所へ。

1 町道池ノ又線の終点が登山口。駐車場の奥から登りはじめる

2 しばらく登っていくと、ブナの大木が目立つようになってくる

3 県境稜線に出る手前の登りは固定ロープのあるすべりやすいスラブ状の道

4 三周ヶ岳への道はササがかぶる所が多い。白い岩場をもったピークは右側から巻く

5 やぶに覆われた三国岳への道。所々に赤布が付けられている

6 丸い切り開きの中にある三国岳頂上。登山者の少ない静かなピークだ

56

養老山

濃尾平野の大展望に感動しながら縦走する

ようろうさん 859m

日帰り

歩行時間＝5時間35分
歩行距離＝7・4㎞

技術度

体力度

コース定数＝24

標高差＝841m

累積標高差 ↗1105m ↘1105m

養老山地は岐阜県の南西部、三重県との県境に位置し、南北25キロに及ぶ長い山地だ。主稜線上は大きなアップダウンはなく、東の濃尾平野の展望を楽しみながらのんびり歩くことができる。その中の一峰である養老山は山地名を冠するが、道標がなければ気がつかずに通り過ぎるほどの小ピークである。登山だけでなく、登山口となる孝子伝説で有名な養老の滝や養老神社の境内に湧き出る名水百選の菊水泉など見どころが多いだけに、観光気分で登るのも楽しい。麓を走る養老鉄道を利用すれば、マイカー利用とはひと味違った山旅が味わえるだろう。

養老公園からの養老山地。海抜ほぼ0メートルから一気に立ち上がるだけに標高のわりに登りごたえがある

美濃津屋駅から県道56号に出て北上、養南病院の看板がある横断歩道を渡り、病院沿いに坂を上がると**津屋登山口**だ。四辻を右に進み、神明神社の先で左折すると東海自然歩道の三叉路に出る。

東海自然歩道を左に分けて正面の道へ。左に伐採斜面を見ながら進むと、道は大きく左に曲がって尾根に出る。自然林の中の道は尾根がいったん緩やかになったあと、尾根から左に外れトラバース気味に登る。傾斜の緩くなったところで尾根に戻る。倒木や岩がゴロゴロして歩きづらい道を登り、シダが目立ちはじめて前方にヒノキ林が見えてくると稜線の登山道と合流する。傍らの**津屋避難小屋**は小さいながら、しっかりしたきれいな小屋である。

稜線の登山道は避難小屋までの道とは異なり遊歩道のように整備され、階段も付けられている。20分ほどで**多芸の台**と呼ばれる展望地に到着する。白山から日本アルプスまで見渡せ、濃尾平野の眺めは天下をとったような気分にさせる。

登山道の標識を見落とさないように進むと**養老山**の頂上だ。

公園となっている小倉山までの稜線は眺めがよい。登山道は林道

■鉄道・バス
往路＝養老鉄道美濃津屋駅。復路＝養老鉄道養老駅。

■マイカー
県道56号南濃関ヶ原線（薩摩カイコウズ街道）沿いのサンケミカルの工場の南の道を山手に入り、養南病院をすぎた先が津屋登山口で、右手に約5台分の駐車スペースがある。

■登山適期
通年。1～2月は積雪を見ることもあり、その際は冬用の装備が必要。

■アドバイス
▽津屋避難小屋までの道は登山者が少ないうえ、倒木など道が荒れ気味。盛夏はヒルにも注意したい。
▽入下山口間の移動は、①養老鉄道利用、②回送用の車の用意、③東海自然歩道を歩いて戻る方法が考えられる。③はかなりアップダウンがあり、思ったより時間と体力を消耗する。余裕をもった計画を立てたい。

■問合せ先
養老町観光協会☎0584・32・1108

■2万5000分ノ1地形図
養老

多芸の台からの濃尾平野の眺め

日本の滝百選のひとつ養老の滝

と並行して走っている。**旧牧場・モミジ峠への分岐**を右の三方山（さんぽうさん）方面に入り、緩やかに下ると三方山手前の鞍部に出る。踏跡をまっすぐ進むと**三方山**の展望地で、登山道は左手の谷へ降りている。

手入れされたヒノキ林の尾根を下ると標高550メートルあたりでベンチのある広場に出る。ここから養老の滝上流の沢まで急斜面に付けられたつづら折れの道となる。スリップしないよう慎重に下ろう。

沢に降り立ち、明治初期に来日したオランダ土木技師、デ・レーケ設計の堰堤の下を渡って林道に上がる。養老の滝上の**駐車場**を経て、休日であれば観光客で賑やかな養老の滝遊歩道を歩いて**養老駅**まで下山する。（石際 淳）

CHECK POINT

1 駐車スペースがある津屋登山口。右手の細道へと進む。正面の道は東海自然歩道の三叉路へ続くがやや不明瞭

2 アカマツの尾根道を登っていく。途中には倒木が道をふさぐ箇所がある

3 ようやく養老山地の主稜線上に出ると、小さな津屋避難小屋が建っている

4 養老山頂上。切り開きの中の小さなピークで、展望は利かない

5 三方山からの尾根を外れ、固定ロープのある急な下りを養老の滝へ

6 名水百選の菊水泉が湧出する養老神社

三ノ峰付近からの美濃禅定道の眺め。右奥に大平壁を抱く別山が見える

57

白山美濃禅定道をたどり別山に至る1泊2日の山旅

別山・銚子ヶ峰

べっざん　2399m
ちょうしがみね　1810m

一泊二日

第1日　歩行時間＝6時間　歩行距離＝8㎞
第2日　歩行時間＝7時間45分　歩行距離＝13・8㎞

技術度
体力度

コース定数＝55

標高差＝1439m

累積標高差 ↗2228m ↘2228m

美濃禅定道は、3つある白山禅定道のひとつであり、白山を開山したといわれる泰澄がたどった伝説の道だ。母御石や雨やどりの岩屋など、言い伝えの残る場所も多い。郡上市白鳥町にあった白山中宮長滝寺（現長滝白山神社・長滝寺）を起点として、峠を越え石徹白に入り白山中居神社を経て石徹白川を遡ったのち、神鳩ノ宮上で尾根に出て尾根道を北上する。神鳩ノ宮避難小屋まではブナ林がすばらしく、尾根に出てからは概ねササ原となり、しだいに近づく別山を眺めながらの登山となる。白山本峰まで縦走するのが最も充実した登山になるが、ここでは三ノ峰避難小屋を利用して別山まで往復するルートを紹介する。

第1日　石徹白登山口から樹齢1800年の大杉までは、一般の観光客も通る石段の遊歩道を歩く。広場から左手の登山道に入ると急登となる。最初はミズナラが目立つが、尾根に出るとブナの大木が出はじめ、1400㍍付近まで緩やかな登りが続く。休憩ポイントも多い。オタケリ坂は一部手を使うほどの急傾斜の登りだ。途中に泰澄の母が白山の神の怒りにふれ、風雨をしのいだ岩屋がある。

再び緩やかな尾根になり、左手に母御石を眺めながらしばらく歩くと**神鳩ノ宮避難小屋**に出る。溝状になった展望のない登山道を登ると主稜線の道となり、ササが出てくる。ここからは「笹山三里」とよばれ展望が開けるようになる。前方に大平壁とよばれる大岩壁をもつ別山が、初めて顔を出す。

母御石の前後は、高山を登っているような気分のいい登山道だ。西には願教寺山から野伏ヶ岳の山並み、東には別山谷を挟んで別山東尾根の奥深い山並みが望まれる。草原の小径を行くような緩やかな登りでプレートのある**銚子ヶ峰**の頂上に着く。ここまでで日帰りする登山者が多い。

銚子ヶ峰を越えると尾根の左右は急峻な谷となり、アップダウンも厳しくなる。**一ノ峰**への登りはササを切り開いた急峻な道で、気温の高い時期では日陰もなく苦しい登りとなる。**二ノ峰**の手前でハイマツが現れる。ピークの西側を

■鉄道・バス
登山口約6㌔手前の上在所まで長良川鉄道美濃白鳥駅から白鳥交通バスがあるが（日曜・祝日運休）、便数が少なく、タクシー利用が現実的。

■マイカー
岐阜県側からは国道156号沿いの郡上市白鳥町前谷から県道314号に入り桧峠を越えて石徹白最奥の白

石徹白の大杉は痛みが激しく、柵で保護されている

巻くように通過し、少し下ると水(みず)呑(のみ)釈迦(しゃか)堂跡の道標がある。東の別山谷側へ50メートルほど下ると、冷たい湧水が得られるときもある。

草原状のたおやかな三ノ峰への登りには、道を示すためのトロープが張られている。**三ノ峰避難小屋**はよく整備され、トイレもある快適な小屋である。

第2日 宿泊用の装備は整理したうえで、小屋にデポする。少しの登りで三ノ峰。ここで初めて白山の本峰である御前峰(ごぜんがみね)が望まれる。下りはガレた道をササが覆っているため、注意して歩こう。次のピークの左斜面は風雪の影響で上部が枯れたオオシラビソが立ち並ぶ、特異な景観となっている。

ちょっとした岩場を越え広い別山平を気分よく歩いていくと、湿原に囲まれた**御手洗池**(みたらしいけ)がある。風がない晴天の日は別山が映る絶好の撮影ポイントとなる。

別山への尾根はしだいにやせてくる。

CHECK POINT

1 美濃禅定道への登り口。駐車場やトイレ、水場がある

2 雨やどりの岩屋。そばにはかむろ杉がある

3 約20人収容の神鳩ノ宮避難小屋

4 泰澄の母が息絶えた場所とされる母御石。別山の眺めがよい場所だ

5 水呑釈迦堂跡。岐阜県側に50メートルほど下ると水場があるが、あてにならない

6 標高2095メートル地点に建つ三ノ峰避難小屋。約20人が収容できる

7 別山直下からの南方向の眺め。御手洗池とその奥に三ノ峰が見える

8 別山頂上には別山神社の祠が建っている

山中居神社へ。神社から左手にある坂道を下り、石徹白川左岸の舗装された大杉林道を6キロで駐車場やトイレ、水場のある登山口。登山届はここで提出できる。大杉林道は11月中旬から5月中旬まで冬期閉鎖。

■登山適期
6月下旬から10月。6月は残雪が多い年もあるので注意。

■アドバイス
▽神鳩ノ宮避難小屋は有志によりストーブや毛布なども用意され、快適に宿泊できる。東のカンバタ谷の源頭の水場へは小屋の前から踏跡を70メートルほど下る。水呑釈迦堂跡の水場はあてにできない。
▽温泉は桧峠から北に少し上がったところに満天の湯（☎0575・86・3487）がある。
▽郡上市長滝の白山文化博物館（☎0575・85・2663）では、白山信仰に関する歴史文化や自然を紹介する展示を見ることができる。長滝白山神社宝物殿の共通券もある。

■問合せ先
郡上市観光課☎0575・67・1121、大野市観光交流課（三ノ峰避難小屋）☎0779・66・1111、白鳥交通（バス）☎0575・82・5311、濃飛タクシー☎0575・82・2511

■2万5000分ノ1地形図
二ノ峰・白山

二ノ峰へ向けて進んでいく

360度の展望が広がる銚子ヶ峰頂上

右手に大平壁のスラブを眺めながら、岩場のジグザグの登りで**別山**の頂上に至る。別山神社には、白山奥宮を妙理大菩薩に譲ったといわれる白山の地主神である、大山祇神が祀られている。南竜ヶ馬場を挟んだ御前峰はかなり遠くに見える。左手の長大な尾根は、市ノ瀬から登るチブリ尾根だ。

復路は別山平の景色を楽しみながら下っていく。**三ノ峰避難小屋**には思ったより早く着くだろう。昼食をゆっくりとって荷物を片付け、正午頃に小屋を出発できれば余裕をもって下山できる。**銚子ヶ峰**まではアップダウンがあるため、あまり時間短縮はできない。それ以降は道もよくなり、のんびり歩けば懐かしい大杉が前方に見えてくる。

（石際　淳）

58

白山信仰の古の峠道と美濃禅定道前衛の2山へ

大日ヶ岳・毘沙門岳

だいにちがたけ 1709m
びしゃもんだけ 1385m

日帰り

Ⓐ大日ヶ岳・南尾根ルート 歩行時間＝6時間55分 歩行距離＝11・9km 技術度 体力度
Ⓑ大日ヶ岳・ひるがのルート 歩行時間＝5時間10分 歩行距離＝11・1km 技術度 体力度
Ⓒ毘沙門岳 歩行時間＝6時間40分 歩行距離＝9・8km 技術度 体力度

コース定数＝① **29** ② **22** ③ **25**

標高差＝① 1039m ② 759m ③ 724m

累積標高差	登り	下り
①	1279m	988m
②	852m	852m
③	880m	880m

大日ヶ岳の頂上。晴れていれば白山まで連なる峰々が望まれる

郡上市白鳥から石徹白へ抜ける県道314号の桧峠を挟んで南北に、大日ヶ岳と毘沙門岳は対峙している。どちらの山もかなり上部までスキー場として開発が進んでいるが、スキー場を離れ登山道に入ると、ブナやミズナラの自然林が残されており、季節を感じながら登ることができる。とくに大日ヶ岳のブナ林はすばらしい。

頂上直下からの大日ヶ岳

Ⓐ大日ヶ岳・南尾根ルート

アウトドアスタイル・アミダの駐車場が起点。ヘアピンカーブを2回曲がった先の右手が登山口で、「東縦走路」の白い標柱があるがわかりづらい。谷を左右に渡りながら進み、横切る水路の左の斜面から登る。広い沢状の杉林から尾根に出ると緩やかになり、**村間ヶ池の分岐**から自然林となる。

ササの背丈が高くなり、踏跡が薄くなる。**1271メートルピーク**を経てブナの道を登り、1523メートルピークを越えると場合によってはネマガリタケをかき分けながらの急登となる。前大日の直下を左にトラバースし、涸れ沢を2回ほど横切り急斜面を左上すると古い看板のあるカエデが現れ、**登山道**に合流する。**大日ヶ岳**頂上へは15分ほど。

■鉄道・バス
長良川鉄道美濃白鳥駅から白鳥交通バスが出ているが本数が少なく、日帰りの登山では利用しづらい。

■マイカー
Ⓐ、Ⓒ＝国道156号沿いの郡上市白鳥町前谷から県道314号に入り石徹白方面へ。Ⓒは県道が前谷川を渡る手前で左折し正ヶ洞棚田へ。棚田奥の登山口に駐車スペースあり。Ⓐはその先の阿弥陀ヶ滝の入口をすぎ、アウトドアスタイル・アミダの駐車場（1日500円）へ。
Ⓑ＝国道156号からひるがの高原の別荘地を抜けコンクリートの急坂を登ると簡易水道施設跡で、約30台以上の駐車場がある。

■登山適期
5月から11月にかけて。

■アドバイス
▽Ⓐの大日ヶ岳南尾根は刈り払いされていないときはやぶ漕ぎとなるため軍手は必携。熱中症に留意したうえで肌の露出をなるべく少なくすること。また、このルートの下降は非常に難しい。下山後に余力があれば、Ⓒの中ノ峠を経由する旧街道を歩いて前谷へ戻るのも面白い。
▽旧桧峠周辺は脇道が多い。地形図をよく確認すること（Ⓒ）。
▽温泉は桧峠から北に少し上がったところに満天の湯（☎0575・86・3487）がある。

高山市
天狗山 ▲1659
すばらしいブナの大木
ブナ原生林
一服平 ▲1356
•1273
カラマツ林
急登
巨木街道
•1396
鉄塔
登山口 950m
Start Goal
ひるがの高原
広く刈り払われた頂上。展望よい
大日ヶ岳 1709
前大日
トラバース道（注意）
高鷲スノーパーク
夫婦滝
ひばりヶ丘バス停
分水嶺公園
やせ尾根
鎌ヶ峰
合流点
登山道
水後山 1559
•1523
前谷側は絶壁
登山口
タイナランド
道の駅大日岳
7月中旬～10月下旬の週末を中心に運行。所要10分
大ブナ
南尾根（東縦走路）
前谷大日国有林（すばらしいブナ林）
ウイングヒルズ
（ゴンドラリフト終点）
ゲレンデの端を下る
西洞
高鷲町西洞
1271㍍ピーク
郡上市
東海北陸自動車道
ウイングヒルズ白鳥リゾート
ウイングヒルズ前
南尾根は刈り払いされていないときは背の高いササやぶ漕ぎを強いられる
飛騨街道
国境ノ宿
満天の湯
広場
1078•
立ち枯れのミズナラ多い
石徹白
961m
Goal 桧峠
満天の湯入口
村間ヶ池分岐
水路を横切り左手から登る
阿弥陀ヶ滝
アウトドアスタイル・アミダ 670m
宿泊・キャンプ・食事可
Start
登山口
毘沙門岳へ
美濃白鳥駅、国道156号へ
1:80,000

頂上から登路の南尾根を望むやせ尾根をたどり水後山（すいごやま）へ。水後山を越えると樹林に入り緩やかな尾根を下る。**ウイングヒルズ**のゲレンデに入り、ゲレンデの端を歩く。**桧峠**へは満天の湯の手前で林に入る。途中に国境ノ宿（くにざかい）があり、祠の前の巨大な一枚岩が興味深い。

Ⓑ大日ヶ岳・ひるがのルート

登山口から雑木林を登ると高圧線鉄塔に出る。1箇所急斜面のある道を登ると1273㍍のジャンクションピークに着く。1356㍍三角点の先に**一服平**（いっぷくだいら）とよばれる広場があり、周辺は巨木が林立しすばらしい雰囲気だ。

ブナの大木やイワガラミの花を観ながらのんびりとした登りが続

■問合せ先
郡上市観光課☎0575・67・1121、白鳥交通（バス）☎0575・82・5311、濃飛タクシー☎0575・82・2511、アウトドアスタイル・アミダ☎0575・85・2001

■2万5000分ノ1地形図
石徹白・二ノ峰・新渕

CHECK POINT

Ⓐ大日ヶ岳・南尾根コース

県道沿いに南尾根への登山口があるがわかりづらい

前大日下方の尾根道はネマガリダケのやぶ漕ぎ

スキー場のゲレンデを下る際は熱中症に注意

Ⓑ大日ヶ岳・ひるがのコース

登山口をあとに、松の混じる雑木林を登っていく

一服平にある3代の三角点標石

展望台からは東面のひるがの高原が一望できる

最後の急登手前からの毘沙門岳

く。標高1600ﾒｰﾄﾙあたりまで登るとダケカンバが現れ、ひるがの高原の眺めがよい。最後のササに囲まれた溝状の急登を頑張れば、**大日ヶ岳**の頂上広場に飛びだす。

Ⓒ毘沙門岳

前谷(まえたに)集落を抜け県道が前谷川を渡る橋の手前に正ヶ洞(しょうがほら)棚田の標識がある。棚田奥の**登山口**から沢沿いに林道跡を登ると前谷床並(とこなみ)社跡のトチノキが現れる。白山(はくさん)古道の石畳の道を進んで中ノ峠(なか)へ。

峠を越えて阿弥陀ヶ滝上流の沢（**スゲオリ谷**）に出る。沢沿いに上流に行けばすぐ登山道に入れるが、不安な場合は**旧桧峠**まで進み、分岐を登山道の標識にしたがい左に入る。このあたりは故あって白鳥高原ゴルフ場の敷地外に新設された登山道のため、アップダウンや片斜面があり歩きにくい。

登山道は再び先ほどの沢の上流に下り、二俣になった沢の左俣に入っていく道を登ると林道に出る。ここが旧登山口で、植林帯の道を緩やかに登っていく。ススキ原の**スキー場トップ**から東には白鳥の街が望まれる。このルートでは少ないブナやミズナラの自然林が残る1201ﾒｰﾄﾙのプラトーから、コルへいったん下る。

石徹白からの尾根とのジャンクションを経て、正面の急な尾根に付けられたつづら折れを登る。傾斜が緩み、もうひと頑張りで**毘沙門岳**の頂上に着く。（石際　淳）

CHECK POINT

Ⓒ毘沙門岳

1 茶屋峠にはお地蔵様と一服したくなるような石の椅子が並んでいる

2 中ノ峠から下ると阿弥陀ヶ滝上流のスゲオリ谷に出る。徒渉するが、水はほとんどない

3 林道上にある毘沙門岳への旧登山口。頂上まで2時間近い登りとなる

4 毘沙門岳頂上。周囲のやぶがのびたこともあり、360度の展望とはいかない

59

小秀山

雄大な御嶽山を間近に望む東濃の奥深い秀峰

日帰り

こひでやま
1982m

歩行時間＝8時間
歩行距離＝12・2km

技術度
体力度

コース定数＝34
標高差＝1092m
累積標高差 1440m 1440m

頂上からは御嶽山の眺望がすばらしい

コース最大の難所・カモシカ渡り

岐阜県中津川市と長野県王滝村にまたがる、阿寺山地の最高峰。御嶽山を眺めるピークとしては下呂の白草山の人気が高いが、小秀山からはそれをしのぐ御嶽山の雄大な展望が楽しめる。手軽に登れる白草山と対照的に、岐阜県側からの道は距離も長く標高差も1000mを超える。東濃エリアの山としては恵那山と並んで登りごたえのある山といえる。登山口の乙女渓谷からは夫婦滝のある二の谷コースと、三の谷出合から尾根を登る三の谷コースがある。前者の方が変化があり面白いので、こちらから登り、歩きやすい三の谷コースを下山するのがおすすめだ。危険な箇所は少ないが、歩行時間が長いので余裕をもったスケジュールで計画を立てたい。

乙女渓谷キャンプ場からスタート。キャンプ場内にある橋を渡り、二ノ谷に付けられた夫婦滝への遊歩道に入る。道はほぼ人工的につくられた渡り廊下のような木道だ。ねじれ滝、和合の滝など渓谷美を楽しみながら歩く。立派な避難小屋をすぎると、右岸（左手）の岩がごろごろした斜面の道となる。古い歩道の名残をすぎると、夫婦滝が唯一そろって望めるポイントがある。

雄滝展望台の左手から本格的な登山道がはじまる。夫婦滝の上流に出るトラバース道は滑落に注意が必要だ。最後の水場となる孫滝をすぎると谷から離れ、尾根の急登をこなし鎧岩に出る。その後も苦しい急な登りが続き、「カモシカ渡り」とよばれる7mほどの岩場にかかる。ホールドは豊富なので、足元をよく見て慎重に登れば問題ない。

尾根の傾斜が落ちると、左手から三の谷コースが合流する**三の谷分岐**に出る。兜岩へは最後のまとまった登りだ。北方には白山や御嶽山、笠ヶ岳など、すばらしい展望が開ける。第一高原から頂上までは文字どおり高原状の気分がよ

雄滝展望台

い道が続く。点々とあるシラビソやコメツガなどの木陰が暑い時期にはありがたい。頂上手前の最後の登りは、短いながらも意外にきつい。

バイオトイレもある避難小屋（秀峰舎）をすぎると、すぐに**小秀山**の頂上に着く。展望台からは御嶽山の眺めがすばらしい。

下山は**三の谷分岐**まで往路を戻る。三の谷コースに入り、植林帯の尾根道を下る。急傾斜だが、道は大きくジグザグに付けられ歩きやすい。山神様と営林小屋を経て**林道**に出て、40分ほどで**乙女渓谷キャンプ場**に到着する。

（石際　淳）

CHECK POINT

1 乙女渓谷キャンプ場の一角にある二の谷コースの入口。登山届を出していこう

2 雄滝展望台を過ぎると本格的な登山道となる。滑落に注意して進む

3 二の谷コースと三の谷コースが合流する三の谷分岐。下山時は三の谷へ

4 兜岩からは白山や笠ヶ岳などの雄大な展望が広がっている

5 第一高原を行く。頂上へは開放的な道が続いている

6 小秀山頂上。手前には避難小屋の秀峰舎が建っている

■**鉄道・バス**
往路・復路＝JR高山本線下呂駅から乙女渓谷キャンプ場までタクシーで約30分。

■**マイカー**
中央道中津川ICから国道19・257号を経由して、乙女渓谷キャンプ場に向かう。下呂方面からは国道41号から国道257号に入り舞台峠を越えるとすぐに乙女渓谷入口の分岐がある。キャンプ場に有料駐車場がある（キャンプ場利用者は無料）。

■**登山適期**
5月から11月。

■**アドバイス**
▽加子母の大杉地蔵尊には樹齢千数百年といわれる大杉がある。ここで毎年、旧暦の7月9日の夜に鎌倉時代の高僧・文覚上人の伝説にまつわる「なめくじ祭」が行われる。

加子母の大杉地蔵尊

■**問合せ先**
中津川市加子母総合事務所☎0573・79・2111、ヒダタクシー☎0576・25・3030

■**2万5000分ノ1地形図**
宮地・滝越

60 恵那山

古の東山道の峠から南・中アを望む県境稜線をたどる

日帰り

えなさん
2190m（最高点2191m）

歩行時間＝8時間20分
歩行距離＝12・7km

技術度
体力度

コース定数＝33

標高差＝622m

累積標高差

1338m
1338m

千両山からは目指す恵那山が見える。どっしりとした姿が印象的だ

日本百名山の恵那山は中央アルプス最南端に位置し、美濃地方で唯一標高が2000㍍を超える。頂上へは4本の登山道があるが、岐阜・長野県境の神坂峠（標高1569㍍）からアップダウンのある尾根道を行く神坂峠コースを紹介する。

神坂峠の駐車場からすぐに登山道に入る。三角点のある千両山からは、これから登る恵那山が望まれ、左手には南アルプスの山並みも見えている。

歩きはじめは好展望の尾根道（後方は富士見台）

登山道はヒノキの植林に入り、鳥越峠付近は展望が得られない。

1594㍍ピークからは右手にナギとよばれる崩壊地が現れ、道沿いには、固定ロープも設置されている。

ササの切り開きをひと登りで、ベンチのある**大判山**に着く。中津川方面の景色がすばらしい。「天下をとった気分」に浸ろう。

1920㍍ピーク（地形図に標示はない）までは、ササ原の厳しい急登が続く。右手にある大判ナギの上は岩場になっており、ここにも固定ロープが張られている。

さらに登っていき、西方の恵那

ベンチがある大判山の頂上

■鉄道・バス
往路・復路＝JR中央本線中津川駅からタクシーで神坂峠へ。

■マイカー
中央道中津川ICから国道19号を東に向かい、沖田交差点で右折し県道7号を経て神坂峠に向かう。峠道がはじまってから1000㍍もの標高差があり、しかも道幅の狭いつづら折れになるので運転には要注意。峠には約10台分の駐車スペースがある。

山頂避難小屋の裏手にある露岩の展望台

登山道脇まで迫る大判ナギ

CHECK POINT

1 神坂峠遺跡。古代に使われた鏡などが発掘された

2 神坂峠の恵那山登山口。頂上まで6.8キロの表示がある

3 1920メートルピークへと続くササ原の道

4 前宮ルートとの分岐。ここまで来れば頂上は近い

5 新装された山頂避難小屋。脇に四の宮が建っている

6 恵那山の頂上。1等三角点は展望櫓の前にある

山頂避難小屋へ続く庭園風の道

神社本宮からの前宮(まえのみや)ルートとの分岐手前は、苔むした岩がゴロゴロする急斜面で登りにくい。

分岐から**恵那山頂避難小屋**へは南東にのびる稜線に入る。この先、展望櫓のある**恵那山**の頂上までは平坦な道で、奥宮まで7つの社が点在している。展望を楽しむのであれば、頂上の展望櫓よりも避難小屋裏の露岩のピークに登ってみるのがよい。

頂上からは往路を戻る。

（石際　淳）

■登山適期

5月～11月。

■アドバイス

▽起点の神坂峠の標高が高いのでメインルートの黒井沢ルート（24年6月現在登山口への林道が通行止め）より楽な印象があるかもしれないが、距離が長くアップダウンもあり、時間・体力的にこちらのほうが厳しい。

▽往路を戻るのが嫌なら長野県側の広河原ルートで広河原登山口まで下山し、峰越林道を歩いて神坂峠に戻ることができる（約4時間）。ただし登山口の手前に橋があるので、増水のおそれがある降雨時は、このコースでの下山は避けること。

▽神坂峠には古代の街道である東山道が通っていたといわれ、遺跡も発掘されている。

▽起点の神坂峠から北に10分ほどの場所に、長野県阿智村営の宿泊施設の萬岳荘がある。素泊まりだが、調理器具と毛布がある（有料）。

■問合せ先

中津川市観光課☎0573・66・1111、中津川市観光案内所☎0573・62・2277、東鉄タクシー☎0573・78・2135、近鉄東美タクシー☎0573・66・1221、萬岳荘☎070・2667・6618

■2万5000分ノ1地形図

中津川・伊那駒場

＊コース図は198・199ページを参照。

中津川駅、中津川ICへ
富士見台へ
林道大谷霧ヶ原線
萬岳荘
素泊まり
神坂峠遺跡
1569m
神坂峠
Start Goal
恵那山トンネル
中央自動車道
古代東山道ルート
鳥越峠
ヒノキ林
ダケカンバ、モミ、ヒノキの道
千両山
展望
ウバナギ
道沿いに固定ロープ
ササ原
大判山
1696
ベンチあり。中央アルプスの展望
展望台～萬岳荘間ラウンドバス運行（神坂峠は通過）
富士見展望台
神坂神社
園原川
ヘブンスそのはらスノーワールド
富士見台高原ロープウエイ
山頂駅
ナギ
休憩適地
大判ナギ
苔むした岩がゴロゴロした道
岩場。固定ロープあり
神坂峠ルート
急登
広河原登山口
増水時注意
急斜面の下りが続く
本谷川
峰越林道
分岐
恵那山頂避難小屋
小屋の裏に展望のよい露岩あり
広河原ルート
恵那山
恵那神社奥宮
恵那山の最高地点だが標柱が立つのみ
2190
展望櫓あり
登山者用駐車場
戸沢
このあたりまでコメツガなどの針葉樹林
長野県
阿智村
トラバース道は灌木が密生したうえゴーロで歩きづらい
コースで唯一展望が得られる
カラマツ林
ナナカマド、ダケカンバ
野熊の池
野熊ノ池避難小屋
高野谷
野熊谷
サワグルミの大木の下から湧水あり
黒井沢ルート
営林小屋
緊急時使用可
林道から沢沿いの道へ
黒井沢
ゲート
登山口
上唐沢
1:45,000

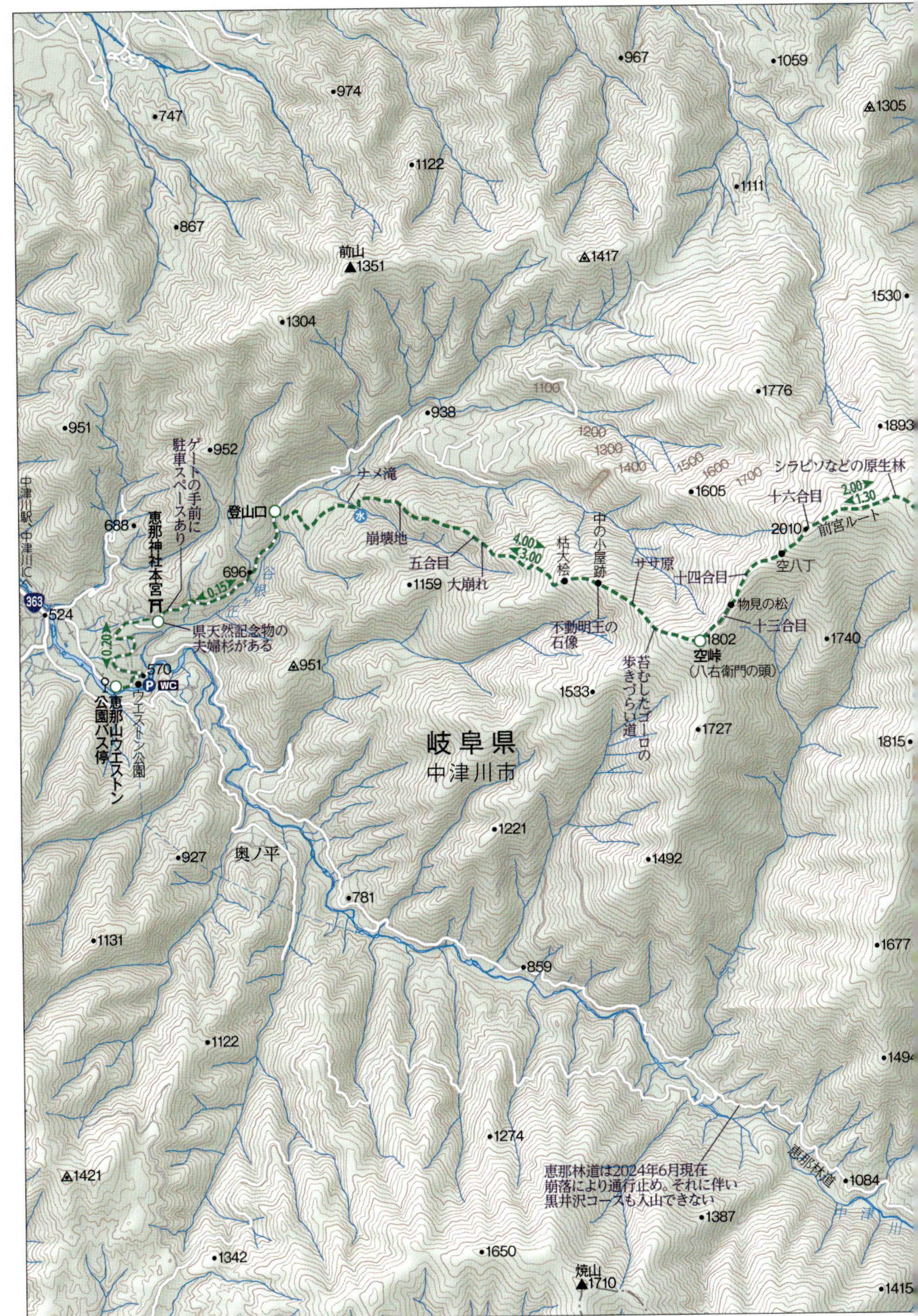

岐阜県
中津川市
前山
1351
登山口
ナメ滝
崩壊地
五合目
大崩れ
枯大桧
中の小屋跡
ササ原
十四合目
十六合目
2010
前宮ルート
空八丁
物見の松
十三合目
空峠
1802
（八右衛門の頭）
不動明王の石像
苔むしたゴーロの歩きづらい道
シラビソなどの原生林
ゲートの手前に駐車スペースあり
恵那神社本宮
県天然記念物の夫婦杉がある
恵那山ウエストン公園バス停
ウエストン公園
中津川駅、中津川IC
奥ノ平
恵那林道
恵那林道は2024年6月現在崩落により通行止め。それに伴い黒井沢コースも入山できない
焼山
1710
中津川

概説 三重県の山

金丸勝実

●三重県の自然

●気候　三重県は太平洋側に位置するが、本州の最狭部であるため、鈴鹿北部の山岳では日本海側の気候の影響を受けやすく、冬はかなりの積雪を見る。一方、黒潮洗う熊野灘に面した山々は温暖な気候で、冬でも積雪はまれだ。紀伊山地の山岳は日本一の多雨地帯として知られ、また、三重県最高峰の大台ヶ原は亜高山帯に属する。

●地質　古生代後期から中生代にかけての地層に、火成活動による花崗岩の貫入や堆積が見られる。また、地質上の大きな特徴は、県の中央部を東西に中央構造線が走っていることだ。中央構造線の北側を「内帯」、南側を「外帯」といい、地質年代に大きな差がある。

●植物　標高による森林分布をみると、温暖帯の常緑樹林（0〜800㍍）、冷温帯の落葉樹林（800〜1600㍍）、亜高山帯の常緑針葉樹林（1600㍍〜）に分けることができる。また、三重県は本州の中央部に位置し、地形的な特徴から、日本海側要素と太平洋側要素、北方系と南方系、地史的な特徴を示す「ソハヤキ要素」【漢字では「襲速紀」と書き、襲国（南九州の古名）、速（速吸瀬戸「はやすいのせと」で豊予海峡の旧名）、紀（紀伊山地）という意味で、襲速紀要素の植物とは、この地域に育つ植物のこと】の植物が見られ、それぞれの山に咲く花に特色がある。

　これらのことを踏まえたうえで、三重県の山を順に紹介したい。

●山域の特徴

●台高山脈・大杉渓谷　台高山脈は西にある大峰山脈とともに紀伊半島の骨格をなし、奈良県との県境になっている。標高1200〜1600㍍の山々が連なり、北端の高見山から南の尾鷲道木組峠まで続く長大な山脈で、最高峰は県の最高峰でもある大台ヶ原の日出ヶ岳だ。大台ヶ原は年間降水量日本一の多雨地帯で、ここを源流とする宮川は伊勢湾に注ぎ、日本一の清流として知られている。この宮川の上流部は穿入蛇行、V字谷を呈する大杉渓谷で、堂倉滝や光滝、七ツ釜滝、千尋滝などの名瀑をかけ、日本三大秘境のひとつに数えられている。この大杉渓谷から日出ヶ岳を目指す1泊2日の山行は、本書で紹介するルートのハイライトといえる。

　本書では日出ヶ岳のほか、北から順に、伊勢辻山、池小屋山を紹介する。いずれも1日の累積標高差は1000㍍を超え、歩行距離も長く、他の山域の山と比べるとボリューム感がある。どの山の稜線も、ブナやミズナラ、ヒメシャラなどの落葉広葉樹林が続く。縦走路も明瞭なので、テントを担いだ縦走もよいだろう。

●鈴鹿山脈　北は関ヶ原の南に位置する霊仙山から、南は加太の油日岳まで続く鈴鹿山脈は、南北に長い三重県の約3分の1を占める。山脈の東側を「鈴鹿東縁断層」が走り、西側が東側に対し相対的

揖斐川河畔から見る多度山

大黒岩から御在所岳

に隆起する逆断層で、滋賀県側は緩やかな傾斜、三重県側は急崖になっているのが特徴だ。

地質的には、竜ヶ岳を境に北側が、石灰岩、チャート、緑色岩、砂岩などからなる古生代の美濃帯、南側が火成活動による花崗岩からなる領家帯になっている。藤原岳や御池岳で「ドリーネ」や「カレンフェルト」とよばれる石灰岩地形が見られるのが特徴だ。

本書では北から順に、烏帽子岳、三国岳、御池岳、鈴北岳、藤原岳、竜ヶ岳、釈迦ヶ岳、御在所岳、鎌ヶ岳、水沢岳、仙ヶ岳を紹介する。

●養老山地　県内最北部の山地で、濃尾平野に接する。稜線は岐阜県との県境をなし、標高600メートル前後の山が連なる。この山域では標高が低いが、木曽三川（木曽川、長良川、揖斐川）や濃尾平野を一望する多度山を取り上げた。

●布引山地　鈴鹿山脈の南側に位置し、南端が高見山地や室生山地に接している。急峻な岩峰の錫杖ヶ岳、それに続く大きな山容の経ヶ峰などの山々があるが、ここでは伊賀と伊勢を分ける準平原の青山高原を紹介した。

●室生山地　伊賀盆地の南縁に広がる、室生火山帯の火山活動により形成された山地で、溶結凝灰岩が分布する。香落渓などで柱状節理が見られるのが特徴だ。

この山域では、編笠を伏せたような尼ヶ岳、ホラ貝を伏せたような大洞山と、奈良県との境にある倶留尊山を紹介する。

●高見山地・松阪の山　奈良県境の高見山から東に、中央構造線に沿ってのびる山地だ。北側には櫛田川、南側には宮川が山地と並行して流れる。西から順に、高見山、三峰山、学能堂山、局ヶ岳と標高が1000メートルを超える山が並び（学能堂山と局ヶ岳は未掲載）、徐々に標高を下げ松阪の山へと続く。松阪の山は、堀坂山と観音岳を取り上げた。

●伊勢・鳥羽の山　県を地質的に南北に分断する中央構造線の南側（外帯）に、紀伊山地が広がる。その東端の志摩半島から渡会山地にかけ、信仰の山である朝熊ヶ岳や七洞岳（未掲載）など標高が数100〜900メートルの山が点在。この地域の山は熊野灘を流れる黒潮の影響で気候が温暖なため、冬の陽だまりハイキングが楽しめる。

●東紀州の山　東紀州は「紀伊山地の霊場と参詣道」が世界遺産に登録され知名度が上がると同時に、高速道路が熊野まで開通したことにより、都市部からのアクセスが格段によくなった。これを機に、東紀州の山が多くの人に登られることを期待したい。

さて、東紀州の山だが、地形的に山が海に迫り、山頂からリアス式海岸や七里御浜、熊野灘の眺望がすばらしい。また、熊野古道伊勢路が山を縫うように熊野本宮まで続き、登山のアプローチに石畳の熊野古道を歩けるのも魅力だ。

本書では、熊野古道伊勢路の難所があった八鬼山を紹介する。

大台ヶ原

三重県の山全図

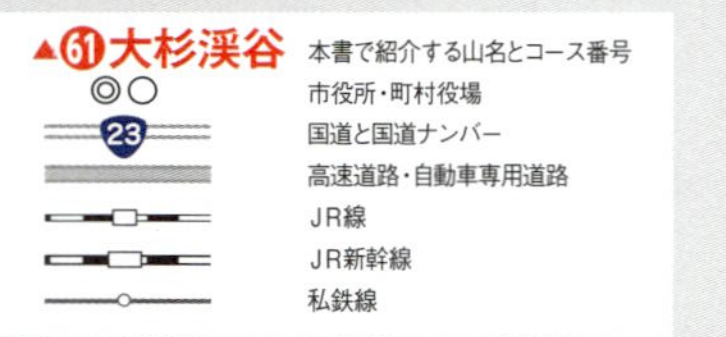

1:600,000

0 15km

N

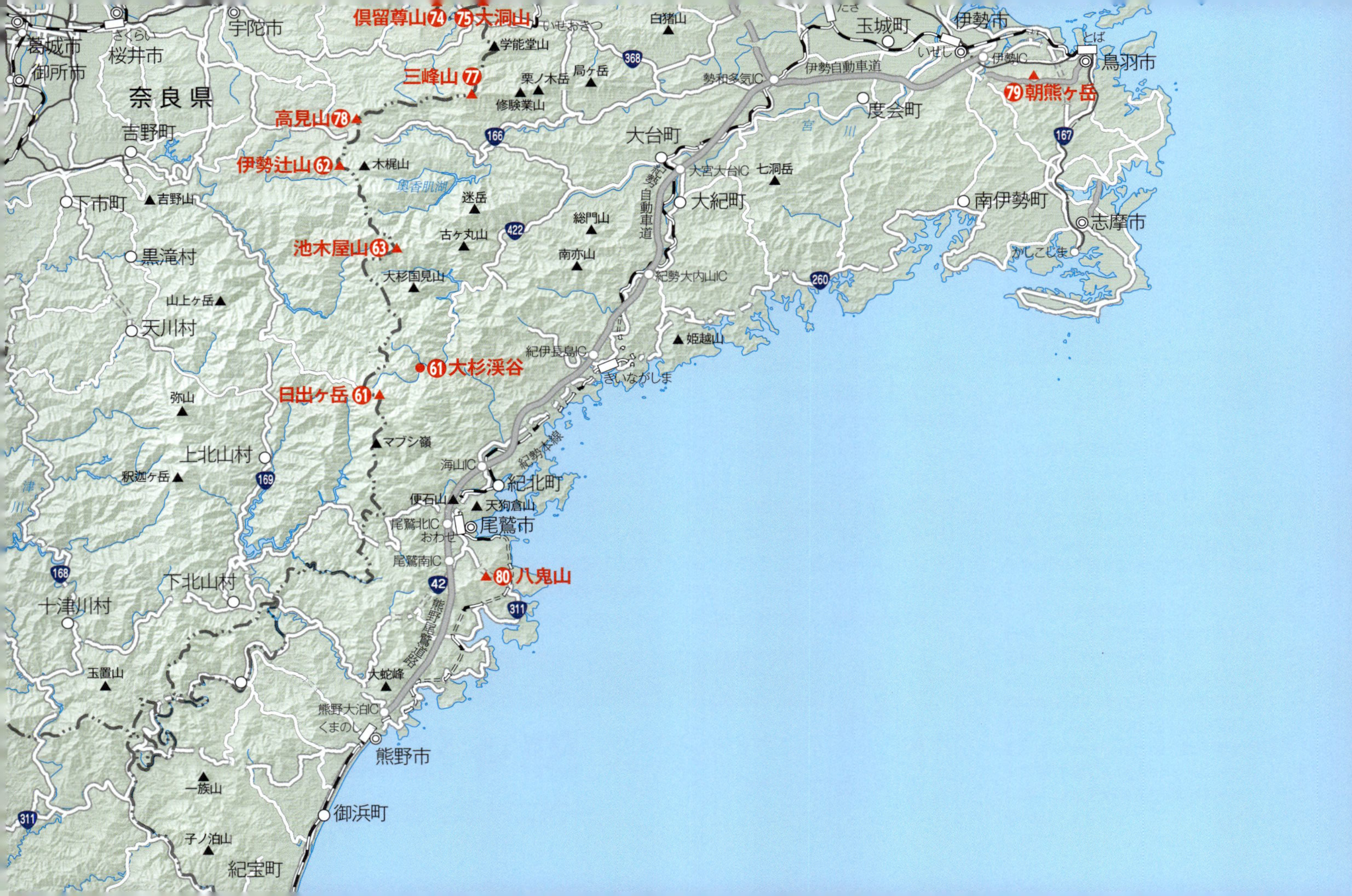

葛城市
御所市
桜井市
さくらい
宇陀市
奈良県
吉野町
下市町
吉野山
黒滝村
山上ヶ岳
天川村
弥山
上北山村
釈迦ヶ岳
十津川村
下北山村
玉置山
一族山
子ノ泊山
紀宝町
御浜町
熊野市
くまのし
熊野大泊IC
大蛇峰
熊野尾鷲道路
尾鷲南IC
尾鷲北IC
おわせ
尾鷲市
80 八鬼山
便石山
天狗倉山
紀北町
海山IC
マブシ嶺
日出ヶ岳 61
61 大杉渓谷
大杉国見山
池木屋山 63
古ヶ丸山
迷岳
奥香肌湖
木梶山
伊勢辻山 62
高見山 78
三峰山 77
修験業山
栗ノ木岳
局ヶ岳
学能堂山
倶留尊山 74
75 大洞山
いせおおつ
白猪山
総門山
南亦山
紀勢本線
紀伊長島IC
きいながしま
姫越山
紀勢大内山IC
紀勢自動車道
大台町
大宮大台IC
大紀町
七洞岳
勢和多気IC
伊勢自動車道
度会町
宮川
玉城町
たまき
伊勢市
いせし
伊勢IC
79 朝熊ヶ岳
とば
鳥羽市
南伊勢町
志摩市
かしこじま
311
168
169
166
422
368
42
260
167

61 日本屈指の渓谷から三重県の最高峰を目指す
大杉渓谷・日出ヶ岳

おおすぎけいこく
ひでがたけ　1695m

一泊二日

第1日　歩行時間＝4時間20分　歩行距離＝6・0km
第2日　歩行時間＝5時間35分　歩行距離＝9・3km

技術度
体力度

コース定数 ＝43	
標高差 ＝1403m	
累積標高差	2090m
	810m

平等嵓吊橋は大杉渓谷で最も長い吊橋で、災害で流失したが2012年に再建された

大台ヶ原（おおだいがはら）は紀伊（きい）山地の屋根といわれるように、広大かつ原生的な森林が広がる台地だ。最高点は日出ヶ岳で、三重県の最高峰でもある。吉野熊野（よしのくまの）国立公園に指定され、深い自然とスケールの大きさからみても、他の山域と一線を画している。また、この地域は日本一の多雨地帯となっていて、雨水が台地を削り、深い谷をつくっている。大杉渓谷は日本三大渓谷のひとつとして知られ、いくつもの滝をかける険しく美しい渓谷だ。

大台ヶ原へは奈良県側からドライブウェイが通じているため、簡単に山頂を踏めるが、ここでは、大杉渓谷から山頂を目指す、山と渓谷を存分に堪能できるロングルートを紹介したい。

第1日　登山バス停留所から車道を進み、宮川（みや）第三発電所奥の登山口へ。登山道に入るとすぐに岩壁をくりぬいた岩棚道となる。この先も岩棚道は随所にあり、頑丈なクサリが設置されている。岩は雨に濡れるとすべりやすく、谷が深いため転倒や滑落は許されない。

大日嵓（だいにちぐら）、能谷（のうたに）、地獄谷（じごくだに）の吊橋を渡り、**京良谷出合**（きょうらだに）で河原に出る。休憩適地だ。振り返ると先ほど通過した大日嵓が左岸にそびえ立つ。

河原を離れ、日浦杉（ひうらすぎ）吊橋を渡ると対岸に千尋滝（せんぴろ）が見えてくる。扇のように下に開いた滝で、落差が135㍍あり、大杉渓谷でいちばんの落差を誇っている。**千尋滝展望所**がある。

左岸道を緩やかに歩き、崩壊地を大きく高巻き、切り立った水の滴るトンネルをくぐると谷に下り

■**鉄道・バス**

往路＝JR紀勢本線三瀬谷駅下車、大杉渓谷登山バス（エス・パール交通）が発着する道の駅「奥伊勢おおだい」へ移動。徒歩10分。登山口となる宮川第三発電所までの所要時間は約1時間30分。登山バスは1日1便で、事前予約が必要。

復路＝大台ヶ原駐車場から奈良交通バスで近鉄大和八木駅へ。

■**マイカー**

紀勢自動車道大宮大台IC下車、県道31号、国道422号、県道53号で登山口へ。登山口周辺に駐車場がある。渓谷を往復する場合はマイカーでもいいが、奈良県側へ抜ける場合は車の移送などに工夫が必要。

■**登山適期**

登山道の通行、桃の木山の家の営業は、例年4月下旬から11月下旬。山頂付近のツクシシャクナゲ、アケボノツツジ、シロヤシオの花、新緑は5月下旬から6月上旬。紅葉は10月下旬から11月上旬。

日出ヶ岳山頂付近に咲くシロヤシオ

■**アドバイス**

▽国立公園に指定されているため、登山道はよく整備されている。

▽日本有数の多雨地帯であり、渓谷の岩が濡れるとすべりやすくなる。

岩と水が織りなす名瀑・七ツ釜滝。ひと目では全容がつかめない

る。このあたりが**シシ淵**だ。両岸が切り立ち、渓谷の中から見る景観は美しく迫力がある。

2本の小滝を右に見て濡れた岩場を登り、断崖の上の高度感のある岩棚を通過する。濡れていることが多く、足をすべらさないように、しっかりとクサリをつかみ、一歩一歩慎重に登ろう。登り終わるとニコニコ滝展望所がある。轟音とどろく滝を目の当たりにできる好ポイントだ。

引き続き左岸道を進むと平等嵓に出る。そそり立つ大岩壁にはばまれ、平等嵓吊橋で対岸に渡る。災害により流失したが、2012年に掛け替えられ、大杉渓谷で最も長い82㍍。深い谷と迫る断崖がつくる景観は迫力満点だ。

←渓谷を下りたところにあるシシ淵。ゴルジュの向こうにニコニコ滝が見える

←三重県の最高峰・日出ヶ岳山頂

加茂助谷吊橋を渡り、不動谷出合をすぎると対岸に山の家の建物が見えてくる。吊橋を渡ると**桃の木山の家**の玄関に到着し、初日の予定が終了する。

第2日　2日目は初日に比べ、距離が長く標高差のある行程なので、時間にゆとりをもって、大台ヶ原のバス最終便に間に合うように小屋を出発したい。左岸の岩壁道を30分進むと、**七ツ釜滝展望所**に到着する。落差80㍍で、数段に分かれ、それぞれに釜をもち、日本百名瀑に数えられている。ルートはこの滝を左岸から大きく巻く傾斜のある岩場の岩壁道で、濡れた岩に足をすべらさないよう、クサリをしっかりつかんで登りたい。

高巻が終わると七ツ釜吊橋を渡り右岸に移る。少し進むと崩壊地に行き当たる。災害で岩壁が崩壊し、巨大な岩が積み重なっている。難工事でルートは復旧したが、赤ペンキにしたがい慎重に通過したい。崩壊地をすぎると広々とした河原に出る。正面に落差40㍍の光滝が見えてくる。展望所はないが右岸の岩壁道からよく見える。高巻で滝の上に出て、隠滝吊橋を渡り左岸に移る。隠滝は吊橋から見

転倒・滑落事故があとを絶たない。岩壁道の通行には充分に注意のこと。

▽気温、湿度が高くなると夏場はヤマヒルが多くなる、防虫スプレーなどの対策が必要。

▽宿泊は、渓谷内の桃の木山の家（☎0597・32・2052）、大台林道の粟谷小屋（☎080・5112・3808）、山頂の心・湯治館（☎07468・2・0120）など。

▽温泉は、三重県側の奥伊勢フォレストピア（☎0120・017・137）、奈良県側では湯盛温泉が利用できる。

■**問合せ先**

大台町役場産業課☎0598・82・3786、大杉谷登山センター☎0598・78・3338、大台ヶ原ビジターセンター☎07468・3・0312、エス・パール交通☎090・6398・8901、南紀特急バス（三重交通）☎0597・85・2196、奈良交通☎0742・20・3100、宮川タクシー☎0598・76・0112

■**2万5000分ノ1地形図**

大杉渓谷・大台ヶ原山

下ろせる。

堂倉吊橋を渡り右岸に戻ると堂倉滝に到着する。滝前の**堂倉滝吊橋**からよく見える。落差は20㍍だが、水量があり大きな釜が印象的だ。休憩適地でもある。

堂倉滝で谷を離れ、尾根の急登1時間で大台林道に出る。少し林道を歩き、左手の石段を登ると**堂倉避難小屋**だ。粟谷小屋は林道を少し進んだところにある。

ここからは尾根に沿って山頂を目指す、標高差約600㍍の登りだ。シャクナゲの多い尾根で、前半の急坂をシャクナゲ坂、坂を登りきったところをシャクナゲ平とよんでいる。林床にミヤコザサが茂るブナ林になると山頂は近い。**日出ヶ岳**山頂の360度の展望櫓からは、大峰山脈、台高山脈の峰々はもとより、尾鷲、海山の海岸線や熊野灘が一望できる。

山頂からは遊歩道を歩き、バス停のある**大台ヶ原駐車場**に下る。時間にゆとりがあるなら、正木嶺、正木ヶ原、大蛇嵓などをめぐることができる。

（金丸勝実）

CHECK POINT

1 大杉渓谷登山口。大杉渓谷登山口バス停には駐車場とトイレがある

2 対岸にある展望所から千尋滝を見上げることができる

3 宮川第三発電所から約4時間のところにある桃の木山の家。定員250名

4 七ツ釜滝展望所からは滝を一望できる。日本の滝百選のひとつで、最も秘境に位置する

5 七ツ滝上部の大杉谷の流れ。深緑の淀みが美しい

6 光滝手前の岩棚を行く。一部で河原を歩けるところもある

7 落差40㍍の光滝。少し上に隠滝がある

8 堂倉滝は落差は20㍍だが、水量豊富で、大きな釜をもつ。谷に下りて休憩ができる

9 大台林道の脇にある堂倉避難小屋。近くに粟谷小屋（営業小屋）がある

10 シャクナゲが多く自生するシャクナゲ平は尾根上の平坦地

11 日出ヶ岳山頂の展望櫓からは、大峰・台高の峰々や熊野灘が一望できる

12 大台ヶ原駐車場には、ビジターセンター、食堂、宿泊施設などもある

国道422号、松阪へ
Start 292m
登山バス停留所
宮川第三発電所
登山口
289
大日嵓吊橋
大日嵓
岩棚道。
スリップ注意
能谷吊橋
地獄谷吊橋
1:10
京良谷出合
河原に出る
日浦杉吊橋
0:45
千尋滝展望所
岩のトンネル
千尋滝
大杉渓谷
シシ淵
水場
0:55
平等嵓574
加茂助谷吊橋
平等嵓吊橋
谷に下りて休憩できる
ニコニコ滝展望所
▲937
桃の木吊橋
桃の木山の家
1:30
0:25
七ツ釜滝展望所
急な岩棚道。
通行注意
七ツ釜吊橋
崩壊地点
大台林道への
エスケープルート
隠滝吊橋
1:30
1:20
大台林道出合
堂倉吊橋
堂倉滝吊橋
与八郎滝
コウヤマキ、ヒカゲツツジ
1:10
0:45
沖見峠
大台林道
千尋峠
花抜峠
▲1380
登山橋
紀北町
小木森滝
八町滝

N
0 500m
1:35,000
屏風岳
1059
奈良県
川上村
台高山脈
添谷山
1250
三重県
大台町
1355
釜之公谷
大台辻
西ノ谷
巴滝
三滝
粟ノ谷
国道169号、近鉄大和八木駅へ
三津河落山
1654
粟谷小屋
堂倉避難小屋
9
粟谷小屋分岐
シャクナゲ平
10
シャクナゲ坂
2:00
1:30
展望櫓が建つ
遊歩道を下る
日出ヶ岳
11
1695
ブナ林
シャクナゲが多い
ミネコシ谷
上北山村
心・湯治館
大台教会
大台ヶ原バス停
大台ヶ原駐車場
12 1570m WC
Goal
0:30
0:40
大台ヶ原ビジターセンター
正木峠
正木嶺
大蛇嵓
シオカラ谷
大蛇嵓へ
正木ヶ原
堂倉谷

62 伊勢辻山

台高の幅広いブナの尾根を周回

いせつじやま　1290m
（最高点＝1320m／馬駈け場辻）

日帰り

歩行時間＝6時間20分
歩行距離＝14・5km

技術度
体力度

コース定数＝29

標高差＝595m

累積標高差 ↗1215m ↘1215m

↑ルート随一の絶景。ハンシ山手前から見る高見山（左）と雲ヶ瀬山

←ハッピのタワから谷を隔てた木梶山を望む

高見山から大台ヶ原を結ぶ台高山脈は、三重・奈良の県境を南北に走る全長40キロにおよぶ縦走路だ。中間点の池木屋山より南部は、険しくエスケープルートも少ないので、テント泊縦走が前提となる。一方、尾根が広く歩きやすい北部は、高見山や木梶林道だけでなく、奈良県側の大又林道からも入山が可能なので、県境の山を除く、三重県最高峰の桧塚奥峰や、縦走路上の山々をめあてに多くの登山者が訪れる。ここでは木梶林道を起点としてハンシ山と赤ゾレ山を含む4座を踏むコンパクトな周回ルートを紹介しよう。

国道166号を高見トン

■鉄道・バス

往路・復路＝公共交通機関がほとんどなく、登山口へはマイカーとなる。

■マイカー

木梶三滝の駐車スペースへは、伊勢自動車道松阪ICから県道59号、国道166号で約60・5キロ。林道ゲートの先は路面が荒れているので、車で進入しない方が無難である。

■登山適期

4～5月にかけてはカラマツ、ブナ、カエデ、リョウブ、ヒメシャラが少しずつ時間差で芽吹いてくる。10～11月は稜線の紅葉が見ごろとなる。

■アドバイス

▽縦走路には道標や「北部台高縦走路」という三角形の案内板が各所に設置されているので安心だ。

▽赤ゾレ山から木梶林道に下るルートは、林道手前で徒渉があるので雨の後は注意が必要。

▽台高縦走路合流点を右折し雲ヶ瀬山、高見山をめぐったり、高見峠を起点に伊勢辻山、国見山を往復する日帰りプランも可能である。

▽下山後の温泉は、三重県側は道の駅飯高内のいいたかの湯（☎0598・46・1114）が近い。産直市

好展望を楽しみながら木梶山に向かう

ネルの手前で左折し、木梶林道に入る。表示にしたがって分岐を左折すると**木梶三滝の駐車スペース**がある。車停めゲートから40分ほど林道を歩くと、**ハッピのタワ登山口**に着く。

橋の手前を右に入り、杉の植林帯を登ると、約20分で台高縦走路に合流する。ここが**ハッピのタワ**で、左折して樹林帯を抜けると東側が伐採された広大な斜面に出る。ススキをかきわけながら斜面の右端を登っていくと、背後に雄大な高見山と雲ヶ瀬山が浮かび上がる。ここがルート随一の絶景ポイントだ。ひっそりとしたハンシ山の山頂からブナやミズナラの雑木林を通り抜け、地蔵谷の頭からさらにひと登りすると、奈良県の大又林道への分岐となっている伊勢辻に着く。

分岐から少し進むとササとススキに覆われた**伊勢辻山**の山頂だ。進行方向に国見山へと続く尾根、奈良県側に薊岳や木ノ実矢塚を眺めることができる。

尾根を下って登り返すと赤ゾレ

CHECK POINT

1 木梶三滝の駐車スペース。ゲートの手前に5～6台停められる

2 ハッピのタワ登山口。橋の手前を右に入る。約20分で縦走路に合流

3 台高縦走路合流点がハッピのタワ。伊勢辻山は左へ。右へ進めば高見山

4 ハッピのタワからハンシ山への登り。左に木梶山を見て、ススキの中を進む

5 伊勢辻山山頂広場は奈良県側の展望が開けている。赤ゾレ山までは20分

6 馬駈け場辻から40分で石杭のある木梶の辻。方向をよく確認すること

7 木梶山手前の広い尾根からは高見山への縦走路を見わたせる。V字谷の奥がハッピのタワ

8 林道終点（木梶山登山口）から60分の林道歩きで駐車地に戻る

場もあり、休日はにぎわっている。また最寄りの宿泊施設グリーンライフ山林舎（☎0598・47・0326）での食事は完全予約制。

■問合せ先

松阪市飯高地域振興局☎0598・46・7111

■2万5000分ノ1地形図

大豆生・高見山

山である。広い草地の山頂は縦走路から少しはずれているが、快適にすごせるので立ち寄ってみよう。ここから木梶林道に下山するルートもある。

縦走路に戻り、池を左手に見ながら自然林を緩やかに登ると**馬駈け場辻**に出る。直進すれば国見山までは30分である。ここは左折して広い尾根道に入り、緩やかなアップダウンを繰り返す。途中の小ピークでは進行方向を間違えやすいので、なるべく目印テープの左側を歩いた方がいいだろう。

石杭と案内板のある**木梶の辻**を左折すると広い斜面に出る。木梶山の後方に高見山、さっき歩いたハッピのタワから足もとへと続くV字谷が美しい。進むにつれて左手に伊勢辻山から赤ゾレ山、国見山、水無山までの台高の峰々がはっきり見えてくる。

木梶山からの下りは急な細尾根があるので注意が必要だ。**木梶林道**に下り立てば、**ハッピのタワ登山口**を経て60分ほどで**駐車スペース**に戻る。

（内田拓也）

63

美しい宮ノ谷渓谷から台高山脈の秘峰へ

池木屋山

いけごややま

1396m

日帰り

歩行時間＝8時間
歩行距離＝9・0km

技術度 ▲▲▲

体力度 ♥♥

コース定数＝32

標高差＝956m

累積標高差 ↗1450m ↘1450m

霧降山から見る池木屋山

台高山脈は大峰山脈とともに、紀伊半島の骨格をなしている。山脈が三重と奈良の県境をなし、北の高見山から南の大台ヶ原まで、標高1200㍍から1600㍍の山々が連なる。池木屋山はその台高山脈の中心部、櫛田川、宮川、吉野川の源頭に位置している。三重県内の山としてはグレードの高い山に属している。

高滝の上に猫滝がある。高巻きとトラバースにはくれぐれも注意を払いたい

三重県側からの入山は、県内屈指の美しい渓谷で知られる**宮ノ谷**からが一般的だ。宮ノ谷渓谷左岸には、高滝まで鉄製のハシゴ、桟橋、階段が整備され、ハイキング気分で渓谷歩きが楽しめる。犬飛岩、蛇滝、六曲屏風岩、石切河原など見どころも多く、春にはヒトリシズカやキバナネコノメ、希少種のイワザクラ、トウゴクサバノオなどが見られる。

水越谷出合分岐をすぎしばらく進むと、正面に**高滝**が見えてくる。高さが50㍍の直爆で、谷に轟音を響かせている。

高滝からはルート状況が一変し、技術と体力を要するバリエーション的なルートになる。まずは

■鉄道・バス

往路・復路＝松阪駅から宮ノ台登山口11㌔手前のスメールまで三交バスがあるが、旧飯高町にはタクシー会社がなく、マイカー利用が現実的。

■マイカー

国道166号飯高町森から県道で奥香肌渓を目指し、宮ノ谷林道で登山口へ。駐車スペースは数台程度。手前の林道の路肩にも駐車場がある。

■登山適期

新緑（4～6月）と紅葉（9～11月）の頃がベスト。春のアケボノツツジ、シャクナゲなどの花が見られ、秋はブナやミズナラの紅葉が美しい。

■アドバイス

▽滝の高巻きの通過は要注意。ドッサリ滝周辺はコースが不明瞭。帰路の際、高滝の巻道の下降が不安なら霧降山経由の尾根ルートが使える。

▽イワザクラは日当たりのよい水のしたたる岩場で見られる。希少な花なのでそっとしておきたい。

▽下山後は、香肌渓温泉森のホテルスメール（☎0598・45・0003）、飯高町のいいたかの湯（☎0598・46・1114）で汗を流せる。

■問合せ先

松阪市飯高地域振興局☎0598・46・7111、三重交通バス松阪営業所☎0598・51・5240

■2万5000分ノ1地形図

宮川貯水池・七日市

宮ノ谷に咲く花々。イワザクラ(上)、キバナネコノメ(左上)、トウゴクサバノオ(左下)

蛇滝。落差はないが、美しい滝と渓谷を観賞できる

CHECK POINT

1 宮ノ谷渓谷登山口前は駐車場になっている。登山届け投函ボックスがある

2 犬飛岩は深く切れこんだ狭い渓谷が覗ける

3 水越谷出合分岐を左折すると風折滝に向かうが、バリエーション的なルートだ。右折して高滝を目指す

4 ドッサリ滝は登山道から少し谷に下ると見られる。この滝も高巻きに注意

5 支流の合流地点になっている奥の出合。平坦地があり野営もできる

6 小屋池。山頂から縦走路を北に下ると、山名の由来となった池がある

目の前の高滝とその上の猫(ねこ)滝を左岸から高巻く。このルート中の核心部で、過去に何度か滑落事故が発生しているので、最大の注意を払い、慎重に行動しよう。

滝の高巻きが終わると徒渉して右岸に移る。ドッサリ滝の手前で再び左岸へ渡り、注意しながらドッサリ滝を高巻く。ドッサリ滝はルートから少しはずれているので、見物するには少し谷へ下る。ドッサリ滝をすぎると谷は徐々に浅くなり**奥の出合**に到着する。奥の出合は支流の合流地点で、平坦地もあり野営ができる。ここからは谷を離れ、池木屋山への直登尾根に取り付く。標高差は約600メートルあり、やせ尾根の急坂が続く。尾根の中間部には台高特有のコウヤマキ、ヒメシャラが見られ、春にはミツバツツジ、アケボノツツジ、タムシバの花が急登の疲れをいやしてくれる。

山頂が近づくと傾斜が緩み、やがてブナやミズナラの樹林に入っていく。**池木屋山**山頂には2等三角点が設置され、ブナ林の小広場

池木屋山山頂はブナ林の小広場になっている。２等三角点がある

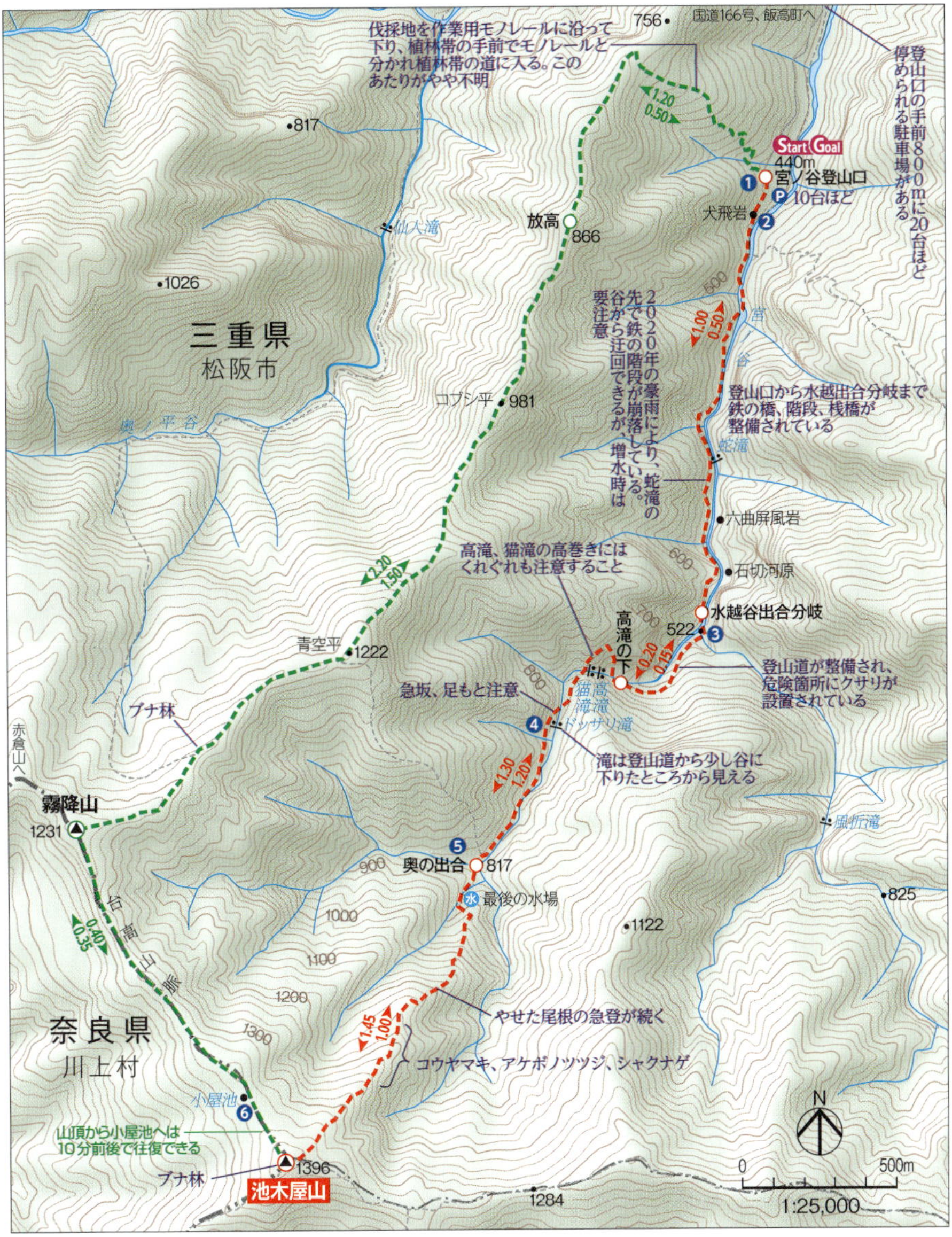

になっていて、県境の縦走路でもある。南と北に視界が開け、南には大台ヶ原を、北には明神岳や桧塚を眺望できる。山頂から北に少し下ったところには山名の由来となった小屋池があるので、ぜひとも立ち寄ってみよう。季節により池は干上がることもあるが、ブナ林の中に静かにたたずんでいる。池の畔にはバイケイソウが群生している。

帰路は、来た道を戻るが、ドッサリ滝、猫滝、高滝の巻道の下降には充分注意のこと。（金丸勝実）

伐採地を作業用モノレールに沿って下り、植林帯の手前でモノレールと分かれ植林帯の道に入る。このあたりがやや不明
756
国道166号、飯高町へ
登山口の手前800mに20台ほど停められる駐車場がある
1:20
0:50
817
Start Goal
440m
1 宮ノ谷登山口
P 10台ほど
犬飛岩 2
放高
866
仙六滝
1026
三重県
松阪市
500
1:00
0:50
宮
谷
2020年の豪雨により、蛇滝の先で鉄の階段が崩落している。谷から迂回できるが、増水時は要注意
登山口から水越出合分岐まで鉄の橋、階段、桟橋が整備されている
コブシ平 981
奥ノ平谷
蛇滝
六曲屏風岩
高滝、猫滝の高巻きにはくれぐれも注意すること
600
石切河原
2:20
1:50
700
水越谷出合分岐
高滝の下
522 3
青空平 1222
0:20
0:15
登山道が整備され、危険箇所にクサリが設置されている
800
猫滝
高滝
急坂、足もと注意
ブナ林
4 ドッサリ滝
赤倉山へ
滝は登山道から少し谷に下りたところから見える
1:30
1:20
霧降山
1231
風折滝
5
奥の出合 817
900
水 最後の水場
825
台高山脈
0:40
0:35
1000
1122
1100
1200
やせた尾根の急登が続く
1:45
1:00
1300
奈良県
川上村
コウヤマキ、アケボノツツジ、シャクナゲ
小屋池 6
山頂から小屋池へは10分前後で往復できる
N
1396
ブナ林
池木屋山
0
500m
1284
1:25,000

64

御在所岳

日帰り

花と紅葉、岩場と展望、登山の醍醐味満載の中道を登る

ございしょだけ
1209m（最高点＝1212m／望湖台）

歩行時間＝4時間50分
歩行距離＝8.0km

技術度 

体力度 

コース定数＝20

標高差＝654m

累積標高差 ↗800m ↘895m

御在所岳は、鈴鹿の盟主にふさわしい山である。魅力のある山だからこそ、山頂までロープウェイが通じ、冬はスキー場が営業し、それに伴う施設がつくられた。これらの施設・設備を利用すれば労せずして山頂を踏める。登山者から見れば、観光客が歩く山頂は興ざめしそうな光景だが、登山人気は衰えることはなく、四季を通じて多くの登山者に登られている。

春はアカヤシオの花が山腹を染め、秋は白い岩壁に紅葉が映える。八方から登山道が通じ、北面の藤内壁はクライミングのゲレンデとして全国的にも知名度が高い。ファミリー登山からクライマーまで、これほど幅広い層に支えられる山も珍しい。

ここで紹介する登路として使う中道は、鈴鹿随一の展望、岩場の通過、花と紅葉など、御在所岳の魅力が凝縮した尾根ルートだ。

中道登山口は本谷と国道が交わるところにある。登山口を入るなり、花崗岩のザレた掘割状の急登がはじまる。先は長いので自分のペースで登ろう。体が汗ばんでくるころに、2枚の大きな岩が重なるように傾いた負ばれ石に到着する。このあたりからが本コースのハイライトで、いくつもの尾根上

↑一の谷新道の大黒岩からの展望
←菰野町三滝側から見る御在所岳

■鉄道・バス
往路・復路＝近鉄湯の山温泉駅から三重交通バスで湯の山温泉・御在所ロープウェイ前へ。御在所ロープウェイ前へは名古屋（名鉄BC）からの三重交通バスもある。ロープウェイ前からは徒歩で各登山口へ。

■マイカー
東名阪自動車道四日市ICか新名神高速道路菰野ICから国道477号で湯の山温泉へ。駐車場は登山口付近に数箇所あり無料。ただし週末は満車になることが多い。ロープウェイ湯の山温泉駅前の駐車場は有料。

■登山適期
アカヤシオは4月下旬、シロヤシオは5月中旬が見ごろ、紅葉は10月下旬が目安。冬期は樹氷など冬景色が楽しめるが、積雪状況によりアイゼンやピッケルなどの冬装備が必要。

■アドバイス
▽ルートには岩場の通過やザレ場が多いので慎重に行動したい。
▽登山ルートは中道、裏道以外にも数本のルートがあり、力量に応じて選ぶとよい。両隣の鎌ヶ岳や国見岳を経由することもできる。
▽山中には、藤内小屋と日向小屋の2つの営業小屋がある。日帰りのできる山だが、小屋泊するとゆとりのある山行が楽しめる。利用する場合は事前に連絡し、営業日などを確認すること。

中道の岩場に咲くアカヤシオ

の岩場を通過していく。岩場はどこも展望がよく開放的で、急いで登らずに休憩を入れながらじっくりとアルペンムードを楽しみたい。

次に現れるのが地蔵岩だ。2つの石柱の上にバランスよく四角い岩が乗っている。背景には伊勢平野や伊勢湾が広がり、高度感が感じられる光景だ。地蔵岩をすぎると少し傾斜が緩み**キレット**に到着する。展望のよいのはもちろんで、南側に鎌ヶ岳や雲母峰、北側には国見岳や釈迦ヶ岳が見えている。ここで岩場をコルまで下降するが、岩は安定していて、慎重に下れば危険はない。

コルからは再び急登となる。しばらく樹林が続くが、やがて正面に岩壁が立ちはだかる岩場に出る。ここは北側の岩場をトラバースする。岩場のギャップはクサリを使って通過する。右前方に国見岳がせまり、国見尾根のゆるぎ岩や天狗岩が見えている。この岩峰帯を通過すると掘割状の急登となり、クサリ場を通過すると山上公園は近い。遊歩道に出ると左手には富士見台とよばれる展望台があり、天気のよい日には富士山が見えることもある。

裏道分岐からは、遊歩道を20分ほど行くと**御在所岳**の山頂に着く。石積みの中に1等三角点を示す大きな看板が設置されている。近くにリフトの駅があり、休憩用のあずまややベンチが設置されている。三角点から西に少し進んだところに、望湖台とよばれる岩場があり、鈴鹿の主要な山岳が一望できる。天気がよければ名の通り、

▽山麓は湯の山温泉街なので、日帰り入浴ができる施設が多い。ぜひとも、汗と疲れを流して帰ろう。

■問合せ先
菰野町役場観光産業課☎059・391・1129、御在所ロープウェイ☎059・392・2261、三重交通バス四日市営業所☎059・323・0808、尾高タクシー☎059・396・0108、藤内小屋☎059・396・4093（急ぐ場合は☎090・3151・7236）、日向小屋☎059・393・4776

■2万5000分ノ1地形図
御在所山

↑御在所岳山頂。1等三角点を示す大きな看板がある。展望は西隣の望湖台の方がよい

←裏道の藤内沢出合から見上げる藤内壁

CHECK POINT

1 中道登山道登山口は本谷と国道が交差するところにある。登山ボックスが設置されている

2 大きな2枚の岩が重なり合っている負ばれ岩。中を通り抜けることができる

3 2つの柱状の岩の上にバランスよく四角い岩が乗っている地蔵岩。危険なので立ち入らないこと

4 急な岩場の下りキレット。クサリが設置されている。展望がよい

5 富士見台は中道が遊歩道に抜けるところにある。天気のよい日には富士山が見えることも

6 藤内小屋前の広場にはベンチとテーブルがあり休憩によい。宿泊は基本的に土曜、祝前日のみ

琵琶湖が望める。

復路は遊歩道を**裏道分岐**まで戻り山道に入る。掘割状の県境縦走路を**国見峠**まで下り、右折して裏道に入る。このルートは北谷に沿う谷ルートで、右手に藤内壁を見ながら下っていく。藤内壁は前尾根、中尾根、後尾根からなる大岩壁で、クライマーのかけ声が時折、谷にこだまし、登攀の緊迫感が伝わってくる。裏道は御在所岳の登山道の中では最も傾斜の緩いルートだが、ところどころに岩場やザレ場があり、下山には注意したい。

藤内沢へ分岐する出合をすぎると左手に水場がある。ここの水は飲んでも安心だが、北谷の水は山上に施設があるため飲まないこと。兎の耳で谷に下り、そのまま谷を歩いて下っていくとやがて**藤内小屋**が見えてくる。小屋前の広場ではいつも多くの登山者が憩っている。巨大な堰堤をすぎると左手に日向小屋が見えてくる。登山道は林道となり、やがて蒼滝大橋脇にある**裏道登山口**に到着する。

（金丸勝実）

滋賀県
東近江市
甲賀市
三重県
菰野町
御在所岳
1212
望湖台
1209
国見峠
国見岳
石門
国見尾根
天狗岩・ゆるぎ岩
1004
境石の碑
岳不動
三岳寺跡
割谷ノ頭
裏道分岐
富士見台
藤内壁
藤内沢出合
兎の耳
キレット
919
地蔵岩
負ばれ岩
藤内小屋
七の渡し
日向小屋
中道登山口
558m
Start
裏道登山口
495m
Goal
湯の山温泉駅
湯の山温泉 御在所ロープウエイ前バス停
湯の山温泉
三岳寺
御在所一の谷山荘
鈴鹿スカイライン
御在所ロープウエイ
山上公園駅
大黒岩
スキー場
リフト
長者池
御岳大権現
武平新道
武平峠
877
表道
一の谷新道
裏道
中道
近道だが、コース下部はガレ場を通過する
岩峰帯の通過注意
岩場をコルまで下りるとき注意
裏道を登る場合、藤内沢に入りこまないこと
裏道登山口から中道登山口は徒歩20分。逆は15分
巨大な堰堤
根の平峠へ
日野町へ
鎌ヶ岳へ
四日市ICへ
1155
724
572
690
722
609
431
1:20,000

65 藤原岳

フクジュソウを愛でに花の百名山へ

ふじわらだけ 1140m

日帰り

歩行時間＝6時間25分
歩行距離＝9・8km

技術度 ★★
体力度 ★★

コース定数＝27
標高差＝970m
累積標高差 ↗1188m ↘1208m

山上台地の縦走路から見る藤原岳展望丘（山頂）

藤原岳は、フクジュソウの咲く山として、花の百名山に名を連ねている。隣の御池岳（おいけだけ）同様、南北に長くのびる石灰岩質の台地状の山だ。冬には太平洋側に面しているにもかかわらず、日本海側からの寒気流入により積雪が多いことでも知られている。この地質と気候条件により、フクジュソウに限らず、春にきれいな花を咲かせる多くの草本類を育んでいる。一方、石灰岩は資源としても有用なため、産業の発展に伴い、採石により山の南端が削られ、痛々しさをさらしている。この山をしっかりと味わうには、山頂往復のみならず、県境稜線にそって広がるカルスト地形や、そこに咲く花を楽しんでほしい。登路は三重県側の場合、大貝戸（おおがいど）道と聖宝寺（しょうほうじ）道の利用が

■鉄道・バス
往路＝三岐鉄道の西藤原駅から大貝戸道登山口まで徒歩10分。
復路＝聖宝寺登山口から西藤原駅へ徒歩30分。

ユニークなデザインの西藤原駅の駅舎

■マイカー
東海環状道を大安ICで降り、国道306号で藤原町へ。大貝戸道登山口の藤原岳登山休憩所前に25台の無料駐車場が、旧西藤原小学校前と鳴谷神社前に大きな有料駐車場がある。

■登山適期
通年楽しめる山だが、やはりフクジュソウの咲く3月下旬〜4月中旬は登山者が多い。夏の聖宝寺道の谷筋はヤマヒルが多いので対策が必要。

■アドバイス
▽ルート上、特に危険なところはないが、聖宝寺道の三合目までは傾斜がありすべりやすい。また、ゴツゴツとした岩場の山頂と天狗岩は南側が断崖になっているので、転倒や滑落に注意したい。
▽雪解けと同時にフクジュソウが咲

山上台地の樹林帯に咲くフクジュソウ

トウゴクサバノオ

ヒロハノアマナ

セツブンソウ

ヒトリシズカ

ミノコバイモ

キクザキイチゲ

ニリンソウ

一般的で、このルートは八合目で合流している。また最近では、北勢町新町から孫太尾根で登られることも多くなってきた（24年9月以降採掘工事により通行止め）。

ここでは、大貝戸道を登りに、聖宝寺道を下山に使うことにする。いずれにしろ周回ルートなので、大きな観光駐車場を使うのが便利だが、それぞれの登山口にも駐車場はある。また、藤原岳の玄関口、大貝戸登山口には休憩所とトイレがあり利用できる。

三岐鉄道西藤原駅から**大貝戸登**

大貝戸登山口にある藤原岳登山休憩所

きはじめるが、八合目から避難小屋までの登山道がぬかるむので、スパッツは欠かせない。

▽冬季は例年1メートル以上の積雪があり、展望丘や稜線の雪景色がすばらしい。降雪直後は八合目以上でラッセルを強いられるので、ワカンやスノーシューが必要になる。避難小屋はありがたい。

▽入浴はいなべ阿下喜ベース（☎0594・82・1126）で。

■問合せ先
いなべ市役所商工観光課☎0594・86・7833、三岐鉄道西藤原駅☎0594・46・2806

■2万5000分ノ1地形図
篠立・竜ヶ岳

山口まで徒歩10分程度だ。

大貝戸登山道は、全般的には植林帯の尾根に沿ったジグザグの登りが八合目まで続き、花などは期待できない。三合目付近でさざれ石が見られ、四合目付近には落葉樹林が少し広がっていて休憩に適している。

八合目は小広場になっていて聖宝寺道と合流する。ここから山上の避難小屋までは石灰岩の露岩が見られる落葉樹林となり、春にはフクジュソウ、セツブンソウ、ニリンソウ、エンレイソウなどの花が見られる。

避難小屋まで登ると、カルスト地形となり、高木は育たず、低木が点在する広々とした風景が広がる。避難小屋は無人で、休憩ができるようになっている。小屋の前にはトイレがある。この小屋を基点に、山頂のある展望丘や天狗岩まで足をのばすとよい。

避難小屋から少し下り、緩やかに登り返すと**藤原岳**山頂に到着する。夏、斜面にはシダ類のイワヒメワラビが群生し、草原のようになっている。山頂は石灰岩がごつごつとしていて展望がよく、春には山頂一帯でフクジュソウ、セツブンソウ、ヒロハノアマナ、ミノコバイモなどが見られる。

天狗岩（てんぐいわ）へは県境縦走路をたどる。カレンフェルトが点在し、夏にはテンニンソウが群生する草原で、見通しがきき開放感がある。

天狗岩周辺はオオイタヤメイゲツ、サワフタギ、ウリハダカエデ、ハシドイ、シナノキなどの小高木が樹林をつくり、春は林床にフクジュソウ、夏はバイケイソウが群落をなしている。**天狗岩**はごつごつ

CHECK POINT

1 大貝戸登山口（表道）には登山休憩所、トイレと無料駐車場がある

2 大貝戸道四合目は休憩の適地。シロモジ、シデなどの落葉樹林が広がる

3 八合目で聖宝寺道と合流。落葉樹林の中に小広場があり、稜線が見える

4 藤原岳避難小屋。トイレが新設された。天狗岩や展望丘への基点

5 藤原岳山頂の西側は断崖で、県境縦走路や鈴鹿北部の山々を一望できる

6 足もとに真ノ谷が切れこみ、竜ヶ岳、静ヶ岳などの展望がよい天狗岩

7 聖宝寺道六合目は緩やかな落葉樹林の尾根で、休憩に適している

8 聖宝寺からの長い石段を下っていくと、聖宝寺登山口（裏道）に出る

とした岩場で、西側が断崖になっていて展望がよい。

帰路は**八合目**から聖宝寺登山道を使い、**聖宝寺登山口**へと下山する。谷筋の石灰岩はすべりやすいので注意したい。　（金丸勝実）

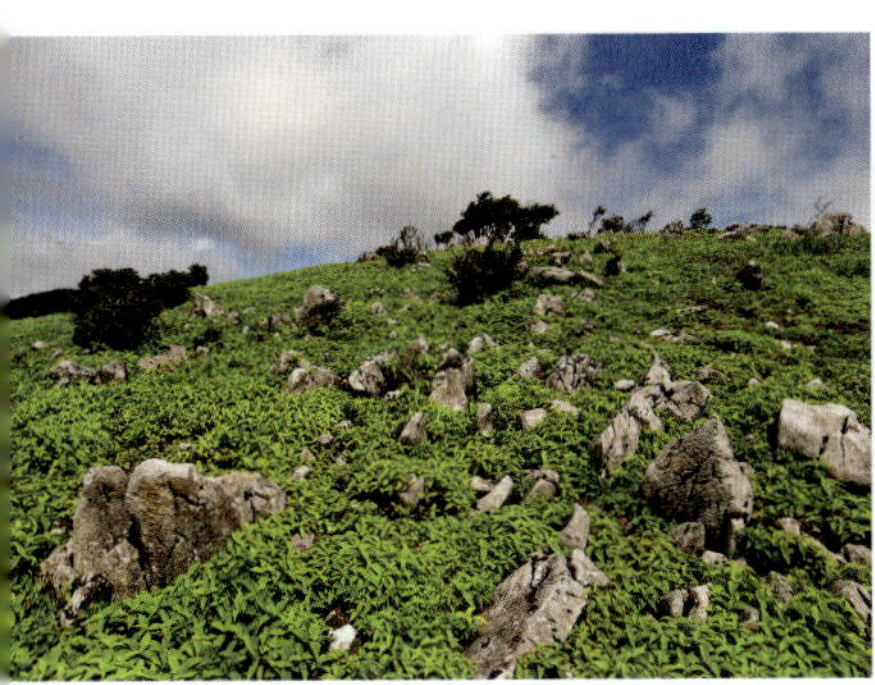

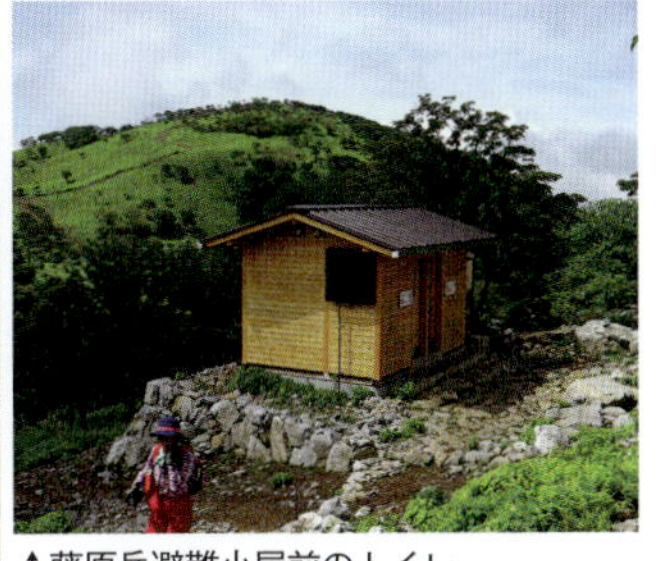

↑藤原岳避難小屋前のトイレ

←山上台地で見られるカレンフェルト

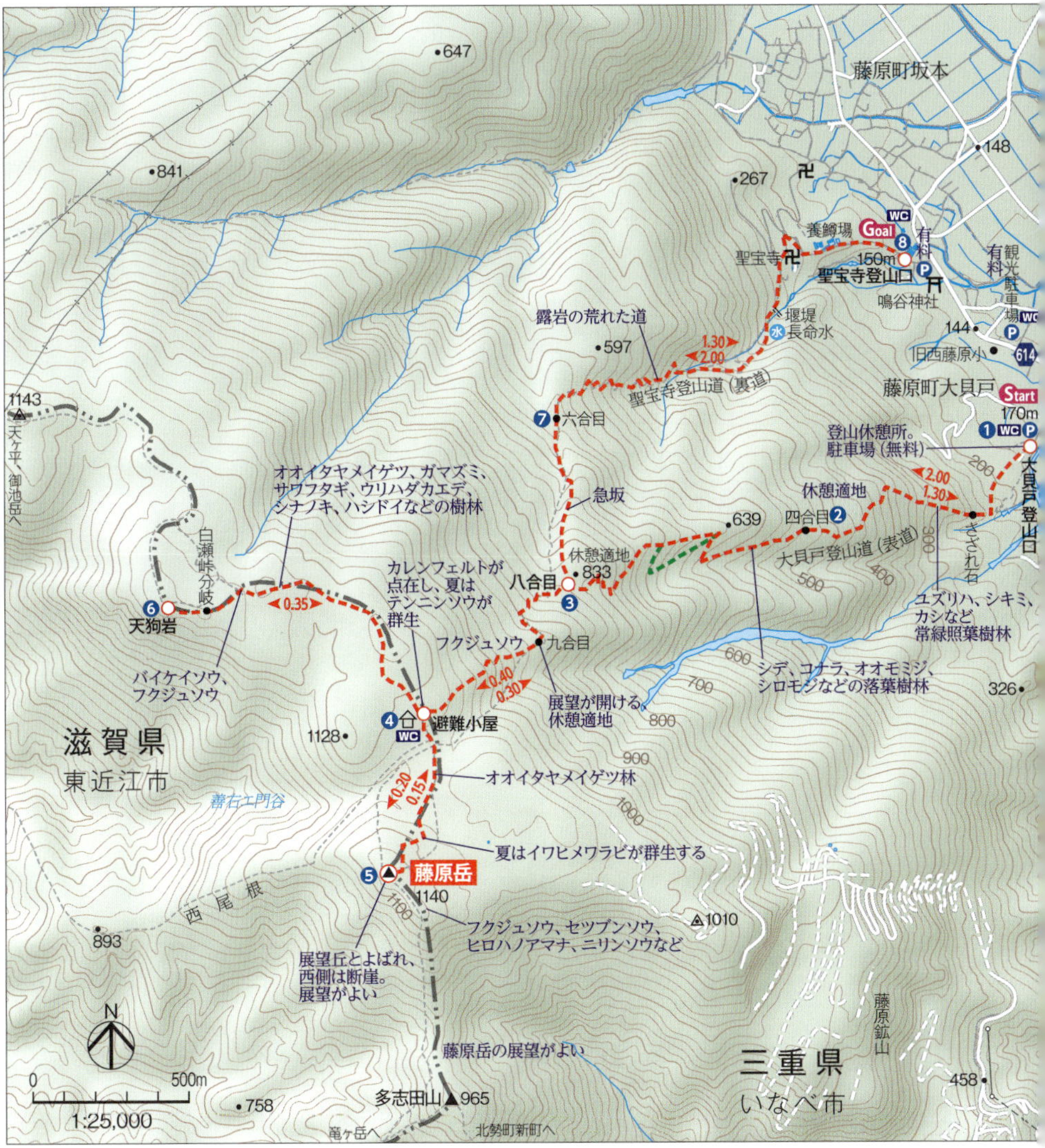

647
841
藤原町坂本
148
267
養鱒場
Goal
WC
8
有料
P
聖宝寺
150m
聖宝寺登山口
鳴谷神社
有料観光駐車場
WC
P
堰堤
長命水
144
旧西藤原小
614
露岩の荒れた道
597
1.30
2.00
聖宝寺登山道（裏道）
藤原町大貝戸
Start
170m
1 WC P
登山休憩所。
駐車場（無料）
7 六合目
1143
天ケ平、御池岳へ
オオイタヤメイゲツ、ガマズミ、
サワフタギ、ウリハダカエデ、
シナノキ、ハシドイなどの樹林
急坂
休憩適地
2.00
1.30
四合目 2
639
大貝戸登山道（表道）
さざれ石
大貝戸登山口
白瀬峠分岐
カレンフェルトが
点在し、夏は
テンニンソウが
群生
休憩適地
833
八合目
3
6 天狗岩
0.35
フクジュソウ
九合目
ユズリハ、シキミ、
カシなど
常緑照葉樹林
バイケイソウ、
フクジュソウ
0.40
0.30
シデ、コナラ、オオモミジ、
シロモジなどの落葉樹林
326
展望が開ける
休憩適地
4 WC
避難小屋
滋賀県
東近江市
1128
オオイタヤメイゲツ林
0.20
0.15
蓍石ヱ門谷
夏はイワヒメワラビが群生する
5
藤原岳
1140
1010
西尾根
893
フクジュソウ、セツブンソウ、
ヒロハノアマナ、ニリンソウなど
展望丘とよばれ、
西側は断崖。
展望がよい
藤原鉱山
N
0
500m
1:25,000
藤原岳の展望がよい
三重県
いなべ市
458
多志田山 965
758
竜ヶ岳へ
北勢町新町へ

66

二次林が美しい三重県最北の2山を縦走する

烏帽子岳・三国岳

日帰り

歩行時間＝5時間20分
歩行距離＝9・4km

技術度 体力度

えぼしだけ 865m
みくにだけ 894m
（最高点＝922m／焼尾山）

コース定数＝25

標高差＝687m

累積標高差 1239m 815m

北麓の上石津を流れる牧田川から見る烏帽子岳

烏帽子岳は、岐阜県との県境にある三重県最北端の山だ。山麓から見る山容は均整がとれ、登高意欲をかき立てる。岐阜県の時山から登られることが多い。また、三国岳は、山名からもわかるように、三重、滋賀、岐阜の三県が接するところにあり、大きく3つの峰（三角点のある815メートル、山頂の894メートル、最高点の911メートル）からなっている。三重県側からは、県境の鞍掛峠から往復できる。この2山は、県境縦走路でつながっているので、ここでは、2山同時登頂のルートを紹介しよう。

三重県側の烏帽子岳への登山ルートは、篠立と古田からがある。**古田**は休校となった立田小学校裏の林道、篠立は長楽寺前の林道がそれぞれ登山口になる。2本のルートは、尾根が合わさるところで合流し、狗留孫岳へと続く。山腹は大部分が植林だが、尾根筋はミズナラ、カエデ、シデなどの落葉広葉樹林で雰囲気がよい。

篠立分岐から緩やかに尾根を登っていくと**狗留孫岳**だ。電波反射塔が建ち、アセビが群生する広場になっていて展望がよい。これから向かう三国岳や、鈴北岳、御池岳が一望できる。

烏帽子岳へは県境尾根を進む。鉄塔の巡視路が通っていて歩きやすい尾根だ。ミズナラ、シデ、シロヤシオ、シロモジ、ヤマツツジなどの二次林が続き、林床にはカタクリ、イワカガミなどが見られる。春の花と秋の紅葉が美しい。

烏帽子岳の山頂部は東西に細長く、山頂は東端にある。東側に視界が開け、養老山地や中里ダムなど藤原地区全域を見下ろせる。山頂から県境を西に進むとシャクナゲの群生地があり、花は5月中旬が見ごろとなる。

■鉄道・バス

往路＝三岐鉄道北勢線阿下喜駅から旧立田小学校までいなべ市福祉バス立田線があるが、便数が少なく現実的でない。三岐鉄道西藤原駅で下車しタクシーで古田登山口へ。

復路＝鞍掛峠登山口からタクシーで西藤原駅か阿下喜駅へ。

■マイカー

東海環状自動車道を大安ICで降り、国道306号で藤原町に入る。篠立パーキング、藤原簡易パーキング、鞍掛トンネル周辺に駐車できる。縦走ルートなので、車の配送など工夫したい。単独の場合、タクシー利用が望ましい。

■登山適期

冬は積雪が多く、国道306号は冬季閉鎖になるので避けた方がよい。花を見るならシャクナゲ、シロヤシオ、ヤマツツジの咲く5月中旬がベスト。落葉広葉樹林が多く、新緑、紅葉もすばらしい。

■アドバイス

▽国道306号は冬季閉鎖になるので、閉鎖期間など事前に確認のこと。

▽焼尾山から直接、篠立に下りる鉄塔巡視路ルートがあるが、距離が長い。

▽温泉は、いなべ阿下喜ベース（☎0594・82・1126）がある。

■問合せ先

いなべ市役所商工観光課☎0594

三国岳までの県境路は、アップダウンのあるやせ尾根だが、鉄塔の広場やピークからは展望が期待できる。落葉広葉樹林で雰囲気がよく、ところどころでシャクナゲが見られ、三国岳が近づくとブナが現れる。ひとつピークを乗り越し登り返したところが**三国岳**だ。西に下ったところが3等三角点のある815㍍峰で、西に展望が開けている。尾根に沿って南下するとケルンのある最高点911㍍があるが、ここの展望はよくない。

鞍部まで下り、登り返したところが焼尾山（やけおやま）と鞍掛峠との分岐だ。分岐までの道は、カシの葉の落葉ですべりやすいので注意。焼尾山には左へ進み、シャクナゲ群生地のやせ尾根をたどる。早春にイワウチワが群生する道は北に展望が開け、烏帽子岳や三国岳が一望できる。**焼尾山**もシャクナゲの群生地で、南に御池岳や藤原岳が見えている。

下山は鞍掛峠を経て、鞍掛トンネル東側の**登山口**へ。（金丸勝実）

狗留孫岳付近から見る三国岳

CHECK POINT

1 古田登山口。旧立田小学校前の林道から入る。私設の道標がある

2 狗留孫岳は電波反射塔のある広場で、アセビが群生している。展望がよい

3 烏帽子岳の山頂部は東西に細長く、山頂は東端。東に展望がある

4 シャクナゲの群生地になっている時山分岐。分岐の手前で展望が開け、霊仙山、鍋尻山が一望できる

5 美しい二次林が広がる三国岳。展望は西に開け、正面に鈴北岳が見えている

6 焼尾山はシャクナゲやイワウチワの群生地。展望は南に開いている

・86・7833、いなべ市福祉バス☎0594・72・3563、近鉄タクシー北勢配車センター☎0594・72・2727

■2万5000分ノ1地形図
篠立

滋賀県
多賀町
三重県
いなべ市
岐阜県
大垣市
三国岳
894
三国岳最高点
911
901
三国岳三角点
815
ダイラの頭
803
ケルンがある
樹林に囲まれ、東に視界が開けている
広々とした落葉広葉樹林のピーク
起伏のあるやせた尾根が続く。（ところどころ不明瞭な箇所あり）三国岳が近づくとブナ林が見られる
鉄塔、広場、展望がよい
時山分岐
シャクナゲの群生
烏帽子岳
865
山頂は小広場になっていて、東に展望が開ける
ミズナラ、シデ、シロヤシオ、カエデ、ミツバツツジ、ヤマツツジなどの落葉広葉樹林が続く。春はカタクリの花が咲く
794
電波反射塔があり広場になっていて展望よい
狗留尊岳
772
アセビの群落
篠立分岐
このルートを利用すると時間を短縮できる。登り50分、下り35分
篠立林道
篠立登山口
尾根を登る
林道終点
給水槽
旧立田小学校
バス停
古田登山口
235m
Start
Goal
鞍掛峠登山口
625m
鞍掛峠
鞍掛トンネル
焼尾山
922
分岐
北側に展望が開け三国岳、烏帽子岳が見える
シャクナゲが群生する
鉄塔巡視路
長楽寺
明行寺
藤原町篠立
藤原町古田
篠立パーキング
1:30,000
500m

67

オオイタヤメイゲツ林が広がる鈴鹿最高峰の山上台地

御池岳・鈴北岳

おいけだけ　1247m
すずきただけ　1182m

日帰り

歩行時間＝5時間15分
歩行距離＝8・6㎞

技術度
体力度

コース定数＝22	
標高差＝718m	
累積標高差	945m / 849m

鈴鹿山脈は北部の竜ヶ岳を境に地質が石灰岩質になる。御池岳は藤原岳と同様、台地状の細長い山体を南北に横たえ、随所に石灰岩が露出したカルスト地形が見られる。山頂は丸山といわれ、鈴鹿山脈の最高峰である。山頂は滋賀県に位置しているが、三重県側から登られることが多いため、三重県の山としてとりあげた。

鍋尻山から見る御池岳の全容。広大な山上台地の様子が見てとれる

御池岳は名が示す通り、山上台地に多くの池をもっている。ドリーネは石灰岩台地に見られる窪地で、御池岳にも多数存在し、代表的なものとして「青のドリーネ」が知られている。ドリーネに水が貯まったものが池になり、代表的な池として、幸助ノ池、真ノ池、丸池、元池、お花池などがある。

気候的には日本海側の影響を受け、冬は多雪である。この多雪と石灰岩からなる地質が草本類を育み、春から初夏にかけ、フクジュソウ、セツブンソウ、キクザキイチゲ、イチリンソウ、ニリンソウ、バイケイソウ、エンレイソウ、ヒロハノアマナなどが見られる。また山上台地にはオオイタヤメイゲツの群落が広がり、新緑と紅葉を楽しませてくれる。

登山口はいずれも、国道306号にある。ここではコグルミ谷から入り鞍掛峠へ下りるコースを紹介する。コグルミ谷は石灰岩がごろつく涸れ谷で、ニリンソウ、イチリンソウ、キクザキイチゲ、エンレイソウなど、春から初夏にかけて花が多い。

コグルミ谷登山口から20分ほど登ったところにタテ谷道分岐がある。長命水付近はサワグルミの巨木が見られ、おいしい水が出ているので休憩によい。

長命水からは尾根の急登になり**カタクリ峠**にいたる。広葉落葉樹林で展望はないが、休憩適地で、5月にはカタクリの花が咲く。

カタクリ峠からは県境稜線を少し登り、尾根を巻くようにして真ノ谷に合流する。真ノ谷は伏流の石灰岩が苔むした谷で、たいへん雰囲気がよく、花も多い。この谷を少し進むと丸山（御池岳山頂）への分岐がある。まっすぐ進むと鈴北岳にいたる。バイケイソウが群生している。山頂までは浅い谷

■鉄道・バス

往路＝コグルミ谷登山口への交通の便が悪くマイカー利用が基本だが、三岐鉄道西藤原駅や阿下喜駅からタクシーが利用できる。

復路＝鞍掛峠登山口からはタクシーで西藤原駅か阿下喜駅へ。

■マイカー

東海環状自動車道大安ICから国道306号で鞍掛峠へ。登山口周辺に駐車できる。駐車スペースは20数台と限られているので、グループ山行の場合、乗り合わせて移動したい。なお、国道306号は12月から3月まで積雪のため冬季閉鎖になる。冬場は山麓の山口ゲートから徒歩となり、登山口まで往復する時間（約3

CHECK POINT

1 コグルミ谷登山口。車は鞍掛峠登山口周辺に停める

2 カタクリ峠。5月上旬にカタクリの花がよく咲くのでこの名がある

3 真ノ谷から御池岳山頂への分岐。バイケイソウの群落はみごと

4 鈴北岳は県境稜線のピークで、三国岳、烏帽子岳、霊仙山が一望できる

奥ノ平から草原をボタンブチへ向かう

に沿った花の多いルートだ。約30分で**御池岳**山頂に到着する。

山頂は石灰岩がごろつく小広場で、東側に展望が開けている。山頂一帯はオオイタヤメイゲツ林が広がり雰囲気がよい。すぐ隣に南峰があり、そちらは南側に展望が開け、これから向かうボタンブチや鈴鹿北部の山並みが一望できる。

樹林を抜け、広々とした草地を進むと小高い丘の**奥ノ平**に到着する。樹木はなく360度の展望があり、御池岳の南半分の台地が一望できる。ボタンブチを目指して丘を下る。**ボタンブチ**は断崖になっていて、西隣の天狗の鼻とともに、高度感のある展望を楽しめる。

周回する形で**御池岳**山頂に戻り、北側に下っていくと真ノ谷と合流し、少し進むと登山道脇に真ノ池がある。このあたりが池ノ平といわれるところで、そのまま進むとスギゴケに覆われた平地になる。元池は分岐点から少し西に入ったところにある。御池岳で最も大きな池だ。

分岐点に戻り緩やかに登っていくと**鈴北岳**に到着する。樹木のない丘のような山頂で、振り返ると御池岳山頂が、北側は霊仙山や伊吹山、天気によい日には遠くに加賀白山が見える。

下山は鈴北岳山頂から県境稜線を下り、**鞍掛峠**から鞍掛トンネル東側の**登山口**に下りる。

（金丸勝実）

時間）をプラスすることになる。

■**登山適期**
国道306号のゲートがオープンする3月下旬から閉鎖される12月上旬が適期。4月上旬からはフクジュソウ、ニリンソウ、キクザキイチゲなど草本類の花、10月下旬はオオイタヤメイゲツの黄葉が楽しめる。

■**アドバイス**
▽御池岳の山上台地は以前、背丈を越すササに覆われていたが、環境の変化により、近年はササがなくなり草地になってきた。登山道をはずれても自由に散策を楽しめるが、ガスが出ると、広大な台地であるため、方向を見失うこともあるので、コンパスや地形図、GPSは必携。
▽コース中の危険箇所はあまりないが、ボタンブチ付近の断崖は注意を要する。また、梅雨時期は谷筋でヤマヒルが多くなる。
▽帰路にタテ谷ルートを使うとスタート地点に早く戻れるが、不明瞭なところがあり一般向けではない。
▽温泉は、いなべ阿下喜ベース（☎0594・82・1126）がある。

■**問合せ先**
いなべ市役所商工観光課☎0594・86・7833、近鉄タクシー北勢配車センター☎0594・72・2727

■**2万5000分ノ1地形図**
篠立

三重県
いなべ市
滋賀県
東近江市
多賀町
鈴北岳
御池岳
(丸山)
南峰
奥ノ平
ボタンブチ
鞍掛峠
鞍掛峠登山口
625m
Goal
Start
529m
コグルミ谷
登山口
岩の転がる涸れ谷
カタクリ峠
カタクリ、バイケイソウ、イワカガミ、ミスミソウ
長命水
近年は水が涸れることもある
ジグザグの急登
タテ谷道分岐
タテ谷分岐
さえぎるものがなく、360度の展望
展望のよいピーク
滋賀県側に下らないように
広々とした展望のよい草地の尾根
5月
カタクリが咲く
春から初夏にかけて花が多い谷。ニリンソウ、イチリンソウ、エンレイソウ、イワカガミ、サワギクク、バイケイソウなど
苔むした岩の谷
真ノ谷分岐
バイケイソウの群落
エンレイソウ、キクザキイチゲ、ヤマエンゴザク、キケマンなど
ボタンブチ方面の展望が開ける
ヒロハノアマナ、フクジュソウ、フタリシズカ
小さな池が点在
スギゴケが覆う平地
断崖絶壁
岩場になっていて展望がよい
天狗の鼻
幸助ノ池
ボタン岩
東のボタンブチ
西のボタンブチ
日本庭園
池ノ平
真ノ池
丸池
お花池
元池
風池
フクジュソウ
焼尾山
三国岳へ
多賀市街、彦根ICへ
鞍掛トンネル
送電線巡視路
駐車スペースあり
国道306号へ
白瀬峠、藤原岳へ
鈴ヶ岳
タテ谷
真ノ谷
コグルミ谷
1182
1247
1241
1056
1165
1148
1194
1130
922
769
794
545
624
425
471
806
786
708
801
845
889
967
1049
635
0.30
0.45
1.25
1.10
1.15
0.55
1.00
0.45
0.30
0.10
0.15
0.10
306
0
500m
1:25,000
N

68

竜ヶ岳

草原で草を食む羊を連想させる山腹のシロヤシオ

りゅうがたけ
1099m

日帰り

歩行時間＝5時間15分
歩行距離＝11.5km

技術度
体力度

コース定数	＝26
標高差	＝856m
累積標高差	1218m / 1218m

竜ヶ岳は、鈴鹿山脈の北部にあり、花の山として知名度の高い藤原岳の南隣に巨体を横たえている。地誌によると、古くは雨乞い信仰の「竜神の宿る山」として登られ、これが山名の由来になったようだ。

山頂部はササに覆われ、高原の丘のように穏やかで、鈴鹿のほかの山にはない景観を呈している。冬の天候は、日本海側の影響が強く、琵琶湖で水蒸気を補給した寒気がこの山に積雪をもたらす。

山頂部の穏やかさとは対照的に、山頂の南面は崩壊が進んでいて、蛇谷、ホタガ谷、天狗谷など峻険な谷も多い。一方、本流の宇賀渓は長尾滝や魚止滝をかける美しい谷で、初心者でも楽しめる。一度は渓谷とセットで竜ヶ岳登山を楽しんでいただきたい。

登路は、遠足尾根、金山尾根の尾根ルート、宇賀渓からは石榑峠を経由する県境稜線の表道と、ヨコ谷から尾根に乗り換える中道がある。以前は、谷ルートとしてホタガ谷ルートがあったが、谷が荒れ危険なため廃道になった。ほかにも砂山を経由するルートがあるが、ここでは、金山尾根で登り、表道から宇賀渓に下るルートを紹

山麓の菰野町から竜ヶ岳を望む

竜ヶ岳山頂付近から見る銚子岳（手前）と藤原岳

■**鉄道・バス**
往路・復路＝三岐鉄道大安駅からタクシーで宇賀渓駐車場へ。

■**マイカー**
東海環状道を大安ICで降り、国道365号、国道421号で宇賀渓へ。入山料は200円。観光協会の駐車場（約160台）は、入山料込みで1日500円（自動ゲート式）。

■**登山適期**
シロヤシオの花が咲く5月中旬から下旬がおすすめ。もちろん四季を通じて楽しめるが、冬は積雪が多く、冬山の経験が必要だ。

■**アドバイス**
▽山容は穏やかだが、谷は深く厳しい。道迷いから谷に滑落する事故が多い。本稿では帰路に谷ルートを紹介している。つまずきによる転倒は滑落につながる恐れがあり、慎重に行動し、安全な登山に心がけたい。
▽長尾滝の手前から砂山ルートへ分岐することも可能。増水時は砂山ルートの方が安全。またリピートする場合、一度は歩いてみたいコースだ。

■**問合せ先**
いなべ市役所商工観光課☎0594・86・7833、宇賀渓観光案内所☎0594・78・3737、近鉄タクシー北勢配車センター☎0594・72・2727、三岐鉄道☎059・364・2141

■**2万5000分ノ1地形図**

山腹に咲くシロヤシオと竜ヶ岳

介しよう。

宇賀渓駐車場から歩き、林道の終点が登山口だ。谷に下りて丸太橋で徒渉し、魚止橋を渡ると魚止滝分岐がある。5分もあれば見物できるので立ち寄ってみたい。滝を離れ急坂をひと登りすると**金山尾根分岐**があり、本流コースと分かれる。金山尾根は尾根を忠実にたどれば迷うことはないが、587メートルピークをすぎたところで蛇谷ルートが分岐するので入らないようにしよう。しばらく気持ちのよい落葉樹林が続くが、金山手前で岩のごろつく急登がある。これをすぎると展望のよい、緩やかな尾根になる。春は、シロヤシオやヤマツツジの花が美しい。

右手からくる遠足尾根ルートと合流し、しばらく進むと稜線の**県境三差路**に到着する。稜線に沿ってミヤコザサの草原が広がり、その中にシロヤシオが群生する。竜ヶ岳は蛇谷をはさんで指呼の間にあり、稜線から山容が一望できる。

竜ヶ岳の山頂は広々としたミヤコザサの草原で、樹木はなく、360度の展望があり休憩適地だ。

山頂から東に続く道はヨコ谷経由の中道登山道で、目指す石榑峠へは県境尾根を南進する。緩やかな下りが続くが、途中、東側の斜面が崩壊していて迂回路がある。ササ原が終わると急斜面の下りが重ね岩まで続く。このあたりもシロヤシオが多い。**重ね岩**は展望がよいところだ。これをすぎると少し傾斜が緩み、ベニドウダンなどの低木の樹林が続く、見通しのよい明るい尾根を下る。

石榑峠から小峠までは車道を歩く。石榑トンネルの開通以前は国道421号が通じていたが、今は使われていない。小峠から谷道に入る。砂山分岐をすぎ、**長尾滝**の巻道を鉄のハシゴで滝下に下りる。水量のあるりっぱな滝だ。

滝から少し下るとヨコ谷が合流するが、この付近は荒れていてルートがわかりにくい。目印テープを見落とさないこと。ここからは谷の左岸道となる。谷との落差が

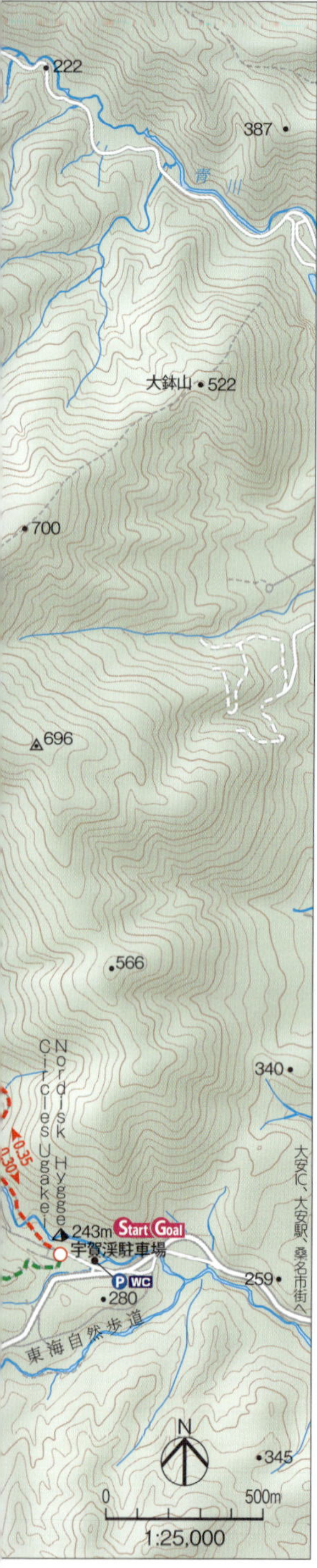

あるので、スリップやつまずきに注意したい。途中、蛇谷を横切るところに五階滝がある。しばらく左岸道が続き**金山尾根に合流**する。この先は往路と同じ。（金丸勝実）

長尾滝。水量豊かな滝で滝壺も大きい

CHECK POINT

1 宇賀渓登山口。少し手前に遠足尾根分岐がある

2 魚止滝分岐を見送り、ジグザグに登ると金山尾根分岐に出る

3 尾根沿いに登り、587メートルピークをすぎたところが蛇谷分岐。竜ヶ岳が見えてくる

4 遠足尾根と合流後、傾斜が緩み、治田峠分岐で県境稜線に出る

5 竜ヶ岳山頂はさえぎるものがなく、360度の展望だ。広々としていて休憩適地

6 大きな岩を積み重ねたような重ね岩。岩の上に登ることもできるが慎重に

7 小峠は旧国道から宇賀渓への分岐点になっている

8 中道分岐。渓谷にあり、この付近、谷が荒れている

銚子岳、治田峠へ
静ヶ岳
1089
滋賀県
東近江市
三重県
いなべ市
県境三差路
(治田峠分岐)
竜ヶ岳
1099
広々とした丘のような山頂。さえぎるものがなく、360度の展望がある
ササ原にシロヤシオが群生する
遠足尾根ルートと合流
登り2時間30分、下り1時間20分
展望のより緩やかな尾根
岩場の急登
金山
金山尾根登山道
展望のよいササ原の尾根
斜面が崩壊しているので迂回路を通行すること
急坂
シロヤシオ
重ね岩
岩場周辺は展望がよい
表道登山道
裏登山道は廃道
やせ尾根。樹間から竜ヶ岳が見える。休憩適地
蛇谷に入らないこと
蛇谷分岐
金山尾根分岐
宇賀渓登山口
中道登山道
ベニドウダンが多い
石榑峠
車で滋賀県側のみアクセス可
砂山分岐
長尾滝
中道分岐
あずまや
魚止橋
魚止滝
五階滝
小峠
砂山ルート
登り1時間30分、下り1時間20分
砂山
石榑トンネル
国道421号へ
八日市ICへ

69 緊迫感漂うガレと好展望の県境稜線を歩く

釈迦ヶ岳

しゃかがだけ
1092m（最高点＝1097m／松尾尾根の頭）

日帰り

歩行時間＝5時間20分
歩行距離＝8・5km

技術度 ★★
体力度 ★★

コース定数＝20

標高差＝659m

累積標高差 ↗750m ↘750m

国見尾根・ハライドから望む釈迦ヶ岳

釈迦ヶ岳は全国にたくさんあるが、鈴鹿の釈迦ヶ岳はお釈迦さまが寝た姿に見えることに由来している。山容は鈴鹿の特色を顕著に表しており、急峻に切れ落ちる三重県側と、対照的に滋賀県側は緩やかにその裾野を広げている。南麓にはキャンプ場や山小屋などの立ち並ぶ登山基地朝明渓谷があり、年中登山者でにぎわっている。

ここでは中尾根新道から釈迦ヶ岳に登り、県境稜線上の猫岳、羽鳥峰を縦走して朝明渓谷に戻る周回コースを紹介しよう。

朝明渓谷駐車場脇の旧バス停からキャンプ場の裏手に回りこむ。

ルートの核心部、大蔭のガレ。踏跡はしっかりついているが、谷から吹き上げる強風に注意

■鉄道・バス
往路・復路＝最寄りの近鉄湯の山温泉駅から登山口の朝明渓谷は約5キロ。バス便はないので、徒歩かタクシーを利用する。

■マイカー
新名神高速道路菰野ICから国道477号、306号、県道762号で約9・5キロ。朝明渓谷駐車場は有料（500円）。

■登山適期
コース全体に多いシロヤシオは5月中旬、ドウダンは5月下旬～6月上旬、紅葉は11月上旬が見ごろである。

■アドバイス
▽羽鳥峰からさらに縦走路を進むと、根ノ平峠や中峠から下山するロングルートが楽しめる。
▽猫谷ルートの下部にオランダ堰堤がある。明治時代、オランダ人技師デ・レーケの指導でつくられたもので、巨石を巧みに組み土砂をせき止め、川床を安定させている。
▽下山後の温泉は、朝明渓谷駐車場から少し下ったところに三休の湯（☎059・393・5439）がある。

■問合せ先

庵座谷ルートを左に分け、砂防ダム上部を横切ると中尾根登山口がある。左に庵座谷を見わたし、樹林帯を通過すると花崗岩の露出したやせ尾根に入る。踏みはずさないよう慎重に歩くこと1時間で休憩適地の**鳴滝コバ**に着く。両側がササになると庵座谷ルートと合流し、庭園風の斜面の先で迂回ルートに入る。ガレた樹林帯の急登をこなすと、ほどなく松尾尾根ルートと合流する。

松尾尾根に合流したら左折し、展望のよい尾根をすぎるとこのルートの核心部、**大蔭のガレ**が現れる。一瞬緊張が走るが足もとはよく踏まれている。ガレから吹き上げる強風に注意し慎重に通過しよう。ガレの先、木の根や枝をつかんで急登をこなすと松尾尾根の頭に飛び出す。ここが釈迦ヶ岳最高点で、麓から見上げるとお釈迦様の胸の部分にあたる。腹の部分にあたる山頂は松尾尾根分岐を経て5分ほど先にある。どちらも伊勢平野の展望がよいのでゆっくり休憩しよう。

釈迦ヶ岳山頂から分岐まで戻り、右折して県境稜線を進む。いったん下って登り返すと猫岳に着く。**猫岳**山頂は低木に囲まれてお

大蔭のガレから望む猫岳

CHECK POINT

1 朝明渓谷駐車場に車を停め、旧バス停の左手から入る。料金を係の人に支払い領収書をフロントに置く

2 中尾根から庵座谷を見わたす。奥に庵座滝がある。庵座谷ルートとは鳴滝コバの上で合流する

3 鳴滝コバで小休止。このあたりが中尾根の中間点

4 スタートから90分で松尾尾根と合流

5 松尾尾根の頭。標高1097㍍は釈迦ヶ岳最高点。広くて展望もよい

6 釈迦ヶ岳山頂は標高1092㍍。あまり広くはないが伊勢平野の展望は開けている

7 松尾尾根分岐まで戻り、右折して猫岳、羽鳥峰へ

8 羽鳥峰と羽鳥峰峠。ここから猫谷コースで朝明へ下る。少し戻ればなだらかな林道コースもある

菰野町役場観光産業課☎059・391・1129、朝明観光協会☎059・393・1786、尾高タクシー☎059・396・0108、アサケヒュッテ☎080・5458・0054、朝明茶屋キャンプ場☎059・393・1789

■2万5000分ノ1地形図
御在所山

り、風の強い日に休憩するにはありがたい。猫岳をすぎると滋賀県側は緩やかな裾野になり、正面に国見岳を、左手に伊勢平野を見わたしながらの快適な稜線漫歩がはじまる。

1時間ほどで白い円錐形の**羽鳥峰**に到着し、360度の展望を楽しんだら下りにかかる。朝明渓谷へは林道コースと猫谷コースがあるが、どちらを下っても時間的な差はあまりない。（内田拓也）

猫岳をすぎると快適な稜線漫歩がはじまる

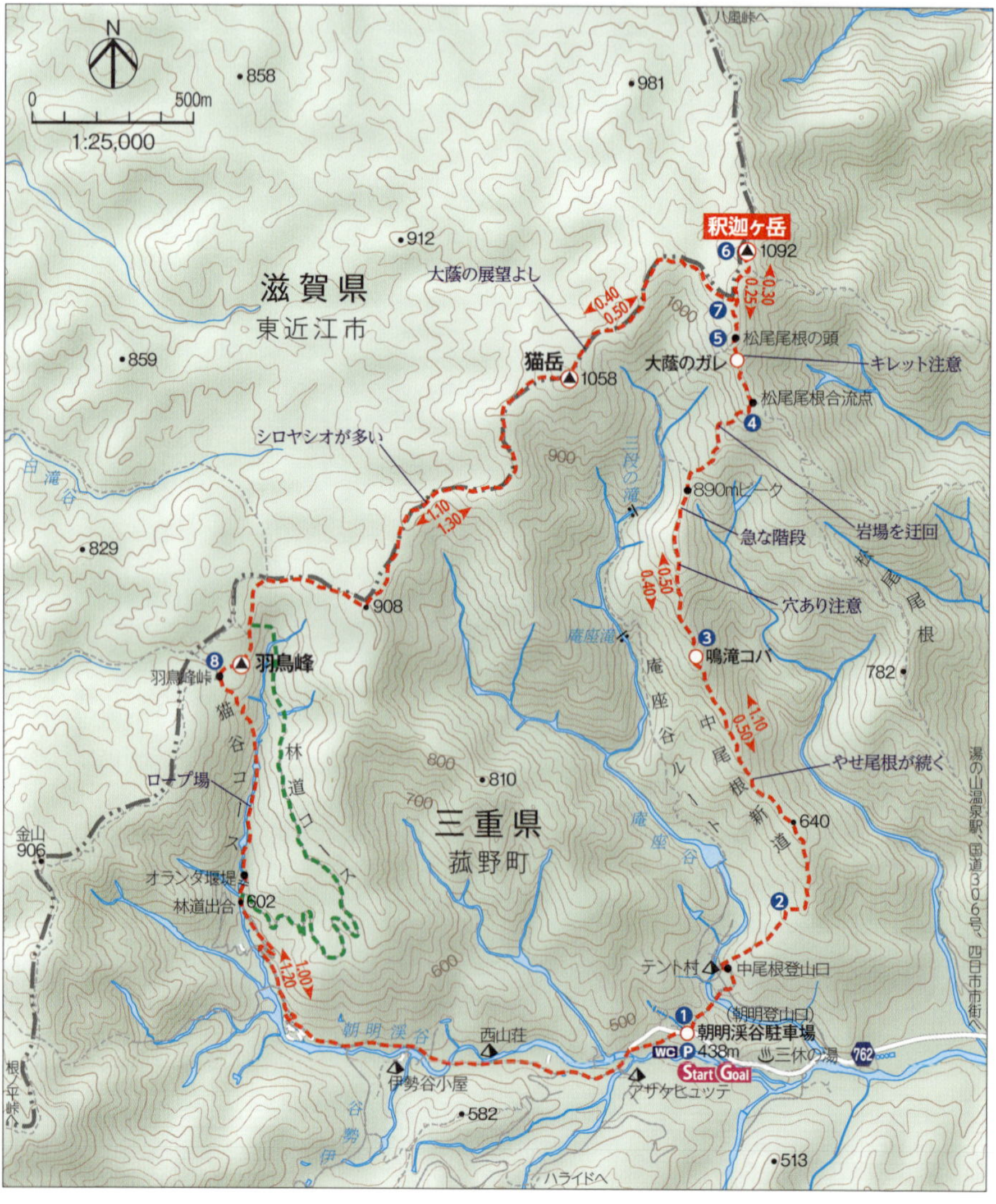

70

鎌ヶ岳・水沢岳

鎌尾根から鈴鹿随一の岩峰を目指す

かまがたけ　1161m
すいさわだけ　1029m

日帰り

歩行時間＝6時間20分
歩行距離＝9・5km

技術度
体力度

コース定数＝27
標高差＝811m
累積標高差 ↗1232m ↘1232m

鈴鹿随一の鋭鋒で、北アルプスの槍ヶ岳のように、際だった存在である。岩峰であるが故に林業開発を免れ、山腹には豊かな自然が残り、東面に広がるブナ原始林は県指定天然記念物に指定されている。春には、アカヤシオ、シロヤシオ、シャクナゲ、タムシバなどが山腹を彩り、秋には紅葉がすばらしい。鈴鹿でも人気の山岳であるため、登路もいくつか開かれ、ルートを変えて登るなど、何度も訪れたくなる山である。

さてルートだが、湯の山温泉から登る場合は、馬ノ背尾根、長石谷、長石尾根、三ツ口谷などのルートがあり、往路と復路を変えて登ると変化があっておもしろい。しかし、ここではこの山域を存分に楽しむため、宮妻峡を基点に、鎌尾根の縦走を含め、水沢岳と鎌ヶ岳の2山のピークを踏むルートを紹介したい。

宮妻峡駐車場が出発地点で、水沢岳登山口までは宮妻林道で高度を上げていく。カズラ谷登山口を

鎌尾根から見る鎌ヶ岳

■**鉄道・バス**
往路・復路＝JR四日市駅か近鉄四日市駅から三重交通バスで宮妻口へ。宮妻峡駐車場へ徒歩1時間。タクシーは宮妻峡駐車場まで直接入れる。

■**マイカー**
宮妻峡駐車場へ、東名阪自動車道鈴鹿ICか新名神高速道路鈴鹿SICで降り、約20分。

■**登山適期**
4月下旬～5月上旬にかけて、アカヤシオ、シロヤシオ、シャクナゲの花が楽しめる。紅葉は10月下旬～11月上旬が見ごろ。夏は長石谷や三ツ口谷など、谷ルートが涼しくてよい。冬は積雪が多く厳しい。

■**アドバイス**
▽ここで紹介したコースは、1000㍍以上のピークを2山踏み、やせ尾根の起伏のある縦走が含まれているので、岩場での登り下りの経験があった方がよい。
▽キノコ岩の下降、やせ尾根の通過、衝立岩周辺の岩場の通過など注意を要する。また、鎌ヶ岳山頂周辺のルートは岩場になっているので、浮き石やスリップに注意したい。
▽湯の山温泉に立ち寄ると、日帰り入浴ができる施設が多い。ただしマイカーの場合は湯の山温泉に下ると、車の回収が大変になる。

■**問合せ先**
四日市観光協会☎059・357・0

鎌ヶ岳東面を彩るアカヤシオ

右手に見送り、30分ほど歩くと不動橋手前に不動滝があるので立ち寄るとよい。

不動橋をすぎ、林道が大きく曲がると右手に**水沢岳登山口**が見えてくる。ここからが山道となる。登山道は植林帯の本谷左岸の山腹道で、枝沢をいくつかまたぎ、水沢峠が近づくと涸れた谷に入り、峠にいたる。

水沢峠は県境稜線の鞍部で展望はよくない。ここからは水沢岳を目指して高度を上げる。**水沢岳**山頂は小広場になっていて、東側の展望が開けている。水沢岳の北面はキノコ岩といわれる岩場で、鎌ヶ岳までの縦走路が一望できる。この岩場は風化が進みすべりやすく、下降には注意を要する。

いったん高度を落とし、緩やかに登り返すと、衝立岩が見えてくる。このあたりはシャクナゲが多い。**衝立岩**はやせ尾根の岩峰で、

381、三重交通四日市営業所☎059・323・0808、尾高タクシー（菰野町）☎059・396・0108

■2万5000分ノ1地形図

御在所山・伊船

CHECK POINT

1 宮妻峡駐車場。駐車場周辺にはヒュッテやキャンプ場の施設があったが、2024年3月に閉鎖された

2 不動滝は林道から5分で往復できる。踏跡ははっきりとしている

3 水沢岳登山口は林道の右手にある。しっかりとした道標が設置されている

4 水沢岳は県境稜線のピークだが、一山としての存在感がある。東に展望が開いている

5 風化した大小の花崗岩がキノコのように見えるキノコ岩。縦走路を一望できる

6 湯の山温泉と雲母峰への分岐点。ここはカズラ谷ルートを宮妻峡に下る

ルートは西側から巻いて尾根に登る。ここから岳峠まではやせ尾根が続く。春にはシロヤシオやアカヤシオが稜線を彩る。

岳峠は鎌ヶ岳南側の直下にあり、県境縦走路に長石谷、カズラ谷ルートが合流する。急なルンゼから岩場を木や岩につかまりながら登ると**鎌ヶ岳**山頂に到着する。岩場からの展望は抜群で、南端からは歩いてきた鎌尾根や入道ヶ岳、仙ヶ岳が、北端からは御在所岳、雨乞岳が一望できる。

下山は**岳峠**まで戻り、カズラ谷ルートで**宮妻峡駐車場**へ下る。

（金丸勝実）

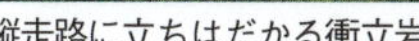

縦走路に立ちはだかる衝立岩

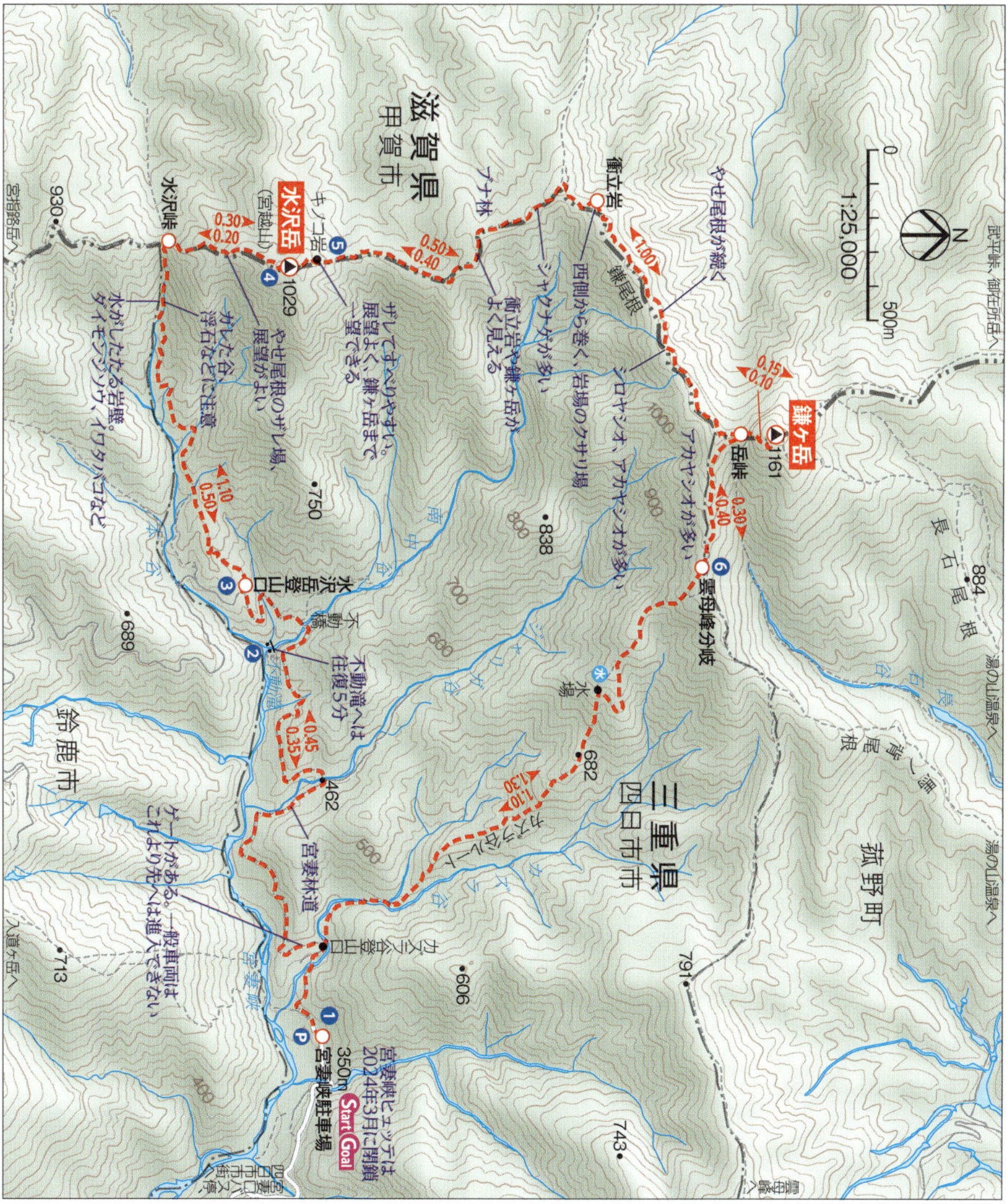

71

仙ヶ岳

アルペン的な岩稜ルートで双耳峰を目指す

せんがたけ
961m

日帰り

歩行時間＝7時間30分
歩行距離＝12.6km

技術度
体力度

コース定数＝31
標高差＝833m
累積標高差 ↗1314m ↘1314m

南尾根から見る仙ヶ岳

仙ヶ岳は東西の2峰からなる双耳峰で、西峰が主峰。東峰は仙ノ石とよばれ、仙朝上人入定の地とされている。地質的には御在所岳と同じく、領家帯に属し、風化が進み、山体に無数の花崗岩を露出させている。岩場には修験の行場があり、石仏や不動尊が安置されている。春には、この地質を好むアカヤシオ、シロヤシオ、タムシバなどの花が山腹を彩る。

登山道は、北側の小岐須渓谷から南側の石水渓から複数本のルートが開かれている。小岐須渓谷からは比較的緩やかに登れるが、今回紹介する石水渓からは、岩稜登りや谷の下降があり、アルペン的な要素が含まれ、道標やプレートなどは整備されているが、初心者だけでの入山は控えたい。

仙ヶ岳の登山口は新名神高速道路の高架下にあり、しばらくは林道を歩くが、車止めのある堰堤を見下ろす**広場**までは車で入ることができる。車止めから林道終点までは荒廃した林道を進み、山道に入ると5分で営林署小屋跡前の**南尾根分岐**にいたる。ここからはイタハジ谷に沿って進む。深い谷ではないが、不動尊までの中間部は谷が狭まり、丸太橋や固定ロープに助けられながら通過する。

やがて涸れた谷となり、右手に不動尊のある岩壁を見ながら急登をしのぐと**不動尊分岐のコル**に出る。コルの東に不動尊が祀られた展望のよい岩場があるので立ち寄りたい。

南尾根はここからで、やせ尾根の岩場が多くなる。多少のアップダウンを交えながらしだいに高度を上げていく。それぞれのピークへは、岩や木の根をつかみながらのダイナミックな登りが楽しめる。ピークからの展望はすばらしく、

■鉄道・バス
往路・復路＝JR亀山駅からタクシーを利用するか、亀山市コミュニティバス（日曜・祝日運休）で池山西下車。仙ヶ岳登山口へは徒歩10分。

■マイカー
国道306号から安楽川に沿って県道302号を進み、新名神高速道路の高架をくぐって仙ヶ岳登山口を右折し林道ゲート（約5台駐車可）まで進む。ただし林道は荒れている。

■登山適期
アカヤシオやタムシバが咲く4～5月か、11月上旬の紅葉の時期がおすすめ。夏は谷ルートを歩くと涼しい。

■アドバイス
▽仙ヶ岳は登路が多いのが特徴なので、ぜひともルートを変えてチャレンジしてほしい。
▽南尾根はバリエーション的な岩稜ルートで、登山の醍醐味が味わえるが、岩場の通過には充分注意したい。
▽不動尊は江戸時代に野登寺の住職が彫らせた石像。大岩をくりぬき東向きに祀られている。大岩の上には石仏が三体祀られている。

■問合せ先
亀山市役所商工観光課（登山）☎0595・84・5074、亀山市役所政策推進課（コミュニティバス）☎0595・84・5066、亀山交通（タクシー）☎0595・82・1228、小菅タクシー☎0595・82・

仙ヶ岳本峰から見るアカヤシオに彩られた南尾根

山頂へと続く南尾根、右手には仙鶏尾根でつながる野登山や伊勢平野が一望できる。最後のピークを東側から巻くと仙ノ石のある**東峰**に到着する。展望がよく休憩に適している。

西峰へは、樹林の尾根を少し下り登り返す。**仙ヶ岳**山頂はあまり広くないが、展望はよく、入道ヶ岳、鎌ヶ岳、雨乞岳など、鈴鹿中部の主要な山岳が一望できる。

帰路は登ってきた吊尾根を少し戻り、道標にしたがって鞍部から白谷に下りる。白谷は明るい岩の転がる荒涼とした谷で、右に左に徒渉しながら下っていく。カエデやシロモジなどの二次林が美しい。大滝は右岸を、石積の堰堤は左岸を巻いて下る。徐々に谷が深くなり、崩壊した岩壁道をハシゴの上り下りで回避する。また、岩壁の通過はクサリ場になっている。徐々に谷が浅くなると営林署小屋跡、続いて往路で通った**南尾根分岐**に到着する。（金丸勝実）

2238
■2万5000分ノ1地形図
伊船・亀山

CHECK POINT

1 南尾根分岐。少し先に営林署小屋跡がある。道標にしたがい、南尾根ルートへ

2 ピーク3は南尾根の中間にあり、先に続く岩峰や仙ヶ岳がよく見える

3 仙ノ石は、東峰にあるバランスよく立つ巨岩。たいへん展望がよい

4 仙ヶ岳(西峰)山頂。それほどスペースがないので、休憩は東峰周辺のほうがよい

5 石積みの堰堤。落差があり、左岸を巻き下る

6 深い谷の岩壁道に鉄のクサリが設置されている

滋賀県
甲賀市
三重県
亀山市
鈴鹿市
水沢岳へ
入道ヶ岳へ
946
宮指路岳
855
692
大石橋
林道ゲート
屏風岩
小岐須渓谷駐車場
258
小岐須渓谷キャンプ場
石大神
鈴峰鉱山
国道306号、鈴鹿市街へ
小社峠
574
小社峠分岐
450
512
832
仙ヶ岳
961
白谷分岐
東峰周辺はアカヤシオが多い
東峰
仙ノ石
展望がよい
小社峠分岐～小岐須分岐は登り50分、下り40分
仙鶏尾根分岐～東峰は登り1時間10分、下り1時間
724
それぞれのピークは岩場になる
900
南尾根
小岐須分岐
仙鶏尾根
778
仙鶏尾根分岐
（仙鶏尾根分岐～国見広場間）
国見広場
展望がよい。鎌ヶ岳、入道ヶ岳、伊勢平野を一望できる
滝を右岸から巻く
明るく荒涼とした谷
展望がよい
ピーク3
786
尾根に沿って下る。尾根の東側は植林、西側は自然林
コルからトラバース
野登寺
御池
野登山
851
鳩ヶ峰
710
まど
石積堰堤
鞍部に道標あり。東に10mで不動尊
不動尊分岐のコル
杉の巨木と石仏が並ぶ
国見石
電波塔
480
ブナ原生林
（野登山～国見広場間）
738
右岸を通る。ロープ、丸太桟橋あり
石が積み重なったルンゼの急登。足もとに注意
498
ミツマタが群生している
少し車道を歩く
夢想庵跡地の広場
小堂
展望がよい
480
庄内白石鉱山
ハシゴ場
クサリ場
作業小屋
586
営林署小屋跡
南尾根分岐
車道を横切る

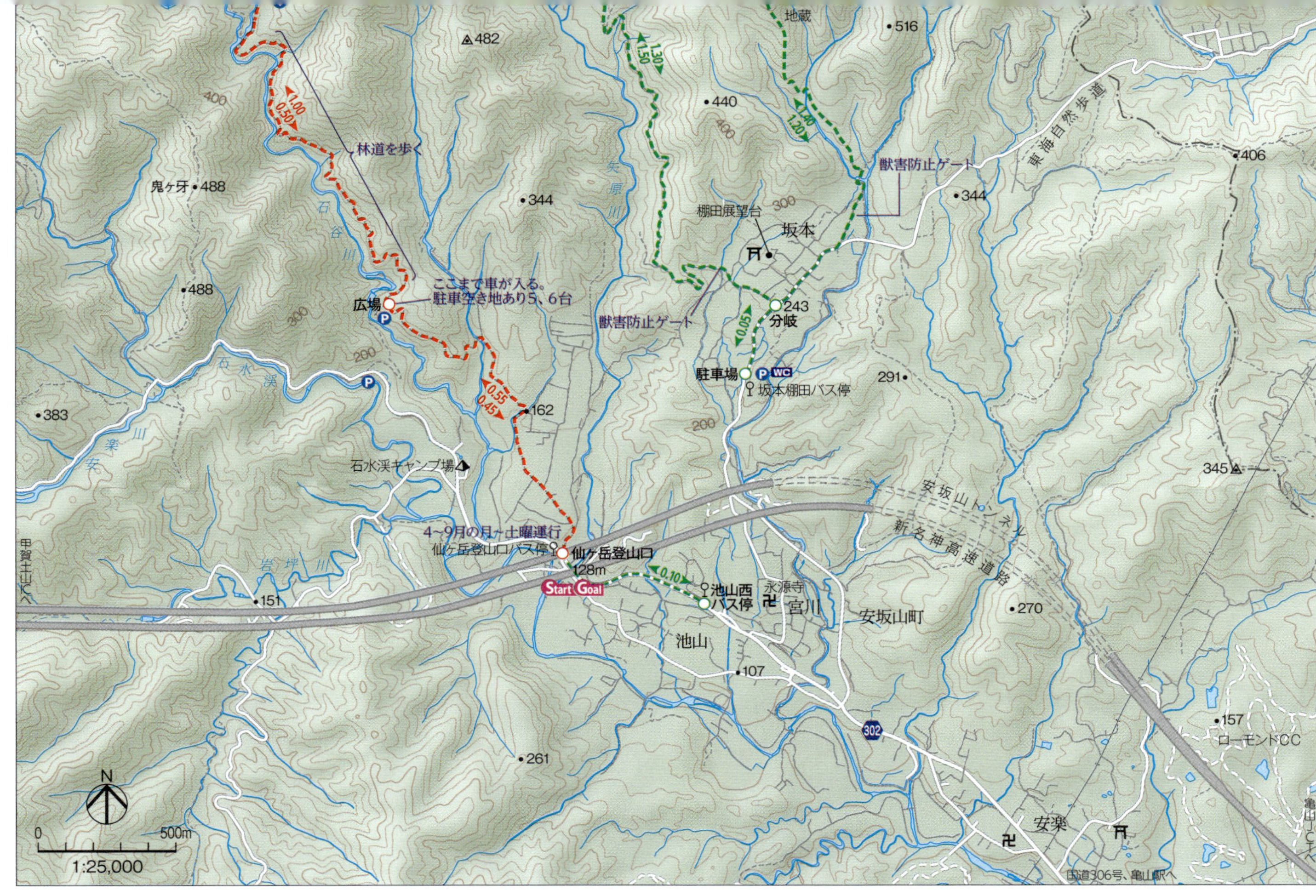

鬼ヶ牙
488
林道を歩く
ここまで車が入る。
駐車空き地あり5、6台
広場
石水渓キャンプ場
4～9月の月～土曜運行
仙ヶ岳登山口バス停
仙ヶ岳登山口
128m
Start
Goal
池山西
バス停
永源寺
宮川
池山
安坂山町
獣害防止ゲート
棚田展望台
坂本
243
分岐
駐車場
坂本棚田バス停
地蔵
東海自然歩道
安坂山トンネル
新名神高速道路
ローモンドCC
安楽
国道306号、亀山駅へ
甲賀土山ICへ
亀山JCTへ
302
N
0
500m
1:25,000

72

多度山

木曽三川や濃尾平野の眺望と森林ハイク

日帰り

たどやま
403m（最高点＝450m／中道コース分岐）

歩行時間＝2時間
歩行距離＝6・5km

技術度
体力度

コース定数＝12
標高差＝400m
累積標高差 568m 568m

山麓から見る多度山

多度峡の紅葉

養老山脈は三重県最北部の山地で、濃尾平野に接し、稜線は岐阜県との県境をなし、標高が600メートル前後の山が連なる。多度山はその南端に位置し、山麓の多度大社は、多度祭で行われる上げ馬神事と流鏑馬神事で有名だ。

山頂まで車道がのび、ハイキングコースが整備され、地元の人に親しまれている。山頂に通じるハイキングコースは、眺望満喫コース、健脚コース、瀬音の森コースの3本があるが、山道は健脚コースのみだ。ここでは健脚コースで登り、下りは瀬音の森コースから分岐する山道の中道コースを使った周回ルートを紹介しよう。

多度峡駐車場から歩きはじめ、多度大社右手の山腹の車道を10分ほど進むと愛宕神社が見えてくる。**健脚コース登山口**で、ハイキングコース案内板が設置され、神社前には10数台駐車可能な無料駐車場がある。

道標にしたがって神社の左手から登山道に入る。すぐに獣ゲートがあるので開け閉めを確実にしよう。山頂まではわずか30分ほどの距離だが、尾根に出るまでは植林帯の急な登りだ。五合目に休憩所、その上に展望所があり、木曽三川や濃尾平野、伊勢平野が一望できる。さらにその上に旧愛宕神社跡があり展望が開けている。

■鉄道・バス
往路・復路＝多度峡駐車場へは、養老鉄道多度駅から徒歩20分。

■マイカー
東名阪自動車道桑名東ICで降り、国道258号で多度へ。多度大社前、多度駅前、多度峡、愛宕神社前などの駐車場が利用でき、いずれもコース上にあるので、駐車地がハイキングの出発点になる。

■登山適期
多度峡の新緑と紅葉、春の草花、山頂からの展望など四季を通じて楽しむことができる。積雪はまれだ。

■アドバイス
▽木曽三川の集中するこのあたりは、大雨のたびに災害を被っていた。そこで、幕府は薩摩藩に治水工事を命じ、多くの犠牲者と巨額の費用を費やし完成させた。多度駅の東方にある千本松原はその当時の名残で、北端には薩摩義士の霊を祀った治水神社がある。
▽多度大社は、「伊勢に参らば多度をもかけよ、お多度まいらにゃ片まいり」といわれてきた古社。商売繁盛、雨乞いの神を祀っている。5月の多度祭の時に行われる古式上げ馬神事や、11月の流鏑馬祭が有名。
▽多度町はミカンや柿の産地としても知られ、シーズンにはミカン狩りなどで訪れる人も多い。
▽山頂までは車道が通じているが、

傾斜が緩み、林立する電波塔が見えると、山上公園の西端に出る。園内には、遊具、あずまや、トイレ、水場、ベンチが整備されていて、天気のよい週末は家族連れでにぎわう。公園から車道に沿って少し登ると2等三角点のある**多度山**山頂に到着する。高峯神社や休憩所、ベンチがあり、木曽三川と濃尾平野の絶景がすばらしい。天気のよい日には、木曽御嶽山や南アルプスの山々を望むこともできる。

帰路は、山上公園から瀬音の森コースで平坦な車道を西に向かう。約1キロ歩くと**中道コース分岐**に出る。ここで稜線の林道と分かれ、山道を下っていく。比較的明るい緩やかな尾根ルートだ。ハイキングコースとしては設定されていないが、踏跡は明瞭で、よく歩かれているようだ。

右手に地蔵を見るあたりから瀬音が聞こえ、少し尾根を下ると山腹道になり展望が開ける。最後は谷を少し下ると登山口に出る。ここにも獣ゲートがあるので開け閉めを確実にしよう。**多度峡駐車場**は目と鼻の距離だ。（金丸勝実）

関係者以外は自動車の進入は禁止。

■問合せ先
桑名市役所観光課☎0594・24・1231、多度町観光協会☎0594・48・2702

■2万5000分ノ1地形図
阿下喜・弥富

CHECK POINT

多度大社はルート上にあるので立ち寄り参拝するとよい

五合目休憩所。ケルンとベンチがあり、鈴鹿の山並みが一望できる

多度山山頂。高峯神社や休憩所、ベンチがあり、木曽三川や濃尾平野を一望できる

中道コース分岐は稜線の瀬音の森コースから分岐する。分岐点にしっかりとした道標がある

73

風車と名瀑のさわやかハイキング

青山高原

あおやまこうげん
756m（髻山）

日帰り

歩行時間＝4時間40分
歩行距離＝14.0km

技術度

体力度

コース定数＝**21**

標高差＝536m

累積標高差 812m 812m

青山高原は伊勢と伊賀を隔てる南北10キロほどのなだらかな丘陵である。早くから観光地・別荘地として開発されるとともに、近年は風力発電の風車が立ち並び、独特の景観を形成している。山頂一帯には公園や駐車場が整備され、手軽に伊勢平野の眺望を楽しむことができる。

伊勢平野が広く見わたせる円山草原。ベンチに座って至福の時をすごそう

鉄道利用の場合は近鉄大阪線の東青山駅、車利用の場合は駅そばの東青山四季のさとの有料駐車場が起点となる。近鉄の高架をくぐり、アスファルトの道を登り返すと約15分で**青山メモリアルパーク**で、一角に登山口がある。

右上にのびる未舗装の林道に入り、約40分で**滝見台**に到着する。上から順に霧生滝、飛竜滝（中2段）、大日滝の4段で構成される全長60メートルの布引ノ滝の全体像を望むことができる。林道に戻って10分ほど登ると案内標識があり、ここが**登山道入口**となる。南北2つの道があるが、往路に南の道を行き時計回りに周回することにする。いったん滝谷川まで下ると、そこは先ほど見えた布引ノ滝最上段の霧生滝の上部である。鉄の橋を渡ると登山道は右へ折れているが、左に少し下れば滝壺をのぞくことができる。

屈曲の妙をつくす布引ノ滝

小滝の続く沢に沿ってときどき丸木橋を渡りながら緩やかに登っていく。やがて沢を離れ、二次林と桧の植林帯を進むと、工事中の林道が交差する。アセビの急斜面をジグザグに登りきると三角屋根のレ

■**鉄道・バス**

往路・復路＝近鉄東青山駅から登山口の青山メモリアルパークへは高架をくぐって登り返し徒歩15分。

■**マイカー**

伊勢自動車道久居ICから国道165号で東青山四季のさとの有料駐車場へ。駐車できるのは9時～16時30分の間で、休園日の水・木曜（GW・祝日除く）は利用できない。

■**登山適期**

4月はアセビ、5月はヤマツツジ、レンゲツツジ、ベニドウダン、サラサドウダンが見ごろである。初夏には渓流に涼を求め、秋には一面に揺れるススキを楽しみに登る人も多い。

■**アドバイス**

▽東青山四季のさと（☎059・262・4612）には四季折々の花の祭典が楽しめるほか、園内の自然探究路は高原へつながっている。

▽青山高原展望コースは東青山駅から西青山駅まで14キロの手ごろなハイキングコース。高原を横断し電車で戻るのも楽しい。

▽レストハウスを直進し高原道路を越えて奥山愛宕神社まで足をのばすと、県の天然記念物に指定されているブナの原生林がある。

▽髻山から風車を越えて2時間ほどで青山高原最高峰の笠取山（842メートル）があるが、自衛隊の施設があるため三角点には行けない。

ストハウスが建つ山頂広場に飛び出す。ここがふるさと公園の南端で、北へ向かって周遊路がのびている。目の前の小さな丘が標高756㍍の**髻山**で、2等三角点があり伊勢平野を一望できる。

周遊路はツツジ、アセビ、リョウブ、ブナ、クロモジなどに囲まれ、新緑のころは鮮やかである。歩くこと30分で芝生が一面に広がる円山草原に着く。

絶景を満喫したら北へ下り、太鼓橋を渡って**あせびの丘**に入る。下山道の入口はその東端にある。桧の樹林帯を抜け、**登山道入口**に戻り、林道をしばらく下れば**滝見台**に戻り着く。

（内田拓也）

▽風の通り道である青山高原には風力発電が盛んである。本州最大規模の風車を見学に来る観光客も多い。

■問合せ先　津市白山総合支所地域振興課☎059・262・7017、近鉄テレフォンセンター☎050・3536・3957

■2万5000分ノ1地形図　佐田・二本木

CHECK POINT

1 青山メモリアルパークの右手に登山口がある。スタートは高原を見上げながらの林道歩き

2 スタートから40分で滝見台のあずまやに着く。布引ノ滝の４段を一望できるのはここだけ

3 滝谷川の橋を渡り右折する。左に少し下れば霧生滝をのぞくことができる

4 髻山山頂。笠取山へは立ち入れないので、ここが青山高原のピークだ

5 快適な周遊路を歩き、円山草原へ向かう

6 太鼓橋を渡りあせびの丘へ。ここから下ると約１時間で滝見台に着く

74

倶留尊山

くろそやま
1037m

曽爾高原を見下ろし、室生山地の最高峰へ

日帰り

歩行時間＝3時間15分
歩行距離＝6・1km

技術度

体力度

コース定数＝15

標高差＝405m

累積標高差 693m 693m

倶留尊山は室生山地の中心に位置し、最も標高の高い山だ。県境となる稜線を境に、三重県側は急崖に、奈良県側は緩やかに裾野を広げている。室生山地は数百万年前の火山活動によるもので、風化により現在の地形が形成された。奈良県側には曽爾高原があり、夏は緑の草原、秋には黄金色に輝くススキの原が広がり、シーズンにはハイカーや登山者でにぎわう。

三重県側からの登山は、池の平からの周回が基本だ。池の平は高原の畑地になっていて展望がよく、倶留尊山に近づくにつれて、衝立のように立ちはだかる断崖がしだいに迫ってくる。

旧くろそ山荘を左に見て少し進むと**亀山峠登山口**に到着する。山道といっても東海自然歩道なので、石畳や階段状の道になっていて歩きやすい。植林帯を歩き、最後に階段状の道をひと登りすると**亀山峠**に出る。たいへん展望がよいところで、曽爾高原が一望できる。草原の縁に沿って尾根を登っていくと樹林に入り、**二本ボソ**に出る。管理小屋があるので、ここで入山料を支払う。二本ボソは岩場の小広場になっており、特に三重県側の展望に優れ、これから向かう倶留尊山や大洞山、尼ヶ岳を間近に見ることができる。また、イワシの口といわれる断崖の岩場から眼下の池の平をのぞき込むと、

亀山峠から尾根を登り、曽爾高原を一望する

二本ボソから見る倶留尊山

■鉄道・バス

往路・復路＝近鉄名張駅から南出口までバス便（三重交通）を利用する。バス利用の場合は登山口への移動時間などで1時間プラスする。

■マイカー

名阪国道上野ICから国道368号で南下、または伊勢道久居ICから県道15号などで亀山峠登山口へ。駐車スペースが少なく、駐車場（有料）がある奈良県側の曽爾高原に駐車して本コースを周回するほうが確実。

■登山適期

新緑（4～6月）と紅葉（9～11月）の時期がおすすめ。

■アドバイス

▽春と夏は花が多く、植林道ではコアジサイ、サワギク、ホトトギスなどが、草原の縁ではアザミ、ススキ、オミナエシ、マツムシソウなどが、樹林ではシャクナゲ、ヤマツツジ、モチツツジなどが見られる。

▽倶留尊山山頂一帯は私有地のため、清掃・維持管理費として管理小屋で入山料500円の徴収がある。

▽三ツ岩は崖縁にある岩場で、抜群に展望がよく、倶留尊山を間近に見ることができる。

▽曽爾高原はお亀池を中心とした平たい椀状の高原である。お亀池には、お亀という女性の伝説がある。

■問合せ先

津市観光協会☎059・246・9

足がすくむほどの高度感がある。

倶留尊山へは、ここからケヤキ谷のコルまでいったん下り、やせ尾根を固定ロープや木の根につかまりながら登り返す。**倶留尊山**山頂は小広場になっていて、ベンチも設置されている。樹林の中にあるが、南西側の展望がわずかに開けている。

下山は西浦（にしうら）峠に向かって北へ下る。途中で管理小屋を通過するが、管理人が居るときは半券を見せればよい。これをすぎるとアセビ、イヌツゲ林の下りになり、鞍部から登り返すと好展望の**三ツ岩**（みついわ）への分岐点があるので、立ち寄ってみよう。再び植林帯に入り、緩やかに下ると**西浦峠**に着く。ここを右に下ると東海自然歩道に合流し、**亀山峠登山口**に戻る。（金丸勝実）

020、三重交通バス伊賀営業所☎0595・66・3715

■2万5000分ノ1地形図
倶留尊山

CHECK POINT

1 亀山峠登山口。林道が終わり登山道に入る。登山口前に1～2台駐車可

2 展望のよい亀山峠。奈良県側からの登山者が圧倒的に多く、にぎやかだ

3 大洞山と尼ヶ岳が一望できる二本ボソ。一段下がったイワシの口も展望がよい

4 倶留尊山山頂は樹林帯だが、南西側の展望がわずかに開けている

5 三ツ岩。岩場からの展望がよい。周囲は断崖なので注意

6 西浦峠には大きな道標とベンチが設置されている。樹林帯で展望はない

75

室生山地を代表する2山をめぐる

尼ヶ岳・大洞山

日帰り

歩行時間＝4時間30分
歩行距離＝8・4km

あまがたけ　957m
おおぼらやま　985m
（最高点＝1013m／雄岳）

技術度
体力度

コース定数＝20
標高差＝316m
累積標高差　854m　854m

室生山地は、数百万年前の室生火山群の火山活動により形成された山地だ。この地域では登山対象の山として、尼ヶ岳、大洞山、倶留尊山の3山が知られている。ここでは、編み笠を伏せたような尼ヶ岳、ホラ貝を伏せたような大洞山の2山を紹介する。この2山は、山腹や山頂に東海自然歩道が整備され、アプローチもよいため、無理なく日帰りで2山のピークをめぐることができる。

スカイランドおおぼらから見る大洞山。ホラ貝を伏せたような形だ

大洞山から見る尼ヶ岳

周回コースなので、スタート地点はコース上のどこでもいいが、アプローチを考えるとキャンプ場の**スカイランドおおぼら**が都合がよい。キャンプ場はずれの**桔梗平登山口**から東海自然歩道に入り、大洞山東山腹の起伏のない石畳の道を行く。ケヤキやカエデなどの落葉広葉樹林の道は、春にはエンレイソウやイチリンソウ、エンゴサクなどの花も見られる。

林道と交差する**倉骨峠**手前で、大洞山頂へ向かう登山道が分岐する。ここからは尾根通しの道になる。一ノ峰のピークを乗り越した鞍部が**大タワ**で、太郎生方面とJR伊勢八知駅に下る登山道が交差する。ここから標高差約150メートルの登りで**尼ヶ岳**山頂に到着する。広々とした草地になっていて、山名板やベンチが設置され、マユミの木の傍らに雨乞地蔵が祀られている。展望はたいへんよく、北側

■鉄道・バス
往路・復路＝山麓の太郎生や三多気までバス便はあるが、アプローチとして使うには現実的ではない。

■マイカー
名阪国道上野ICから国道368号を南下するか、伊勢自動車道久居ICから県道15、755号などでスカイランドおおぼらへ。

■登山適期
新緑（4～6月）と紅葉（9～11月）の時期がおすすめ。

■アドバイス
▽三多気の桜は有名で歴史が古く、4月中旬の桜の咲くころには多くの観光客でにぎわう。山行を桜の咲く時期に合わせるのはいいが、周辺の混雑が予想される。
▽倉骨林道が交差する倉骨峠には駐車できる空き地があり、ここを基点に周回することもできる。
▽山麓の奈良県御杖村の道の駅に、みつえ温泉「姫石の湯」（☎0745・95・2641）がある。

■問合せ先
津市観光協会☎059・246・9020

■2万5000分ノ1地形図
倶留尊山

尼ヶ岳から見る倶留尊山

石畳の自然歩道

CHECK POINT

1 桔梗平登山口。車道から分岐する。室生山地に関する大きな説明板がある。近くにあずまやもある

2 倉骨峠で林道と交錯する。周辺に空き地があり駐車ができるので、ここをスタート・ゴールにしてもよい

3 大タワ。太郎生方面とJR伊勢八知駅に下る登山道が交差する

4 展望のよい尼ヶ岳山頂。山名板やベンチが設置され、マユミの木の傍らに雨乞地蔵が祀られている

5 雄岳は東側の展望がよく、尼ヶ岳や青山高原がよく見える

6 雌岳とよばれる大洞山の山頂。方位盤が設置されていて、山座同定に役立つ

に青山高原、名張市街や上野盆地が、南側にはこれから向かう大洞山や倶留尊山が見える。

ここで折り返し、来た道を戻ってもよいが、北西方向に下っても東海自然歩道に合流できる。少し遠回りになるが歩きやすい。**倉骨峠**まで戻り東海自然歩道と分かれ、尾根通しの登山道へ分岐する。三ノ峰、四ノ峰の小ピークを乗り越すと急登がはじまる。ジグザグの登りはつらいが、ブナやケヤキ、ミズナラ、リョウブなどの落葉広葉樹林は雰囲気がよい。

標高差約200メートルの登りで、大洞山の**雄岳**に到着する。展望のよいところで、尼ヶ岳がよく見える。山頂は南にある雌岳で、鞍部から多少の登り返しはあるが、約15分ほどの距離。**大洞山（雌岳）**山頂には方位盤が設置されていて、山座同定に役立つ。雄岳同様こちらも展望がよく、室生山地の山々や高見山が一望できる。

山頂から南に下ると三多気へ、東に下ると出発点の**桔梗平登山口**に下りる。

（金丸勝実）

伊賀側の登山口へ
山頂は広場になっていて
展望がよい
尼ヶ岳
957
稜線の鞍部
大タワ
急坂の階段
一ノ峰
津市
二ノ峰
西峰
倉骨峠
倉骨林道が横切っている。
駐車可能
三ノ峰
四ノ峰 894
水場
急な登り。
ブナ、ケヤキ、リョウブ、
ミズナラなどの落葉樹林
ケヤキ、カエデ、
エゴノキなどの
落葉樹林が続く
東海自然歩道
（苔の古道コース）
ヒメエンゴサク、イチリンソウ、ニリンソウ、
トウゴクサバノオなど春に見られる
雄岳
1013
展望がよい。
尼ヶ岳、倶留尊山が
よく見える
展望所
大洞山
雌岳
985
展望がよい
桔梗平登山口
スカイランドおおぼら
697m
Start Goal
スカイランドおおぼら
大洞
県道15号へ
県道755号・JR伊勢八知駅へ
広瀬
太郎生へ
国道368号へ
八知太郎生林道
大洞山登山口
三多気登山口へ
1:20,000

76

松阪市森林公園を起点に里山2座を周回

堀坂山・観音岳

ほっさかさん 757m
かんのんだけ 605m

日帰り

歩行時間＝5時間
歩行距離＝7.8km

技術度
体力度

コース定数＝**22**

標高差＝597m

累積標高差 ↗961m ↘961m

観音岳への稜線より堀坂山を望む

紀伊半島の背骨となる台高山脈の北端、高見山から伊勢平野に向かって張り出した高見山地。その東端に位置する堀坂山は、伊勢湾に近い割には標高が高いので、松阪市街から眺めても大きくそびえ立ち、存在感を示している。それゆえ、古くから信仰の山、航行の目印として市民に親しまれてきた。堀坂峠をはさんで南に堀坂山、北に観音岳があり、従来は別々に登られることが多かったが、近年は松阪市森林公園を起点にルートが整備され、堀坂山と観音岳の2座を周回する登山者やトレイルランナーも増えている。

森林公園入口から県道を少し登った左手に**雲母谷林道入口**がある。駐車スペースもあるので車の場合はここに停めることになる。

林道を30分ほど歩き、堀坂山への白と黄色の道標が立つ地点から**尾根に取り付く**。いきなりはじまる細尾根の急坂は落ち葉がたまるので、特に秋はすべって歩きにくい。

やがて稜線に出たら右に進路を変える。東尾根のアップダウンを繰り返し、高度を上げていくと**雌岳**に着く。石の祠がある草地の小広場で、休憩に適している。いったん下って勢津分岐を見送り、桧の植林帯を登り返す。30丁の表示をすぎると堀坂山は近い。

堀坂大権現が祀られた**堀坂山**山頂からは、登ってきた東尾根の先に伊勢平野の展望が広がる。また、北に観音岳、西に飯南・飯高の山々も望むことができる。

山頂からよく踏まれた道を快適に約1キロ下ると**堀坂峠**だ。県道45号が通っており、広い駐車場がある。車でここまで上がれば短時間で堀坂山と観音岳を往復できる。

県道を横切って新たな気持ちで観音岳に登り返そう。植林帯を抜

■鉄道・バス
往路・復路＝JR・近鉄松阪駅から三重交通バス小野または嬉野一志町行きで横滝口下車。雲母谷林道入口へは車道を西へ徒歩約40分。

■マイカー
雲母谷林道入口へ、伊勢自動車道松阪ICから県道59号、45号で約4キロ。

■登山適期
4月上旬はヤマザクラ、下旬は堀坂山東尾根や観音岳東峰にヒカゲツツジが咲く。空気が澄んで見晴らしのよい秋の紅葉シーズンもおすすめ。

■アドバイス
▽堀坂峠の駐車場には10台以上停められる。
▽下山後の入浴は、鈴の湯（☎0598・25・4126）が近い。
▽鳥焼肉専門店の前島食堂（☎0598・36・0057）が人気。森林公園から車で10分。

■問合せ先
松阪市役所観光交流課☎0598・53・4406、松阪市森林公園管理事務所☎0598・58・0040、三重交通バス松阪営業所☎0598・51・5240

■2万5000分の1地形図
大河内

けると右側がササ原の一本道である。緩やかなアップダウンを繰り返すと、峠から50分で**観音岳**山頂に着く。砲台状の小広場になっていて、前方に伊勢平野が広がり、後方に東尾根と堀坂山が望める。山頂から少し先に白米城分岐がある。往復3～4時間なので、時間があれば足をのばすのもいい。

分岐を右に進み、下山にかかる。祠のある愛宕山（観音岳東峰）をすぎると、緩急入り交じった尾根の下りになる。ほかにも愛宕山手前から野鳥の森へ下るか、もっと戻って創造の森へ下るルートもあ

観音岳より見下ろす伊勢平野

るが、いずれも下りはじめが急なので慎重に。展望あずまやを経て階段の道を下ると**松阪市森林公園**の芝生広場に出る。（内田拓也）

松阪市伊勢寺町から堀坂山（左）と観音岳（右）を見る

CHECK POINT

1 路肩の駐車スペースに停めて、森林公園入口100㍍先の左側から雲母谷林道に入る。満車時は森林公園の駐車場が利用できる

2 小さな祠がある雌岳山頂。草地の小広場で落ち着ける場所だ。少し休んで堀坂山を目指そう

3 堀坂山山頂。登ってきた東尾根の後方に伊勢平野方面の好展望が広がる

4 山頂から30分で堀坂峠に着く。広い駐車場があり、ここから登れば手軽に2座を往復できる

5 観音岳山頂は小広場になっている。前方に伊勢平野、振り返れば堀坂山が望める

6 松阪市森林公園に下り立つと、芝生広場の後方に堀坂山が見える

77

冬の樹氷、初夏のツツジを求めて八丁平を行く

三峰山

みうねやま
1235m

日帰り

歩行時間＝4時間
歩行距離＝7・1km

技術度 体力度

コース定数＝17

標高差＝500m

累積標高差 716m 716m

日本三百名山の三峰山は、中央構造線に沿って東西にのびる高見山地の中ほどにある。遠くから見ると3つのピークがうねって見えるので、古くは「三畝山」とよばれた。西隣の高見山と並び、冬の樹氷が有名で、冬に入山者の多い山だ。山頂直下の八丁平にはシロヤシオ、ヤマツツジなどツツジ科の樹木が多く、5月下旬に花の見ごろを迎える。夏には、ゆりわれ周辺に群生するホソバヤマハハコが花を咲かせる。秋には、稜線の落葉広葉樹林の紅葉がすばらしく、年間を通じて楽しめる。

学能堂山山頂から見る三峰山

三重・奈良県境にある山なので、両方から登られている。三重県側には、山麓の福本から月出に抜ける飯高北奥林道が標高800m付近までのびていて、この林道をアプローチに使う福本、ゆりわれ、月出の3本の登山道が整備されている。ここではゆりわれを登りに、月出を下りに使うルートを紹介したい。

ゆりわれ登山口からゆりわれへは尾根に沿って登るルートで、植林帯を30分ほど登るとイヌシデ、リョウブ、ケヤキなどの落葉広葉樹林になり、よい雰囲気になる。上部は登山道がジグザグになり、ブナやヒメシャラ、カエデ類の樹木が見られる。**ゆりわれ**からは平坦になり、アセビ、ヤマツツジ、シロヤシオなどの低木が多く、5月下旬には花の小径となる。ゆりわれ周辺にはホソバヤマハハコが群生し、8月下旬が花の見ごろだ。

八丁平は広々として開放感があり、展望に優れ、台高山脈の峰々が一望できる。草地にはバイケイソウが群生し、冬は樹氷の撮影適地になる。ここで福本、月出の登山道が合流する。

10分ほど緩やかに登ったところが**三峰山**山頂だ。シロヤシオ、ヤマツツジ、ミツバツツジ、リョウ

■鉄道・バス
往路・復路＝近鉄またはJR松阪駅から三重交通バスで飯高町に入れるが、飯高町にはタクシー会社がなく、現実的ではない。

■マイカー
伊勢自動車道松阪IC下車。国道166号飯高町福本から飯高北奥林道を20分走るとゆりわれ登山口。

■登山適期
樹氷（1～2月）、新緑（4～6月）と紅葉（9～11月）の時期がベスト。

■アドバイス
▽シロヤシオ、ヤマツツジの花の見ごろは5月下旬。ホソバヤマハハコは8月下旬に花が咲く。
▽飯高北奥林道は冬季も通行可能だが、冬タイヤ、チェーンなどが必要。
▽下山後は、飯高町道の駅「いいたかの湯」（☎0598・46・1114）で汗を流すとよい。
▽奈良県側からはみつえ青少年旅行村を基点に。登山道が3コース整備されている。
▽中央構造線は高見山地の南側を平行して走っている。月出登山口から下ったところに断層の見学地がある。

■問合せ先
松阪市飯高地域振興局☎0598・46・7111、三重交通バス松阪営業所☎0598・51・5240

■2万5000分ノ1地形図
菅野

春はシロヤシオ、秋はススキ、冬は樹氷が楽しめる八丁平

ブなどの低木の樹林が広がる。春には樹木の花が山腹を彩り、冬は樹氷が美しい。山頂は樹林に囲まれているが、北側に展望が開け、室生（むろう）山地の山々が一望できる。時間があるなら、平倉峰（ひらくらみね）まで往復するのもいいだろう。

帰路は、高見山へと続く広がりのある稜線を、緩やかな2つのピーク（1156メートル、1102メートル）を越えて**新道峠**（しんみち）まで歩く。稜線はブナ、ヒメシャラ、ミズナラ、コハウチワカエデ、オオイタヤメイゲツ、イヌシデなどの落葉広葉樹林が続き、気持ちがよい。登山道は新道峠で奈良県側へ分岐するが、そのまま少し進むと石仏のあるワサビ峠があり、月出登山口へ分岐する。植林帯の谷筋のルートであまり見どころはないが、春には、フタリシズカ、コアジサイ、ガクウツギの花が咲く。ワサビ谷の渓流の音が聞こえると**月出登山口**は近い。林道歩き約1キロで**ゆりわれ登山口**に戻る。

（金丸勝実）

CHECK POINT

1 ゆりわれ登山口にはルート案内板が設置され、近くに5台程度駐車可能な空き地がある

2 「ゆりわれ」は谷の源頭部の崩壊地を指すようだが、今は灌木が茂り、裸地にはホソバヤマハハコが群生する

3 新道峠は奈良県の御杖村への道が分岐するが、そちらへは行かず、すぐ先のワサビ峠から月出登山口へ下る

4 月出登山口。ルート案内板が設置され、駐車場がある

78

樹氷と好展望で人気の近畿のマッターホルン

高見山

たかみやま
1248m

日帰り

歩行時間＝3時間40分
歩行距離＝6・5km

技術度
体力度

コース定数＝18
標高差＝758m
累積標高差 887m 887m

高見山は台高山脈の北端にある主峰で、「近畿のマッターホルン」ともいわれる、秀麗でピラミダルな山容を誇っている。三重県側の舟戸コースは昔の和歌山街道で、紀州藩の巡察路、生活・交易路、参宮道として、和歌山と松阪を結ぶ最短で重要な街道であった。現在は長大な高見トンネルで高見山を通り抜けるが、昔は舟戸から山道に入って高見峠を越えたのである。

舟戸集落から見上げる冬の高見山

冬はすばらしい樹氷が見られる高見山山頂

国道166号落方トンネルの手前を右折し、細い道を3キロほど進むと舟戸集落の奥にある**登山口**に着く。数台置ける駐車スペースに車を停め、案内板でコースの概要をつかんでから出発しよう。舟戸川にかかる橋を渡って登山道に入ると、すぐに蘇我入鹿の首塚といわれる五輪塔がある。高見峠までは林道が交錯する展望のよくない植林帯を登っていく。要所に近畿自然歩道の指導標があるので、道迷いの心配はない。出発して1時間ほどで市道高見線に出る。右折して数分歩くと**高見峠**（大峠）だ。トイレと約20台の駐車場が整備されている。

山頂へは目の前の鳥居をくぐり、階段を登る。最勝塔のある小広場に出ると、背後に台高縦走路が浮かび上がる。休憩には少々早いが、ベンチに腰掛けて、はるか大台ヶ原までの大縦走に思いをはせるのも楽しい。

小峠への道を左に分け、自然林の中を直進する。ジグザグの急登が続くが、道の両側にはウツギ、アセビ、イヌツゲ、ツツジ、ブナ、ツガなどが生い茂り、快適だ。

高見山の山頂には高角神社が鎮座し万葉歌碑も立っている。山頂からは台高縦走路のほか、南には迷岳、東に三峰山、学能堂山、局ヶ岳、北に倶留尊山、大洞山、尼ヶ岳など、壮大なスケールの絶景が広がる。また厳しく冷えこんだ晴れた冬の朝にしか見ることができない樹氷は、このエリアの風物詩であり、冬はこれ目当ての観

■鉄道・バス
往路・復路＝登山口の舟戸集落まで松阪市のデマンド交通が運行しているが、登山には使いづらい。
■マイカー
松阪市街から国道166号などで登

光客やカメラマンでにぎわう。少し下に避難小屋があり、樹氷見物の厳冬期の寒さをしのぐことができる。下山は往路を戻る。（内田拓也）

CHECK POINT

1 落方トンネル東口から林道に入る。道幅が狭いので通行注意

2 舟戸集落の奥にある登山口。橋を渡って登山道に入る

3 蘇我入鹿の首塚といわれる五輪塔。橋を渡ってすぐのところ

4 広い駐車場とトイレのある高見峠。奈良県側からも車道がある

5 展望台から望む台高縦走路。大台ヶ原まで4～5日の行程

6 山頂西側の展望台。下が避難小屋になっている

山口の舟戸集落奥の駐車スペースへ。約60㌔。

■**登山適期**

高見山は冬の樹氷が最大の見どころである。厳冬期は山頂付近のブナ林が樹氷に覆われ、大勢の登山者が訪れる。また4月アセビ、5月ツツジ、6月コアジサイ、10～11月はブナやヒメシャラの紅葉が見ごろとなる。

■**アドバイス**

▽車で高見峠まで上がることもできる。高見トンネル手前で左折し、市道高見線に入れば5㌔で高見峠に着く。駐車場は20台は停められる。

▽冬場は登山道、林道ともに地面が凍結しているため、完全防寒装備とアイゼンなどの雪山装備が必要。車ならスタッドレスタイヤは必須。

▽縦走路をたどれば大台ヶ原まで4～5日で到達できるが、細尾根の急なアップダウンや広い尾根での道迷いなど、険しい道が長く続き、水場も少ないので、周到な準備が必要。

▽下山後の温泉は、奈良県側にたかすみ温泉（☎0746・44・0777）、三重県側にいいたかの湯（☎0598・46・1114）がある。

■**問合せ先**

松阪市飯高地域振興局☎0598・46・7111

■**2万5000分の1地形図**

高見山

79

朝熊ヶ岳

あさまがたけ
555m

岳道から伊勢神宮の鬼門を守る山へ

日帰り

歩行時間＝4時間15分
歩行距離＝9・7km

技術度
体力度

コース定数＝19
標高差＝539m
累積標高差 835m 835m

朝熊ヶ岳山頂から鳥羽湾方面。左奥は答志島

卒塔婆の立ち並ぶ金剛証寺奥の院

朝熊ヶ岳は伊勢神宮の鬼門を守る山、死者の魂の行く場所として、頂上東側の金剛証寺が人々の尊崇を集め、「伊勢を参らば朝熊をかけよ　朝熊かけねば片参り」と謳われるほどであった。伊勢志摩スカイラインの開通後は観光地としても定着し、現在は「岳参り」以外に一般登山者やトレイルランナーなども多く訪れるようになった。主な岳道に「朝熊岳道」「宇治岳道」「磯部岳道」「丸山岳道」があるが、その中から交通の便がよく、登りやすい朝熊岳道を紹介しよう。

近鉄朝熊駅から南へ進み、案内表示にしたがって集落を抜けると、20分ほどで登山口の**であいの広場**に着く。整備された駐車場とトイレがあり、案内板が立っている。これから登るルートのイメージを頭に描き、広場を出発しよう。

堀割状の幅広の緩やかな道を登っていくと、一町（109メートル）ごとに道標を兼ねた町石と地蔵が現れる。十町のところにケーブルカーの廃線跡を越える小橋があり、振り返れば伊勢市街と伊勢湾が見わ

■鉄道・バス
往路・復路＝近鉄鳥羽線朝熊駅が起点・終点となる。

■マイカー
伊勢自動車道伊勢ICから県道37号などで、であいの広場へ。約4キロ。

■登山適期
年間を通じて登山は可能だが、4～5月は新緑、6～7月は金剛証寺のアジサイ、10～11月はセンブリや、この山で発見されたアサマリンドウの花を楽しむことができる。

■アドバイス
▽宇治岳道は内宮の東、神宮司庁の裏に登山口があり、昔は金剛証寺への主要路であった。山頂まで約7キロあり、朝熊岳道より距離は長いが、明るくなだらかでのんびり山行向き。
▽金剛証寺は欽明天皇のころ、暁台上人によって開かれ、平安時代には弘法大師によって堂宇が建設され、密教修行の大道場として隆盛を極めたという。のちに禅寺に改められ、現在は臨済宗南禅寺派に属する。
▽立ち寄りスポットには、伊勢神宮内宮前のおかげ横町、二見浦の夫婦岩あたりがおすすめ。ご当地グルメは赤福餅や伊勢うどんが有名。

■問合せ先
伊勢市役所観光振興課☎0596・21・5566

■2万5000分の1地形図
鳥羽

たせる。植林帯に入ると、杉や桧に混じってツブラジイ、アカガシ、クロモジ、コマユミなど、特徴のある樹木が見られ、それぞれ木名の札がつけられている。

朝熊峠は二十二町目で、右から宇治岳道が合流する。展望のよい休憩スペースがある。峠から15分で右は金剛証寺、左は山頂への分岐があるが、どちらに進んでも山頂にいたる。

朝熊ヶ岳山頂は広い展望公園になっていて、津から鳥羽までの伊勢湾沿いの町並みや、伊良湖水道の島々、知多半島まで見わたせる。広場には八大竜王社が鎮座し、片隅にりっぱな山頂碑がある。ベンチにすわってしばし絶景を味わおう。八大竜王社の左から林の中を15分ほど下っていくと**金剛証寺**に着く。空海が開いたとの伝承があり、数々の寺宝を有する県内屈指の名刹である。また死者の霊と出会う場所として卒塔婆が立ち並ぶ奥の院や、国宝に指定されている経塚群にも立ち寄りたい。

朝熊ヶ岳山頂からは来た道を戻る。

（内田拓也）

Start Goal 16m 朝熊駅
近鉄鳥羽線
であいの広場
あずまやがある
旧軌道を越える小橋
軌道跡
伊勢市
朝熊峠
朝熊ヶ岳 555
奥の院
金剛証寺
朝熊山経塚群
金剛証寺への周遊は所要1時間
1等三角点 478
宇治岳道
伊勢志摩スカイライン
1:35,000

CHECK POINT

1 駐車場とトイレが整備されたであいの広場。いつもたくさんの登山者、参拝者でにぎわう

2 十八町と十九町の間にあるお地蔵様。篤志家により復元されたとのこと

3 朝熊峠。ここで二十二町となる。木陰で見晴らしのよい絶好の休憩ポイント

4 朝熊ヶ岳山頂、標高555メートル。地元有志によって建てられたりっぱな山頂碑がある

5 「朝熊かけねば片参り」（「伊勢音頭」の一節より）と人々の尊崇を集めた金剛証寺

6 国宝に指定されている経塚群。埋納された教典が伊勢湾台風後の倒木整理時に発見された

80

石畳道を歩き、熊野古道伊勢路の難所を越える

八鬼山

やきやま
647m

日帰り

歩行時間＝4時間35分
歩行距離＝12・1km

技術度
体力度

コース定数＝22
標高差＝637m
累積標高差 929m 919m

世界遺産に登録されている熊野古道は、古代から歩き継がれてきた信仰の道だ。伊勢神宮から熊野三山を目指す道を伊勢路といい、八鬼山越えは「西国第一の難所」とされている。海岸から標高647メートルの山を越えるのだから、街道歩きというよりも、もはや登山の領域である。ルートの大部分が熊野詣の旅人もたどった歴史のある石畳道となっている。

三木里側から振り返る八鬼山

登山口は、北側の向井と南側の三木里がある。双方の登山口から山頂を往復すると便利だが、熊野三山を目指す旅人の気分で、向井から八鬼山を越え三木里へ抜けるルートを歩いてみよう。熊野へ向かうときは「熊野道」、同じ道を伊勢に向かうときは「伊勢道」とよんだようだ。

尾鷲節の道標碑に導かれ**向井登山口**から入山する。ルートは真砂川の右岸に沿って緩やかに登っていく。途中、道程を記した「町石」の地蔵尊が一町ごとにあり、行程の目安になっている。行き倒れ巡礼供養碑、**籠立場**、伊勢内宮清順上人供養碑をすぎると林道を横切り、少し進むと急坂がはじまる。ここは難所の七曲とよばれ、280メートル続く。旅人の日記に「石ばかりの上を歩行する。誠に難渋なる山坂なり」と記されている。桜茶屋一里塚、蓮華石と烏帽子石をすぎるとやがて**九木峠**に到着する。鉄道が開通するまでは主要な生活道路であったようで、大正15年に山麓の九鬼村役場が建立した石の道標が残っている。

峠をすぎると平坦な道になり、やがて**三宝荒神堂**に到着する。お堂の中には石像三宝荒神立像が安置されている。西国三十三箇所第一番札所の前札所として、道中の安全を願って参拝されたそうだ。

石の階段を登り、少し進むと**八鬼山**山頂に到着する。巨石が目印になるが周囲は樹林に囲まれ視界はない。休憩にはこの先にある**桜**

■**鉄道・バス**
往路・復路＝JR紀勢本線大曽根浦駅、三木里駅が利用できる。尾鷲へは、東京からは夜行バス、名古屋からは高速バスが運行されている。

■**マイカー**
紀勢自動車道尾鷲北ICから県道778号で向井登山口へ。駐車場とトイレがある。三木里登山口へ抜ける場合は、紀勢本線（三木里駅～大曽根浦駅）で戻る。三重県立熊野古道センターの駐車場も利用できる。

■**登山適期**
暖かい地域なので通年登ることできるが、尾鷲は日本一の多雨地帯なので梅雨の時期は避けた方がよい。

■**アドバイス**
▽マイカー利用で登山口から山頂を往復するのであれば、見どころの多い向井登山口から往復した方がよい。ただし八鬼山はピークハントだけでなく、熊野古道を歩くことに意義がある。向井登山口から三木里登山口へ抜けることをおすすめする。
▽下山後は夢古道の湯おわせ（☎0597・22・1124）へ。海洋深層水が使われている。

■**問合せ先**
尾鷲観光物産協会☎0597・23・8261、三重県立熊野古道センター☎0597・25・2666

■**2万5000分ノ1地形図**
尾鷲・賀田

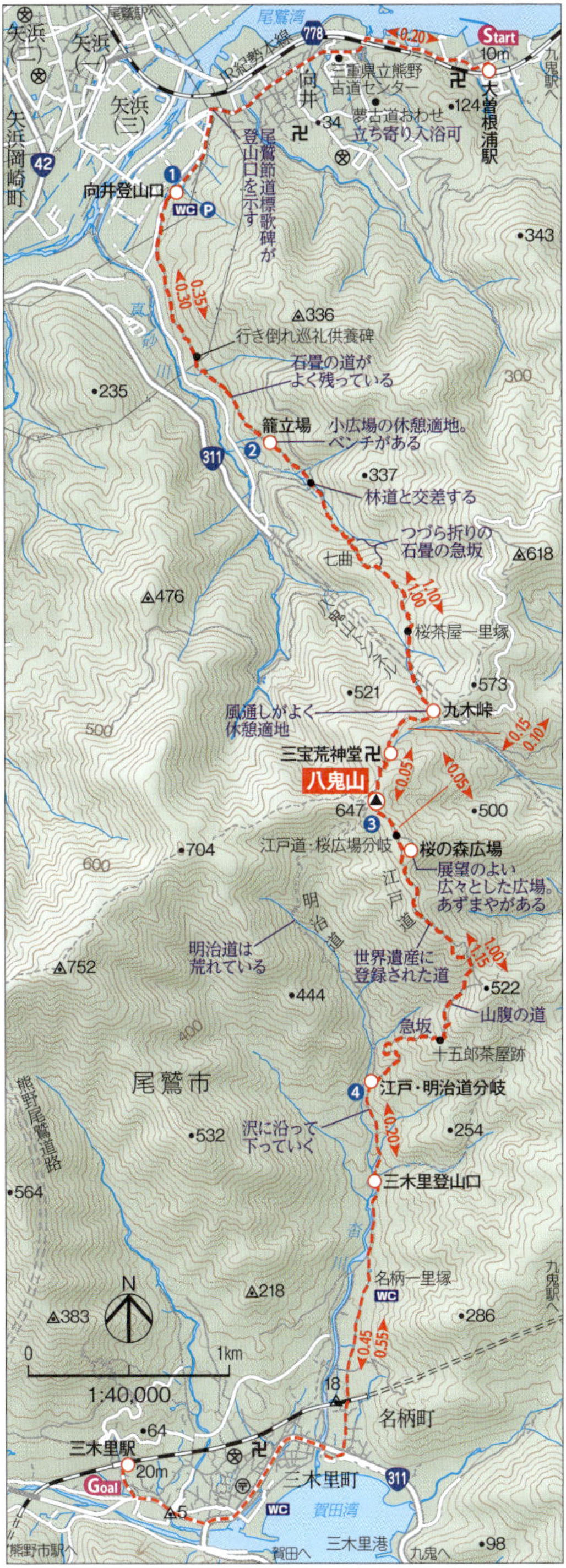

CHECK POINT

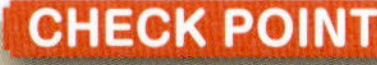

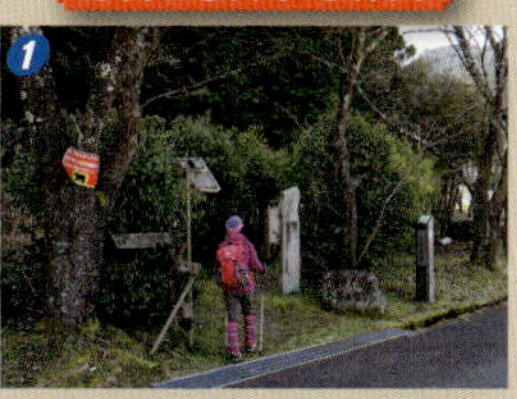

大きな石の道標がある向井登山口。向いに駐車場とトイレがある

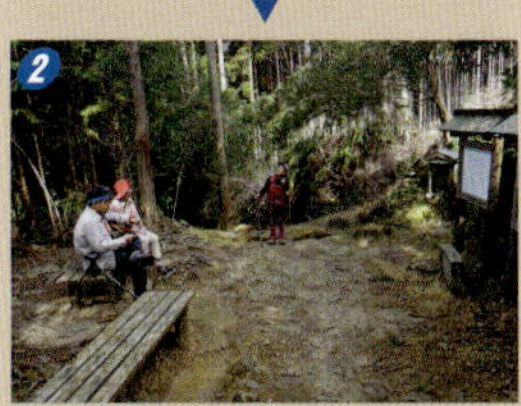

籠立場は小広場になっていてベンチがあり休憩できる

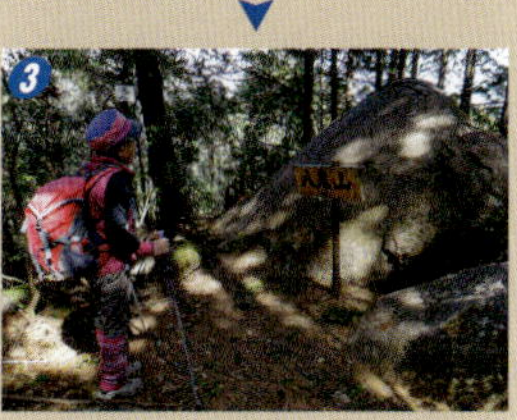

八鬼山山頂は樹林に囲まれ展望はない。傍らに巨石がある

熊野古道。明治道は荒廃していて、現在は江戸道が使われている。

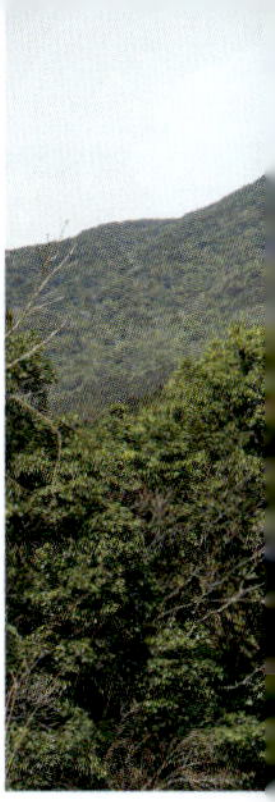

の森広場が最適だ。あずまややベンチが設置された見晴らしのよいところで、深く入りこんだ九鬼湾や熊野灘（くまのなだ）が一望できる。

展望を楽しんだら下山にかかろう。古道は江戸道と明治道に分かれるが、明治道はあまり歩かれず荒廃しているので、古道として登録されている江戸道で下ることにする。十五郎（じゅうごろう）茶屋跡をすぎると急坂の下りとなり、やがて**明治道と合流**する。**三木里登山口**をすぎ、名柄（ながら）一里塚で山道が終わる。そのまま国道311号まで下り**三木里駅**へ向かう。（金丸勝実）

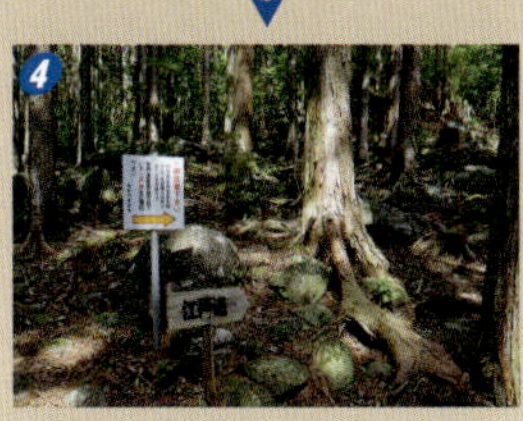

●執筆者

【静岡県の山】

加田勝利（かだ・かつとし）
1942年兵庫県出身。沼津かもしかアルパインクラブ代表、日本山岳会静岡支部所属。静岡県沼津市在住。

【愛知県の山】

西山秀夫（にしやま・ひでお）
1949年三重県出身。山岳書多数編著あり。東海白樺山岳会、一等三角點研究會、日本山岳会に所属。

志水龍雄（しみず・たつお）
1954年愛知県出身。東海白樺山岳会、日本山岳会所属。著書に『日本三百名山登山ガイド』中（山と溪谷社）など。

山本宜則（やまもと・よしのり）
1954年岡山県出身。元東海白樺山岳会所属。著書に『東海周辺 週末の山登りベスト120』（山と溪谷社）など。

北折佳彦（きたおり・よしひこ）
1944年愛知県出身。元東海白樺山岳会所属。著書に『東海周辺 週末の山登りベスト120』（山と溪谷社）など。

栗木洋明（くりき・ひろあき）
1954年愛知県出身。愛知県山岳スポーツクライミング連盟副代表、岩倉山岳会、日本山岳会所属。

渡邊泰夫（わたなべ・やすお）
1956年愛知県出身。東海白樺山岳会、日本山岳会所属。著書に『日本三百名山登山ガイド』中（山と溪谷社）など。

木下万沙代（きのした・まさよ）
1949年佐賀県出身。著書に『東海周辺 週末の山登りベスト120』（山と溪谷社）など。

【岐阜県の山】

島田 靖（しまだ・おさむ）
岐阜県出身。ヤマケイアルペンガイドなど著書多数。（公社）日本山岳ガイド協会認定ガイド。岐阜県高山市在住。

原 弘展（はら・ひろのぶ）
大分県出身。飛騨山岳ガイド協会理事長、ファルティヌンマウンランクラブ代表。岐阜県高山市在住。

石際 淳（いしぎわ・あつし）
岐阜県出身。岐阜テレマーク倶楽部主宰、（公社）日本山岳ガイド協会認定ガイド。岐阜県岐阜市在住。

【三重県の山】

金丸勝実（かなまる・かつみ）
1956年三重県出身。教育者、登山家、山岳ライター。HP「歩山倶楽部」で自然に関する情報を提供している。

内田拓也（うちだ・たくや）
1960年三重県出身。40歳過ぎから登山を開始し、現在はホームの鈴鹿・台高のほかに全国の山へ足を運ぶ。

分県登山ガイドセレクション

東海周辺の山ベストコース80

2024年9月15日 初版第1刷発行

編　者 —— 山と溪谷社
発行人 —— 川崎深雪
発行所 —— 株式会社 山と溪谷社
〒101-0051
東京都千代田区神田神保町1丁目105番地
https://www.yamakei.co.jp/

■乱丁・落丁、及び内容に関するお問合せ先
山と溪谷社自動応答サービス　TEL03-6744-1900
受付時間／ 11:00 ～ 16:00（土日、祝日を除く）
メールもご利用ください。
【乱丁・落丁】service@yamakei.co.jp
【内容】info@yamakei.co.jp

■書店・取次様からのご注文先
山と溪谷社受注センター
TEL048-458-3455　FAX048-421-0513

■書店・取次様からのご注文以外のお問合せ先
eigyo@yamakei.co.jp

印刷・製本 —— 株式会社シナノ

●編集
吉田祐介
●カバーデザイン
相馬敬徳
● DTP・MAP
株式会社 千秋社

■各紹介コースの「コース定数」および「体力度のランク」については、鹿屋体育大学教授・山本正嘉さんの指導とアドバイスに基づいて算出したものです。

■本書に掲載した歩行距離、累積標高差の計算には、DAN 杉本さん作製の「カシミール3D」を利用させていただきました。

■ QR コードの商標は株式会社デンソーウェーブの登録商標です。

■乱丁、落丁などの不良品は送料小社負担でお取り替えいたします。

ISBN978-4-635-01461-8